21世纪高职高专规划教材·连锁经营管理系列

商场服务技术与销售艺术

杨海　霍文智　肖春悦　编著

中国人民大学出版社
·北京·

前　言

商场（超市）属现代商业零售业，它是社会服务的一个重要窗口。随着科学技术的进步以及经济全球化的形成，我国现代商业零售业经历了快速发展阶段，商场服务操作技术也越来越智能化和简单化，如条码技术、POS系统得到了广泛的应用。这对本来技术性就较低的服务性工作产生了巨大的影响，千百年来形成的传统商场服务技术和销售艺术受到极大的挑战。

然而，作为传统商业文化的商场服务环节，商场服务技术与销售艺术在现代商业服务中仍然是不可或缺的重要组成部分。即使是在众多商业企业纷纷引用先进智能化服务手段的今天，传统的服务操作技能与心智技能仍然是商品营业员应该具备的、也是最为基本的能力。

实践证明，一个被顾客所信赖的优秀营业员在为顾客提供的优质服务中就包含着高超的服务技巧和娴熟的操作技术。因此，可以说，商场服务技术与销售艺术是营业员和商场一线管理人员工作的法宝，也是企业创造品牌竞争力的核心之一。与此对应的课程更是高职院校连锁经营管理、市场营销以及其他相关专业的专业核心课程之一。

因此，传承、挖掘商业传统文化，推广商场服务技术与销售艺术，已成为商业企业经营者以及职业教育工作者的责任。

可喜的是，众多中华老字号商业企业，依然在采用传统操作技术与售货技巧为顾客提供优质的服务。例如：张一元茶庄的手包茶叶包；稻香村的糕点包、礼品盒捆扎；瑞蚨祥的算盘计价、纺织品木尺丈量，等等。特别是全球零售巨头——美国沃尔玛在中国的众多门店出售啤酒时广泛地使用传统的捆扎技术。事实证明，传统商场服务技术不仅展示了营业员的精湛商业技艺，而且极大地提升了服务质量，同时也为社会节省了大量资源，有利于推进环保事业。

本书针对商场服务技术和销售艺术而编写，适合高职院校、职业学校的连锁经营管理、市场营销、商务管理等专业和职业培训机构教学之用，也可作为商业零售企业一线服务员工、基层管理人员的培训用书。

本书内容分为商场服务技术和销售艺术两个部分。其中，商场服务技术部分包括商场服务操作技术、商场收银技术、商品销售计算技术、商品核算与盘点技术、商品陈列技术；销售艺术部分包括商场服务礼仪艺术、商场服务接待艺术、商场服务语言艺术、顾客异议的处理与冲突的预防和排除。

本书特点是紧扣专业人才培养目标要求，体现“简明务实、够用为度、便于掌握、侧重实用”的原则，突出业务流程操作、技术方法的阐述。各章前有资料导入，后有技能训练、思考与练习供学生学习和训练。

本书由沈阳职业技术学院杨海、霍文智、肖春悦共同编写，由霍文智负责定稿。

由于时间仓促，加之编者水平有限，本书的疏漏和不妥之处在所难免，敬请读者批评指正。

编者

2011 年 7 月

目　录

第一章

商场服务技术与销售艺术概述

知识点

- 掌握商场服务技术的内容与意义
- 掌握销售艺术的内容与特征
- 了解商场营业人员的基本要求

技能点

- 营业人员职业素质的培养
- 营业人员基本能力的训练

资料导入

无声胜有声

在一个下着雨的下午，商场里客人很少。有一位女士在羊毛衫区域徘徊了很久，她既不询问营业员，也不用手摸任何一件羊毛衫，只是用眼睛专注地看着。营业员揣摩道：她既然站在羊毛衫区域那么久，肯定有什么需求和难处。便走上前轻声地问道："我能帮你什么吗?"这位女士不加理睬，也未作任何回答，只是目不转睛地看着一件羊毛衫，眉头紧锁在考虑着什么。营业员见状马上将羊毛衫拿下来，放在她面前说："你是想看这件羊毛衫，对吗?"女士微微地笑了一下，张了张嘴打着手势。"哦！原来她是一位聋哑人。"营业员这才恍然大悟，马上拿出这款羊毛衫的所有颜色让她挑选，并一件件试给她看。因为颜色很多，女士一时拿不定主意，最后她拿着两件羊毛衫放在自己胸前不停地比划着，又望了望营业员，眼中透露着求助的神情。营业员明白她是想征求意见，就推荐了看上去更适合她的一件。她拿着衣服对着试衣镜一照，满意地点了点头，没有再多犹豫就买下了。临走的时候，她对营业员在手机上写了这样一句话："谢谢你不歧视我，并耐心地帮助我挑选衣服，你的真诚让我感动，真希望下次买东西还能遇到你。"

资料来源：龚卫星：《商品营业员基础知识》，北京，中国劳动社会保障出版社，2004。

分析：

这是一次既平凡又完美的服务过程：营业员能注意观察顾客的购物神情，并且对特殊顾客提供热情、耐心、周到的服务。她的行动感动了顾客，取得了顾客的信任。

商场是商业零售企业经营的场所，是为消费者提供服务的窗口。商场如何提高服务竞争力，提升顾客的满意度，关键取决于商场营业人员的服务水平和服务质量。因此，提高商场营业人员的服务技术与销售艺术尤为重要，这是推动企业持续发展的核心所在。

第一节 商场服务技术与销售艺术的内容

商场营业人员在服务中应具有较强的服务技术和销售艺术，服务技术和销售艺术是商场营业人员的基本功。

一、商场服务技术概述

(一) 商场服务技术的内容

商场服务技术是指商场营业人员在服务过程中应具备的基本的专业业务技能。按其表现类型可分为商场服务操作技术、商场收银机技术、商品销售计算技术、商品核算与盘点技术、商品陈列技术等。

(二) 商场服务技术的意义

商场营业人员熟练掌握多方面的服务技术对提高服务质量具有以下非常重要的意义。

1. 可以提高工作效率，缩短顾客购买时间

商场营业表现出明显的不规律性：有的时段顾客很少，生意冷清；而有的时段顾客较多，非常繁忙。这种营业不规律性要求营业人员具备较强的服务技术，以适应各种情况。比如当柜台或收银台排长队时，营业人员如能敏捷、娴熟、准确地进行商品拿递、包装和计价收款，就能接待更多顾客。这样，既提高了工作效率，又减少了顾客的等待时间。反之，会消耗顾客购买时间，影响顾客的购买情绪。

2. 可以提高商场服务质量和企业信誉

在商场销售的商品中有价值高、使用周期长、具有较强技术含量的耐用商品，如电冰箱、彩电、空调、电脑等。顾客在购买此类商品时，特别关心它们的性能、使用方法、性价比以及保养方法等。如果营业人员能够掌握商品知识并以娴熟的操作技术为顾客服务，就能赢得顾客的信任，使顾客愿意购买商品，从而为商场赢得信誉。

3. 可以传承商业服务技艺这一传统文化

随着商场现代化程度愈来愈高，许多传统的操作方式被现代化的手段和设备所取代，顾客在商场购物更加便捷。然而，仍然有许多传统的操作方式方法，在商场中广泛应用。如货币的点数、商品的包装、纺织品的丈量、算盘的使用等。这些操作技术既满足了顾客的购物需要，也传承了传统的商业服务操作技能，展示了高超的服务技艺。

二、商场销售艺术概述

(一) 商场销售艺术的内容

商场销售艺术是指营业人员在接待顾客过程中所运用的符合消费者购买心理和购买行为的售货方式与方法，是营业人员按照消费心理学的基本原理，运用各种服务技能、技巧

为顾客服务的能力的综合表现。营业人员娴熟的销售艺术表现，可以使顾客在物质和精神上获得满足。正如古人所云："运用之妙，存乎一心"，营业人员精通售货技巧，操作达到娴熟自如、得心应手时，可称为"艺术"。

销售艺术的内容很丰富。按照具体体现的手段不同，可将销售艺术分为商场服务礼仪艺术、商场服务接待艺术、商场服务语言艺术，以及顾客异议的处理与冲突的预防和排除等。

（二）商场销售艺术的特征

提高营业人员的售货艺术，对增强竞争能力、促进精神文明建设、提高服务质量、树立良好的企业形象具有重大的意义。商场销售艺术的特征表现在以下方面。

1. 销售艺术是高超的销售技术

销售艺术是商品流通领域的一门科学。它赋予商业服务工作以艺术的成分，使之成为具有创造性的活动，成为一种高超的服务技术亦即销售艺术。售货工作不仅仅是商品与货币的交换，更重要的是营业人员与顾客在心灵上的接触和交流。因此，售货工作艺术化，是丰富多彩的服务工作的实践结果，许许多多的售货服务实践经验是销售艺术产生的源泉和发展的动力。各种各样的销售技巧经过提炼，不断条理化、系统化，成为创造性的售货方法和技能。这些高超的销售艺术，符合顾客购买心理需要和售货规律。

2. 销售艺术是综合性的技术

商场营业人员的售货工作有其复杂性和特殊性。它同采购员的采购工作、保管员的保管工作、运输员的运输工作、制造业企业工人的生产性工作有着很大的不同。营业人员售货的工作对象是性格有别、爱好各异的顾客，和品种繁多、日新月异的商品。顾客与商品的复杂性，决定了营业人员要做好销售工作，就必须具备比较丰富的知识，需要多学科、多技术的综合应用本领。从这个意义上讲，销售艺术是多学问、多技术的组合，是一个营业员掌握的各种知识、操作技术以及营业员自身的素质的综合的、集中的反映。

销售艺术要求营业人员有揣摩顾客心理状态的技能，根据不同顾客的不同特点，以及顾客在不同环境条件下感情、意识的变化，采取不同的接待方法，激发顾客的购买欲望，变潜在购买力为现实购买力，使顾客在物质和精神上得到不同程度的满足。这就要求营业员必须具有心理学的知识。

销售艺术要求营业人员有高超的语言技巧，营业人员在接待顾客的会话中要做到语言亲切、声调和谐、用词准确、言情结合、分清对象、知人说话、简明扼要、通俗易懂。这就要掌握语言艺术。

销售艺术要求营业员掌握解决矛盾的本领，不仅能恰当地处理买卖过程中发生的各种矛盾，处理好顾客与营业人员之间发生的摩擦，而且能分析产生冲突的原因，采取措施防止冲突的发生。

销售艺术要求营业员具有介绍商品的技能，能主动为顾客介绍本店经营的各种商品的知识，包括商品的产地、性能、用途、成分、养护方法等。

3. 销售艺术是应用性很强的创造性技术

销售艺术所包含的内容贯穿售货活动的全过程，销售艺术与服务技术密切相关，它是各种销售技能的综合，是一门应用性很强的创造性技术。

4. 销售艺术是服务规范化的升华

销售技术存在于接待服务的各个环节上，并体现在服务活动中，形成一种规范，使营业人员在服务工作中自觉地按照服务规范为顾客提供优质服务，从而确保营业人员服务水平的提高，树立良好的企业形象，提升顾客的满意度。

第二节　商场营业人员的基本要求

提高商场营业人员服务技术与销售艺术的基础在于营业人员能否具备较高的职业素质，因此对商场营业人员的基本要求就显得极为重要。商场通过推行规范化的工作标准可以有效地培养和提高营业人员的服务质量与服务技能。

一、职业道德要求

（一）诚信

1. 以诚待人

对商场营业人员优良品格的最基本要求是诚实可信和言行一致，这是与顾客建立长期稳定关系的基础。

作为一名商场营业人员，每天都要与顾客打交道，要靠实事求是的精神和言行一致的态度，才能赢得顾客的信赖。如果你的服务赢得了顾客的信赖，你就赢得了顾客。

2. 守信处事

守信就是要求商场营业人员在销售活动中要讲究信用。在当今竞争日益激烈的市场条件下，信誉已成为竞争的一种重要手段，它综合反映出商场营业人员的素质和道德水平。只有守信，才能在顾客心中建立良好的信誉。

3. 忠于职守

忠于职守主要表现在营业人员要忠诚于企业。所谓忠诚于企业，就是心中始终关心企业的命运与利益，总是把企业的兴衰成败与自己的发展联系在一起，愿意为企业的兴旺发达贡献自己的一份力量。具体说，忠诚于企业就应该做到诚实劳动、关心企业发展、忠于职守。

4. 维护信誉

商场营业人员还要自觉维护商场信誉。信誉是商场形象的重要方面。一个商场一旦在消费者或客户中确立了良好的信誉，也就在一定程度上树立了良好的社会形象，从而可以给商场带来巨大的效益。

（二）求实

1. 实事求是

商场营业人员在销售过程中要实事求是，敢于直面现实，不欺瞒哄骗顾客。因此，商场营业人员在销售过程应向顾客讲实话，如实地为顾客介绍产品的优点和不足，向顾客提供能满足其需要的商品，千方百计地为顾客排忧解难，赢得顾客的信赖，提高商场的声誉。

2. 敢于负责

商场营业人员在销售过程中的一言一行都代表着商场，其不仅要对商场和社会负责，而且要对顾客负责。任何逃避责任的行为都是不道德的，并且是非常愚蠢的。坚持负责原则，要求营业人员具有高度的自觉性和承担责任的勇气，必要时甚至要牺牲自己的利益。

(三) 公平

1. 公平待客

商场营业人员对待顾客必须公平、公道、公正。也就是说，顾客不论男女老幼、贫富尊卑，都有充分的权利享有他们应得到的服务。商场营业人员不得以次充好、缺斤短两、弄虚作假、欺行霸市、欺弱怕强、欺小骗老。这些行为都是违反公平原则的，也是不道德的。

2. 公平竞争

销售不可避免地存在竞争。竞争是提高服务质量、改善服务态度的动力。因此营业人员之间要大力提倡竞争。商场营业人员都应充分发挥自己的聪明才智，开展公平合理、光明正大的竞争，通过竞争机制调动积极性，进而提高劳动效率。

(四) 守法

1. 守法销售

销售活动必须遵循相关法律法规的规定，在合法化的基础上开展促销策划，不能只顾本商场的利益或个人利益而侵害社会的、消费者的利益。

2. 遵循伦理道德

销售活动必须遵循伦理道德原则。不能违背人们的价值观念、宗教信仰、风俗习惯。促销时必须充分了解当地的社会文化背景对消费行为的影响，并遵循这一原则，才能使销售活动不违反禁忌，从而实现预期目的。

二、基本素质要求

(一) 良好的品行修养

商场是赢得顾客好感的舞台，它的运转和管理水平，直接影响着顾客的满意度和企业外在形象。如果营业人员没有良好的修养、端正的品行，就会损害顾客和商场的利益，从而直接影响商场的服务质量，玷污商场的声誉和形象。因此，除规章制度的监督制约外，还必须加强商场营业人员的品行修养。“诚于中而形于外”，品行的修养在于自觉，要自觉地按照社会公共准则和职业道德的要求不断完善自我，力求表里如一。营业人员应自洁自律、廉洁奉公。

(二) 优质的服务意识

营业人员是沟通商场和顾客的桥梁。这就要求营业人员应通过自己的细心观察，以自己的不懈努力，在第一线为顾客提供优质服务。树立“一切以顾客为中心”的服务意识，做到“眼里有活，手勤干活”，能设身处地站在顾客的立场为顾客着想，热情适度、耐心周到、真诚服务，对待顾客一视同仁。

(三) 不倦的敬业精神

勤业精业，是职业道德的关键环节，也是敬业乐业的具体体现。忠于职守、认真负责、精益求精，是勤业精业的具体要求。

根据职业道德的要求，营业人员对商场的工作，诸如任务、目标、地位、范围、岗位职责等要有全面、正确的认识，对本职工作要有责任心，要自觉维护企业的利益。在服从指挥的前提下，要有一定的灵活性和创造性。对顾客的要求要敏感、反应快，及时上报或向同事准确传达信息。遇到突发事情，要保持理智和清醒，使事件得以妥善解决。

（四）丰富的商品知识

营业人员平时要注意积累商品知识。比如：商品的名称、商标、规格、产地、成分、性能、使用方法、洗涤及养护方面的知识等。并注意积累经验，具备相应的技能技巧。比如：数码相机、家用电器等高档产品功能很多，顾客边看说明书边操作比较困难、费时。因此，营业人员必须熟悉商品的使用方法，主动展示商品，才能吸引顾客购买。同时营业员还应该对历史、地理、宗教、交通，以及本土的风景名胜和国外的一些风俗习惯等方面的知识有一定程度的了解和掌握。

（五）过硬的语言功底

营业人员在服务过程中进行语言表达的机会很多。在汉语表达上，要能做到以普通话为标准，发音准确，音调适中，音质好，表达流畅，用词准确简洁，易于理解和便于交流。

此外，还应学习一至两门外语，以应付工作中不时之需。还应掌握诸如闽南话、广东话等常用的方言，以利于在接待港澳台人士和华侨时的相互沟通。

（六）饱满的精神面貌

营业人员因工作的需要，要练好站立服务的基本功。在工作岗位上，要注重仪容仪表，按照商场的规定着装，保证服装的整齐干净、仪态的规范与优美，整体形象要给人一种清新、大方和亲切的感觉。

三、职业能力要求

一名优秀的商场营业人员具有良好的素质固然重要，但如果缺乏搞好销售工作的真实本领，素质再好也没有意义。因此，营业人员应练好本职工作的基本功。其要求包括以下内容。

（一）敏锐的观察能力

商场营业人员的观察能力是指通过顾客的外部表现去了解顾客购买心理的能力。商场营业人员可以通过观察顾客的行为表现，揣摩顾客的内心活动，例如兴趣、偏好、需求等，以决定采用何种接待方式来说服顾客，使其产生购买行为。因此，观察能力是商场营业人员应具备的洞察顾客购买动机的重要能力。

（二）准确的判断能力

判断力是对现存的信息，从优劣性、正确性、适用性和稳定性等方面作出评定判别的能力。判断能力就是商场营业人员在服务工作中，揣摩顾客心理，通过沟通发现和判断顾客购买心理的能力。

（三）娴熟的操作能力

娴熟的操作力是营业人员最基本的工作能力，它是在工作实践和学习教育中培养起来的。营业人员的操作能力包括：货款收找，商品计算、核算，商品拿放、包装、捆扎等。

操作能力是营业人员的基本技能。

（四）自如的社交能力

商场营业人员每天要与各种类型的顾客打交道，顾客的差异决定了营业人员必须具备同各种各样顾客交往的能力。所谓社交能力就是善于与他人建立联系，赢得顾客的信任以及能处理各种矛盾的能力，能在各种情况下能够应付自如，圆满周到。

（五）巧妙的沟通能力

在商场服务中，营业员大多数时间花在与顾客的沟通上。在接待顾客时，语言不能生硬呆板，不能只局限于机械式的回答，应富有幽默感，要使顾客觉得营业员有较高的文化修养。运用生动幽默的语言与顾客沟通，就能营造一个良好的卖场气氛，快速拉近与顾客的距离，从而使感情更融洽；也能启发顾客，激发顾客的购买欲望，促成交易；还能打破僵局、缓和气氛，有利于问题的解决，便于化解矛盾和冲突。

此外，应变能力、创造能力和发展能力对于一名合格的营业人员来说也非常重要。

技能训练

一、实训项目

1. 安排学生用形象的语言或肢体语言表述营业人员在商场服务过程中的基本操作技术。

2. 将学生分成两组进行商场交易中的角色模拟演练。一组学生扮演营业员出售某种商品（由教师指定），另一组学生扮演顾客购买该种商品。重点考核“营业员”接待“顾客”的程序、介绍商品的技巧以及服务语言的运用是否符合规范。

3. 以场景演练的方式，安排学生用不同的表现手段，展示基本的商品销售艺术。

二、达标考核

1. 规定各项目达标的时间。学生应在规定时间内完成项目内容，超时扣分。

2. 制定评分标准。优秀：表达准确，形象生动，具有较强的表现力和吸引力；良好：角色把握基本正确，演练过程比较规范；及格：基本符合达标要求；不及格：未能按要求完成项目训练内容。

思考与练习

1. 商场服务技术的含义是什么？掌握商场服务技术的意义是什么？
2. 销售艺术的内容和特征是什么？
3. 对商场营业人员有哪些基本要求？
4. 怎样培养营业人员的观察力？
5. 如何训练营业人员接待能力、语言表达能力？

第二章

商场服务操作技术

知识点

- 掌握商品的称量和丈量技术
- 掌握商品的包装和捆扎技术
- 掌握真伪钞识别技术和发票填写技术
- 掌握点钞技术

技能点

- 纺织品的丈量操作
- 茶叶包装
- 酒瓶、茶具捆扎
- 饭碗捆扎
- 礼品盒捆扎
- 真伪钞的识别
- 手工点钞操作

资料导入

吴裕泰包茶技艺

北京吴裕泰茶庄原名吴裕泰茶栈，创建于清光绪十三年（1887 年），至今已有一百二十余年的历史。吴裕泰茶庄不断壮大，于 2005 年完成体制改革，成为北京第一家一步到位改制为股份公司的老字号。吴裕泰现已成为拥有 170 余家连锁店、1 个茶叶加工配送中心、1 个茶文化陈列馆、1 个茶艺表演队和 3 个茶馆，年销售额超过亿元的中型连锁经营企业，是北京著名的中华老字号（1995 年，原国内贸易部授予吴裕泰“中华老字号”称号），在国内同行业具有较高知名度。“吴裕泰牌茶叶”是北京市名牌产品和著名商标，多次获得国内、国际大奖。公司先后荣获“中国商业名牌企业”、“全国百城万店无假货示范店”、“消费者满意单位”、“全国食品工业优秀龙头食品企业”、“中国连锁特许优秀企业管理奖”、“北京优秀特许品牌”等多项荣誉称号。

吴裕泰的连锁店形象统一，风格一致，突出了古朴特色，采用典雅的灰、红色彩搭配，店面青砖灰瓦，红门迎客，绿色字号悬于门头之上，旁边英文衬托，既醒目，又明快，使人一目了然又深刻印象。

吴裕泰的服务人员在传承优质服务的同时还保留传统操作技艺为顾客服务。为了突出特色，柜台销售的茶叶仍然采用手工包装。为了提高包茶技艺，吴裕泰经常开展技术练兵与竞赛。某年春节前夕吴裕泰茶庄组织了一场操作技术练兵活动，由具有几十年包茶经验的王师傅手把手向徒弟们传授包茶技艺。王师傅是包茶能手，每 10 秒钟就能包好一包茶叶，平均 2 分钟就能接待一个顾客。春节临近，前来买茶的顾客增多不少，许多顾客都喜欢选择散装茶然后请销售人员现场包装，传统的包装方法成了老字号茶庄的“特色招牌”之一。

资料来源：寇长华：《卖场岗位综合实训》，上海，上海财经大学出版社，2006。

分析：

百年老字号成功的秘诀是优良的服务品质和服务特色。包茶技艺作为吴裕泰的特色招牌之一，既是中国传统商业文化的传承，也是吸引顾客的法宝之一。

商场服务操作技术是营业人员的基本功，商场服务操作技术的基本内容包括拿、放、称、量、包、扎、点、算等。营业人员能否熟练掌握操作技术，对提高工作效率、提高服务质量、树立企业的信誉有着重要意义。

第一节　商品称量和丈量技术

称量商品是零售商场服务的一项重要技术。称量的准确与否，既关系到消费者的利益，又关系到商店的信誉。因此，营业人员必须熟练地掌握这项技术，做到既快又准。

一、商品的称量技术

台式电子计价秤是商品称量的主要工具，因此，本部分重点介绍台式电子计价秤的使用。

（一）台式电子计价秤的使用方法

目前，零售商场和超市普遍使用台式电子计价秤。由于它的内部装有计算器，可以进行一些数字的计算，所以，一般把它叫做电子式案秤或电子计价案秤，简称为电子秤。电子秤实际上是一种机电结合的数字显示式秤，通常由弹簧、象限杆、码盘机构等制成。

这种电子秤，能在前后两面的显示板上显示出单价、重量和总金额。一面供顾客读看，另一面供营业人员读看。因此，顾客可以随时核验所购买物品的重量和应付的货款。在对着营业员的一面上，除显示读数外，还设有“十键式”的数值输入和消除用按键，以及开关和各种旋钮等。这就便于售货员对案秤进行调整，以保持其工作正常和运算方便。

比较新式的电子秤，还具有重量累计、件数累计、金额累计或减去某项金额的功能（即加法和减法的运算），有的还装有打印装置，可以打印称量日期和时间等。

电子秤精度一般为极限称量的 1/1 000。极限称量一般为 2 千克、3 千克或 5 千克，最小称重量为 5 克。金额单位通常为“元”。

使用电子秤时，应首先拨好单价，然后放上商品，这时电子秤的显示板上就可显示出商品的重量和金额。使用时，注意不要超重，商品要轻拿轻放，不能摔砸，以防失准、失灵和损坏。每次称量时间不宜超过四分钟。

电子秤外形结构如图 2—1 所示。

图 2—1 电子秤外形结构图

（二）台式电子计价秤的使用要求

台式电子计价秤在使用时必须注意以下几点要求。

1. 经常检查其准确性

在使用电子秤之前应检查其是否符合国家的计量标准，如不符合则坚决不能使用。为此必须检查：

（1）秤在运输过程中零部件是否损坏。对新购置的秤要严格校对，发现准确性、灵活性有问题的应及时退换。

（2）使用前认真进行检查秤放置是否平稳，发现不准及时调整。

（3）在使用过程中，对各种秤也要注意进行经常性的检查。如使用案秤连续称量 10～20 次以后，应在空秤下重新调整秤的平衡和零点。特别是秤使用一定时间后，由于保管不当或自然磨损等原因，有的就会失去灵敏性和准确性。所以，计量使用的各种秤要定期检修，一般每年都要由计量管理部门检查一次。磨损严重以致无法修理的即行报废，不能勉强使用。

2. 严格称量范围

营业人员在使用不同的秤时一定注意掌握其称量范围：电子秤称物重量不得少于 5 克；案秤称物重量不得少于载重量 2 千克的 1/100 和载重 5 千克、10 千克、20 千克的 1/50；台秤称物重量不得少于最大载重量的 1/20。

3. 严格按规范操作

顾客最关心电子秤的准确，如果称量不准确就会导致顾客的抱怨和不满。因此，营业员在称重商品时一定要确保衡量的准确，为使电子秤称重准确，就必须遵守以下要求：

（1）称量商品应放在称盘的中央位置，同时不得与立柱或地面及其他物品接触，以免影响称量的准确性。

（2）秤盘要保持干燥、清洁，避免与热源接触。

（3）每次称量商品后要把秤盘上的碎屑清除。

4. 注意对电子秤的保养

对电子秤的保养也是为了保证电子秤的准确性，在保养时，要特别注意以下几个问题：

（1）注意保持电子秤的卫生。

（2）电子秤不宜放置在阳光直射下，也不宜在高温、低温、潮湿以及有风的地方使用。

（3）商品称重时，要轻拿轻放，切忌摔砸。

二、商品的丈量技术

经营纺织品的商场，需要对商品进行量尺和开剪。由于纺织品种类繁多，质地不同，在量尺和开剪时，既要操作技术熟练、准确，又要了解商品属性，才不致发生误差。

（一）量尺技术

出售纺织品需要使用尺做丈量工具。尺的种类有：木制或竹制的市尺和公尺（公尺一面标着市尺，另一面标着100厘米）。

布匹的卷折形有两种：一种是折叠式；一种是放开式（即卷起来的）。一般色布和白布都是折叠式；花布、毛、丝织品等都是放开式。

丈量放开式的布匹时，要按顾客需要的数量先放开一段，并加放相当于一个幅宽的余布，以便于撕剪。同时注意布料质量及有无残损现象，然后用右手把布推到左边去开始丈量。

1. 量布匹的操作要点

丈量布匹时，一般采用竹制市尺。握尺的正确姿势是：右手捏尺，用拇指和中指捏在尺的6厘米左右，食指抵住尺的顶端，中指、无名指和小指均不要露出尺面。无名指和小指托住尺杆，身体要稍斜站立，不要紧靠柜台，这样量尺才轻巧省力、姿势优美。量尺时，右手提尺压牢所量织品的幅边布头，左手托布。左手的食指和中指在上，拇指、无名指、小指在下，夹住布，使布料沿着尺带往前伸。量尺时，用力要均匀，松紧要适度，右手稍高，左手稍低，使织品有自然走动的趋势，才便于走尺，避免因织品伸缩不均匀造成量尺的误差。

2. 量呢绒的操作要点

呢绒量尺一般是摊平划线。因为呢绒是双幅，质地厚实，量重，坠力大，而且多数是用米尺量，如用手提尺量，往往量得不准。平摊法是将呢绒放开铺在柜台上，两面比齐，用尺将呢绒赶平。每量一米，用划粉划一标记。当量到所需要的数量时，在面幅横向开剪处划一道垂直的直线，然后检查核对两边长短是否一致。无误后，再沿线对直开剪。要不歪、不斜、不差、不欠。

3. 量尺的注意事项

各种织品的织边有宽有窄，有松有紧，织品的伸缩性能有大有小。在量尺时，营业员要区别对待。如丝绸中的乔其纱，棉布中的泡泡纱、绒布、蚊帐布和稀薄的织物等，质地松软，伸缩性大。量尺时要用指头夹住（但不能用力绷紧，而只是垫托着）。左手要自然拿带，使织品随势向右边移过去。特别是软、薄、松的丝绸类的织品，量时要成自然垂直状态，否则容易将织品拉长，使量尺不准。又如棉布中的卡其、府绸等，质地厚实，边缘较紧，伸缩性小，量尺时要捏紧在押，过松会造成亏耗。

（二）开剪技术

开剪技术非常重要，如果操作不当，容易发生歪斜或损伤织品。开剪方法基本上有两种：一种是刀剪法，即用剪刀开剪；另一种是撕扯法，即用手撕扯。两种开剪法相比较，以剪刀开剪较为准确、稳妥。撕扯法虽然简便、快速，但由于织品的经纬密度有时难以辨认，如果不慎，撕扯经密大的织品，就会撕斜、撕破、走横，造成损失甚至报废。因此，纺织品中的精纺呢绒、粗纺呢绒、驼绒、长毛绒、格型料以及其他经密大于纬密的织品，必须用刀剪法。

1. 刀剪法

刀剪法分为平剪和折剪两种。平剪法是将量好的织品用左手仰着捏住，将拇指压在布的上面，食指抵住布的下面，捏住开口处的左面，将无名指压在布的上面，中指抵住布的下面，捏住开口处的右面，右手握剪刀，从拇指和无名指的中间布面成直线往前冲开。剪时剪背不动，只借助剪刀尖部几分深的锋利刀口，顺势冲击。这种剪法，也叫冲剪法（见图 2—2）。剪口两边布面平稳，不容易歪斜。剪时如能请顾客帮助托布，则效果更好。冲剪时，剪刀尖须向上昂起，眼睛要注视剪刀尖和布面的直线，以防剪歪斜。对光滑的织品，冲剪要稍慢一些，防止剪刀滑动而歪斜；对柔软的织品，冲剪速度可以快一些；对布幅过宽的织品冲剪时要特别注意，要手稳，视力集中，最好复转、对正、折齐再开剪，不然容易发生歪斜；呢绒应按照所划好的直线一刀一刀地向前推进对直剪去，以防剪成锯齿形状。

折剪法是将量好的织品复转折正，上下幅边对齐，形成一条很直的折线，然后用剪刀顺着折线处开剪。这样开剪的织品，没有斜歪现象。但要注意对硬挺光滑的织品，开剪线要压平、压正、压牢，以免滑动而歪斜。

开剪时，要注意织品纬向歪斜程度，尤其是棉布中的印染布。由于印染布在印染加工中经过了打幅整理，造成纬向歪斜且难以复原。因此，对明显纬斜的织品，不要用撕扯法。另外，开剪格型花纹的织品，要注意格型的完整。一般采取顺格开剪，如倾斜度大，要向顾客讲清楚，适当加大购买数量。

2. 撕扯法

在撕扯法的具体操作上，也有两种不同的方法：一种是用手直接撕扯，即用左右两手的食指和中指夹住布边，先用力撕开一个断口，然后再继续向前撕扯，直到全幅布断开为止。这种扯法，过去在一些技术熟练的老营业员中是常用的。另一种方法，是在剪刀或量尺上附设小刀片（见图 2—3），先在应开剪的地方剪（或割）个小口。然后再用手撕扯。这样既省力又能使丈量的尺寸准确。

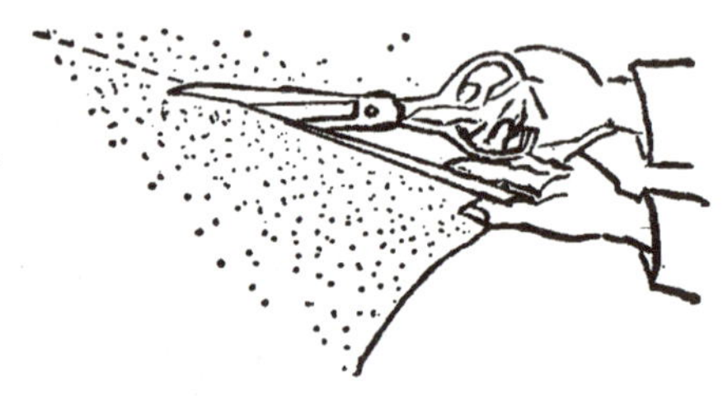

图 2—2 冲剪法

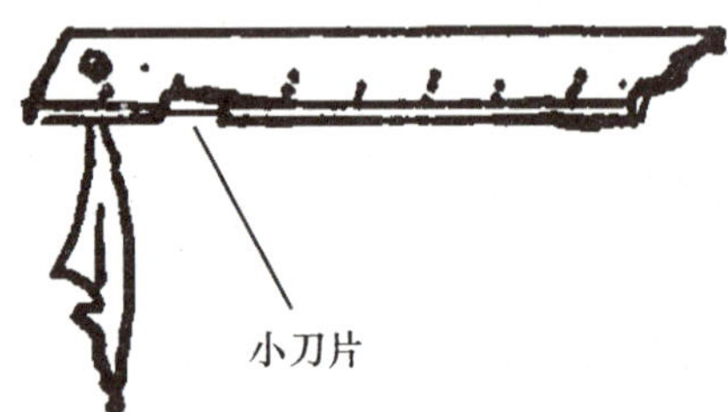

图 2—3 附设刀片的尺

第二节 商品包装和捆扎技术

包装是商品整体的主要组成部分，设计精巧的商品包装，不仅能给顾客带来美的感受，而且能够对顾客的心理情绪产生直接影响，进而影响到顾客对商品的评价和购买行为。随着时代的进步和经济的发展，人们对生活质量的要求也越来越高，对商品的要求也越来越高，不仅注重商品的质量，也重视商品的外观包装。因此，营业员必须熟练掌握商品包装的技巧，以满足顾客对商品包装方面的新要求。

由于商品的性质、形状以及用途的不同，商品包装的形式也就不同。有的用包装纸包装，有的用纸袋或塑料袋装，有的用纸盒装。凡是用袋装或用纸盒装的，操作技术都很简单，只要把商品装好，需要捆扎的再加以捆扎就可以了。目前，绝大多数商品采用现成的塑料袋包装，顾客用起来非常方便，这也有效解决了营业人员操作技术上的问题。但是有相当一部分商品仍需要用纸包装，特别是食品类商品。所以，营业员需要掌握传统的包装技巧。

一、商品纸包包装技术

(一) 商品包装的要求

(1) 包装时要面向顾客，让顾客过目清点。

(2) 包装要做到迅速、安全、牢固、美观。

(3) 要为携带零星小包多的顾客包好扎牢。

(4) 包装完毕时，有礼貌地用双手递给顾客。

(二) 商品包装的种类与方法

1. 商品包装的种类

(1) 大头包。

大头包也叫斧头包。这种包装形式一头大、一头小，像个斧头，包型美观，适于包装茶叶、糖果等商品。包后有的要用纸绳捆扎，小头留提环；有的也可不捆扎，但掖口处必须掖好。

质量要求：六角分明，底板端正，等角四方，如同梯形，掖口不露。

(2) 斗形方包。

斗形方包可用于包装茶叶、食糖或其他食品。

质量要求：上下相称，折角一致，扎绳均匀。

(3) 四方平包。

四方平包可用于包蛋糕或其他方形的食品。

质量要求：六面平正，八角均匀，高矮一致，底面平整，紧扎不皱。

2. 商品包装的方法

(1) 斗形方包的方法和步骤。

斗形方包的包装方法及操作程序可分以下步骤（以包茶叶为例，见图 2—4）：

第一，提角卷折。将内外两张包装纸对齐斜铺在柜上，然后将称好的茶叶倒在纸上，右手提起前面上层纸（留下下层纸角作掖头），左手提起后面纸角，合在一起上提，再往前折卷一折。

第二，打筒包折。折卷后的包装呈筒形，这时左手夹筒身的折边，倒出右手顺右筒口向里收一下茶叶，折右角，然后用右手捏住筒身的折边中间，将左面筒身竖起，左手拍打筒身，使茶叶向一面靠拢，形成斗坡形，折左角，再用同样方法竖起右边筒角，使茶叶向中间靠拢，形成斗坡形。打完筒后，左右手将两个筒角对齐，叠起。

第三，翻个掖口。在包好两头以后，用两手掌包住包装的两侧，按紧，手稍往里扣，两手小指顺前掖角折缝处，轻往外划，伸出前面两角，然后将包向前翻个，用双手按住包的里侧，拇指按包底，再将包翻正过来，将留出的角用双手食指和拇指按进掖口。

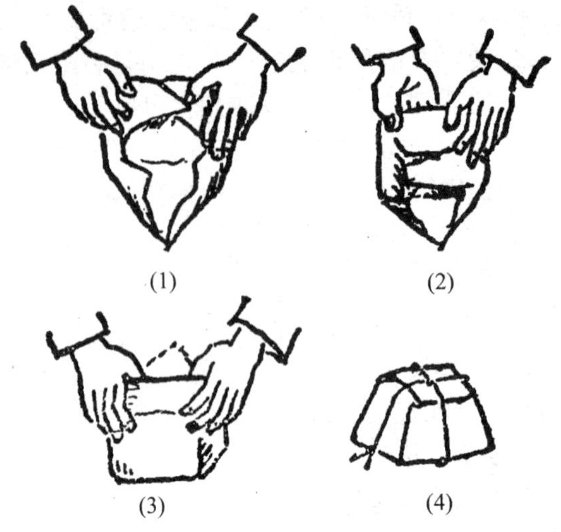

图 2—4　斗形方包的包装方法

（2）四方平包的方法和步骤。

这种方法主要适合于包装蛋糕等礼品性的糕点。包装步骤是：

第一，铺底。准备一张方形包装纸，里面衬垫小纸一张（防止透油）。

第二，摆形。将糕点放在纸的中间摆成立方形。

第三，包包。首先叠里角，左手拇指和食指捏住里纸角叠起，其余三指按着糕点。叠右角时，右手在原处不动，右手拇指压着糕点右侧纸（拇指最好压在糕点高度的中间，起着压角的作用，使包形棱角分明、美观），其余四指顺势将右纸角叠起。叠左角时，右手按包，左手拇指压着糕点的右侧纸，其余四指顺势将左纸角叠起。然后叠外角，用双拇指按住糕点包顶部，四指顺着前角两侧轻轻往外划，伸出前面两角后，左手按包，右手随后将外侧纸角叠起。包好后，在包顶上放上商标。

第四，捆扎。用一只手在包的上面按住绳头，另一只手拿着绳尾在包上进行十字捆扎，然后在包的上面打死结，留三寸提环，便于携带。

二、礼品包装技术

礼品包装是对馈赠的商品进行再包装。礼品包装采用不同质地、颜色、花纹、图案的包装材料进行包装装饰，使礼品更加精致、美观。礼品包装是现代人际交往中新的时尚需要，是零售商业满足消费者需求的服务内容之一。

（一）礼品包装的材料

礼品包装材料主要是包装纸和彩带。可根据消费者的需求选择包装材料的质地、颜色、图案，并用彩带及彩带制作的花结进行装饰。如顾客拿不定主意，则营业员应根据接受礼品的对象与送礼人的关系给予恰当的建议，根据不同情况帮助选择包装纸的颜色与图案，并进行装饰。

1. 包装纸

包装纸主要有以下几种：

（1）专用礼品包装纸。专用礼品包装纸有双面光和单面光两种。

（2）玻璃纸。玻璃纸又称透明纸，有无色和有色两种。

（3）半透明纸。

2. 彩带

彩带有宽窄之分，分别用来包扎大小不同的礼品盒子和制作大小不同的花结。彩带的颜色有单色带和花色带之分；质地有缎带和塑料带之分。

此外，包装还需要准备纱线和单、双面粘胶纸。

（二）礼品包装的工具

礼品包装的工具主要有：

（1）剪刀，用于制作礼品花、花结。

（2）美工刀，用于切割包装纸。

（3）粘胶纸切割机，用于切割单双面胶。

（4）小型订书机，用于制作礼品花。

（三）礼品盒的包装

1. 扁平方盒的包装

扁平方盒的包装见图2—5。

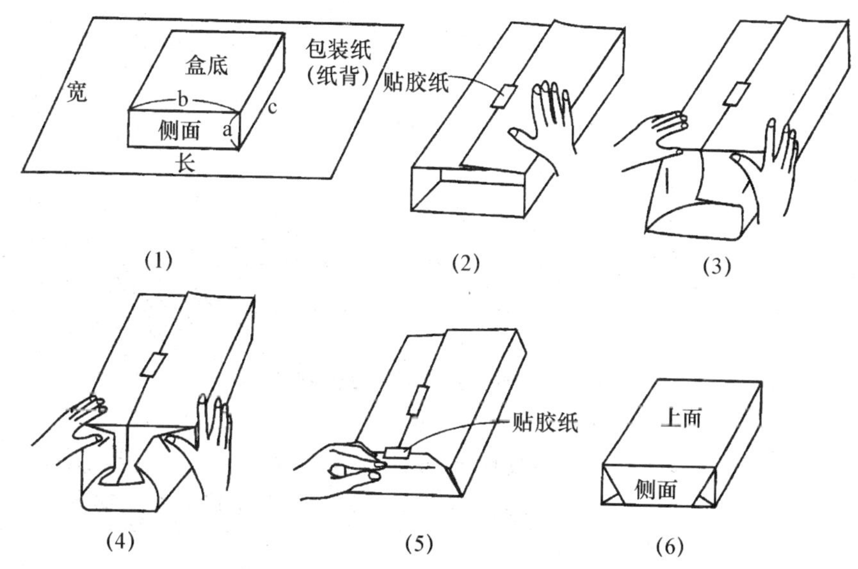

图2—5 扁平方盒的包装方法

（1）裁剪包装纸：长＝2a＋2b＋3cm，宽＝c＋2a＋2～3cm；

（2）礼盒放在包装纸的中央；

（3）纸的左右侧卷起，用透明胶粘牢；

（4）包装纸上层向下折；

（5）左右两侧的纸向中间折入，要使盒的拐角处尽量整齐、笔直，折线对称；

（6）将包装纸的下层向上折，边缘用透明胶紧贴于盒的底部，然后用彩带进行装饰。

2. 长方盒的包装

（1）普通包装技术（见图2—6）。

1）裁剪包装纸：长＝2a＋2b＋3cm，宽＝c＋a＋0～1cm；

2）礼盒放在包装纸的中央；

3）纸的左右侧卷起，用透明胶粘牢；

4）将盒端部的包装纸上下对折，两侧折成三角形；

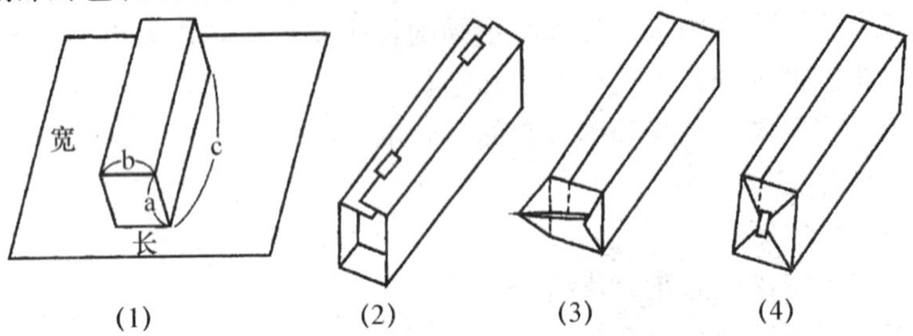

图 2—6　长方形盒的普通包装方法

5）中间用胶纸粘牢，另一侧的折法相同，然后用彩带进行装饰。

（2）花色包装技术。

1）糖果型包装（见图 2—7）。

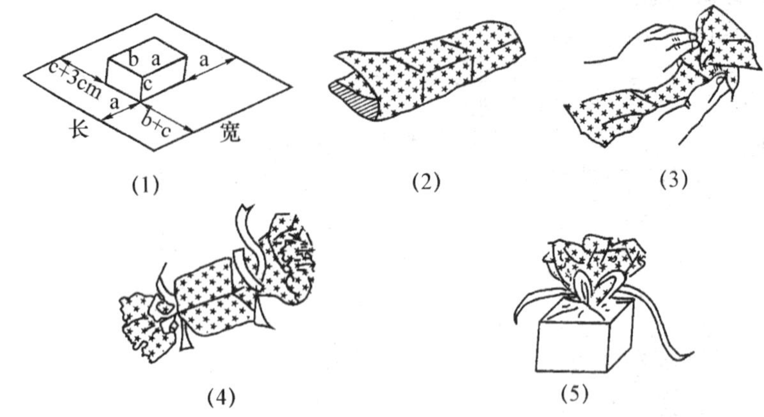

图 2—7　长方形盒糖果型包装方法

第一，裁剪包装纸：长＝2b＋2c＋3cm，宽＝3c；

第二，纸的左右侧卷起，用透明胶粘牢；

第三，双端用彩带扎起，并打上蝴蝶结，或一端用彩带扎起，另一端参照普通包装方法包装。

2）双色纸包装（见图 2—8）。

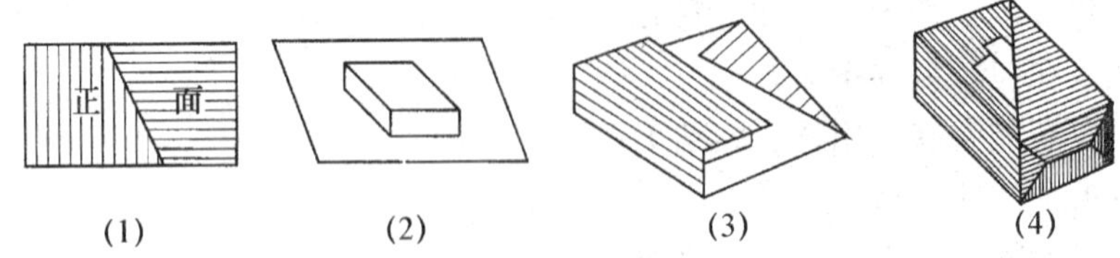

图 2—8　长方形盒双色纸包装法

第一，将两张不同的包装纸按图示用双面胶粘合，裁剪包装纸：长＝3a＋3b＋0～2cm，宽＝a＋c＋0～3cm；

第二，将礼品盒放在双色包装纸的反面的中央；

第三，按图示将包装纸的一角折起，角度可自己设计，折出不同的角度；

第四，参照普通包装法进行包装；

第五，在包装纸的接缝处可插祝贺的小卡片。

3. 圆筒形盒的包装

圆筒形礼盒的包装方法主要有两种：

（1）方法一（见图 2—9）。

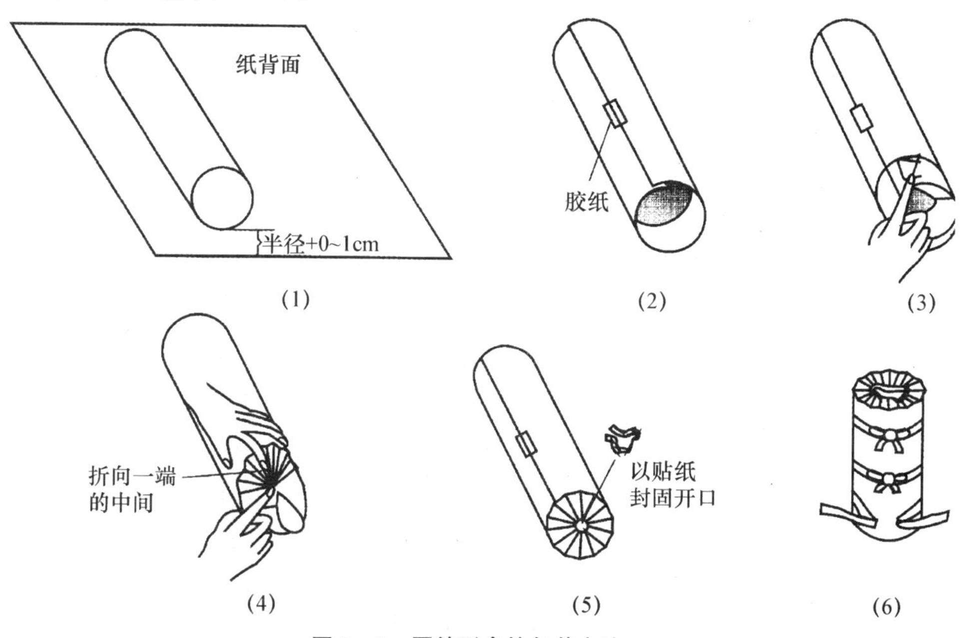

图 2—9 圆筒形盒的包装方法一

第一，裁剪包装纸：长＝圆筒周长＋3cm，宽＝盒高＋圆筒半径＋0～1cm；

第二，礼盒放在包装纸的中央；

第三，左右侧包装纸绕卷礼盒，用透明胶粘牢；

第四，将圆筒形盒端部的包装纸顺次折向中心，折成放射状；

第五，端部中心用胶纸粘牢，另一端的折法相同；

第六，用彩带进行装饰。

（2）方法二（见图 2—10）。

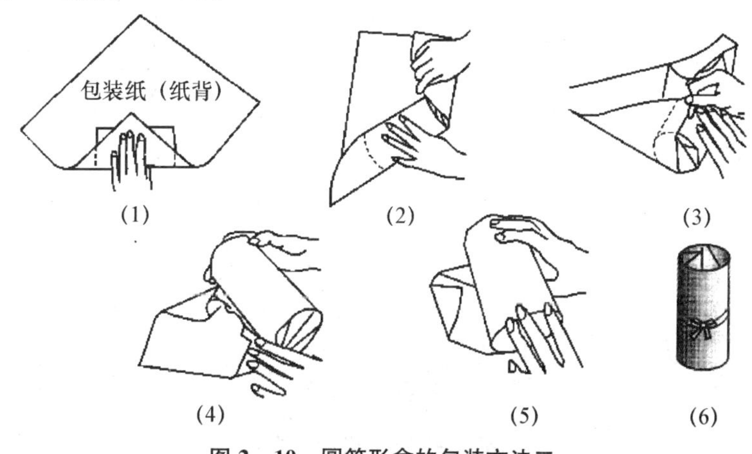

图 2—10 圆筒形盒的包装方法二

第一，圆形盒横放于包装纸的反面；

第二，慢慢转动圆盒的同时将圆盒两端包装纸作皱褶折叠；

第三，圆形盒转动约一周时，包装纸向内侧折入，用单面胶固定，另一端折法相同；

第四，整理皱褶，继续卷绕；

第五，将尖角（或尖角折平）用双面胶贴牢；

第六，用彩带进行装饰。

4. 瓶子的包装

瓶子的包装方法见图 2—11。

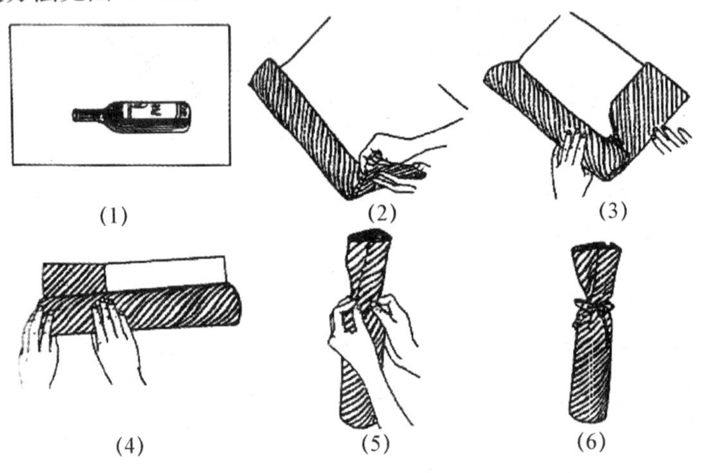

图 2—11　瓶子的包装方法

一些酒做礼品时，可进行礼品包装，底部的包装方法与圆筒形盒的包装方法相同，上部留一定的长度，自行设计各种造型。

5. 彩带的系法

礼品包装系上彩带可加固包装，进行装饰。彩带的系法有多种样式，如图 2—12 所示。

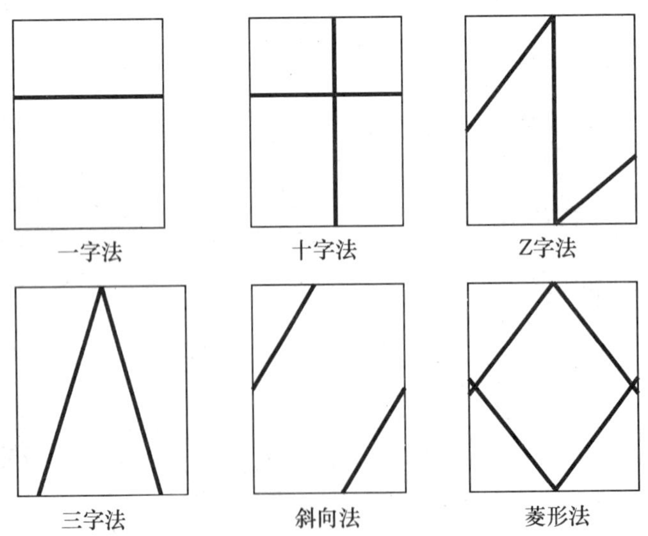

图 2—12　彩带的系法

三、商品捆扎技术

捆扎商品，应根据商品的性能、数量和形状的不同，采取不同的捆扎方法。常用的扎绳有麻绳、纸绳、塑料绳等。捆扎日用品、书籍和食品包，多是使用纸绳或塑料绳。捆扎商品的绳子要选择一定的长度，绳长了既浪费又不美观。对于捆扎食品包的方法，前面已结合包装方法介绍过了。下面介绍另外几种商品的捆扎方法。

（一）瓶酒的捆扎方法

1. 两瓶捆扎方法

两瓶酒捆扎方法见图 2—13。

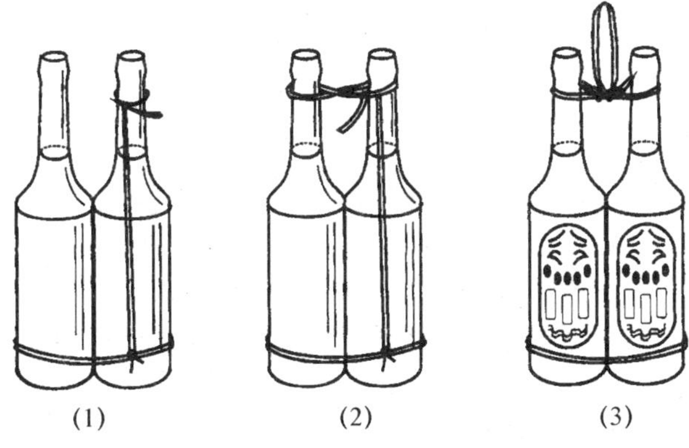

图 2—13 两瓶捆扎方法

（1）定形。将两瓶平行靠紧，立放台面，商标均朝前方。

（2）捆底。将绳团放在柜台上右侧或侧地面上（左手操作者相反），左手握绳头，右手握住绳团一端，左手拇指按放在右瓶后侧做准备。右手持绳顺时针方向转瓶底部（距瓶底约 4 厘米处）绕二圈，于右瓶（或左瓶）后侧结死扣。

（3）扎瓶口。左手握住右瓶身（或左瓶），右手将绳从右瓶（或左瓶）底部拉直至瓶口，将靠绳团一边绳压在拉起绳下扣于右瓶（或左瓶）口后，再拉至左瓶（或右瓶）口前，然后逆时针绕在瓶口（或顺时针绕右瓶口），在拉至右瓶（或左瓶）口前，重复上面动作，使两瓶口缠绕绳呈“∞”形，绕两圈后，右手绳在两瓶口中间停住，留出绳长约 30 厘米。

（4）加固。右手持绳在“∞”上加固缠绕三道，拉紧打结，提环可留可不留。

2. 三瓶捆扎方法

三瓶捆扎方法见图 2—14。

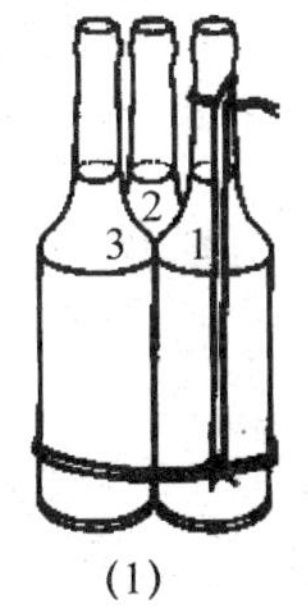

(1)

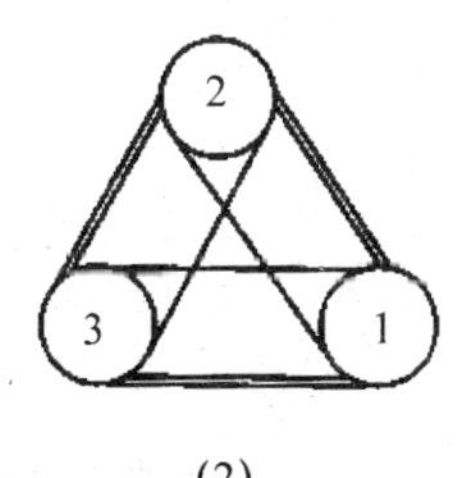

(2)

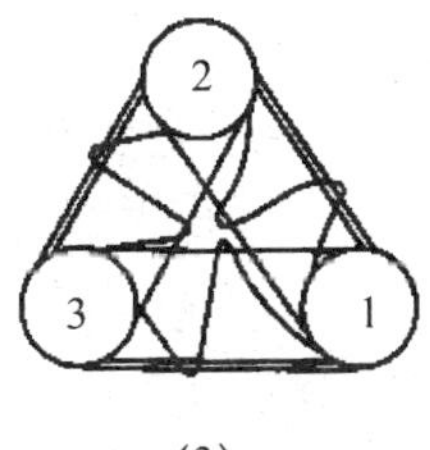

(3)

图 2—14 三瓶捆扎方法

(1) 定形。将三瓶靠紧呈“品”字形，商标均朝外，顺序号见图。

(2) 捆底。与两瓶方法相同。不同的是：打结时，在3、1号瓶中间掏绳，在1号瓶后侧系死扣。

(3) 扎瓶口。右手将绳从1号瓶底拉起，靠绳团一边绳压在拉起绳下，扣于2号瓶口，左手按住3号瓶身，右手拉绳顺时针方向围绕三个瓶口外侧一圈，回至1号瓶，再进行里圈绕绳，顺序由1号瓶里侧拉至2号瓶口，顺时针绕至3号瓶，再由3号瓶口顺时针拉至1号瓶口。

(4) 加固。右手绳拉至2号瓶扎口绳上方，左手食指从瓶口里圈的小三角形中，掏环套于2号瓶口，右手紧绳，转动瓶身，将绳拉至2、3号瓶口绳上方，将环套于3号瓶，重复动作，完成1号瓶口的套扣后，打反环套子1号瓶口，紧绳后断绳，不留提环。

3. 四瓶捆扎方法

(1) 定形。将四瓶交错摆成两行，商标朝外。

(2) 捆底、扎口、加固均与三瓶捆法基本相同。

注意：对于上粗下细的瓶形，在捆扎底部时不易捆得太紧，应保持其直立状态，待捆扎瓶口以后，再用绳上下两道绕起来，拉紧、加固。这样可以把异型酒瓶捆扎好。

(二) 礼品盒的捆扎方法

食品通常采用纸盒或塑料盒盛装，对食品可以选择“十”字形、“卄”字形、“井”字形、菱形和“米”字形等几种捆扎方法。

采用何种捆扎方法要依据包装盒的形状和其所装商品的种类。

1. “十”字形捆扎

“十”字形捆扎（见图2—15）适合于体积不太大，分量较轻的立方体、长方体商品的捆扎方法如下：

(1) 整理。相同体积的摞放整齐。体积不同的可将体积大的放在最下层，按体积大小依次摞放（最好捆扎的盒数在四盒以内，否则不宜携带），与操作台平行放置，朝向操作者的边视为里边。

(2) 捆扎。左手拿绳头约15厘米处按于盒面中心点，中指、无名指搭于盒前沿。右手持绳团这端走绳于盒里底边中心点，从怀里往外绕至盒面与左手绳相交（缠绕圈数可根据捆绳材料和盒的重量而定），右手转动盒身90°，右手重复上述动作，当与左手绳子再次交于中心点，两手用缓劲紧绳。

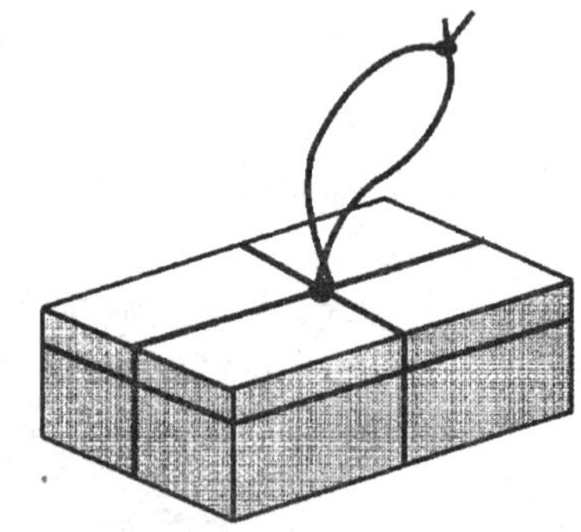

图2—15 “十”字形捆扎

(3) 打提环。用左手食指将绳头掖进“十”字交叉处，由拇指勾出，搭右手绳与之相系，两绳比齐，断右手绳，由左手拿双股绳头，右手拇指、食指配合打死结于绳处。

2. “卄”字形捆扎

“卄”字形捆扎适合于稍大的长方体商品的捆扎，方法见图2—16。

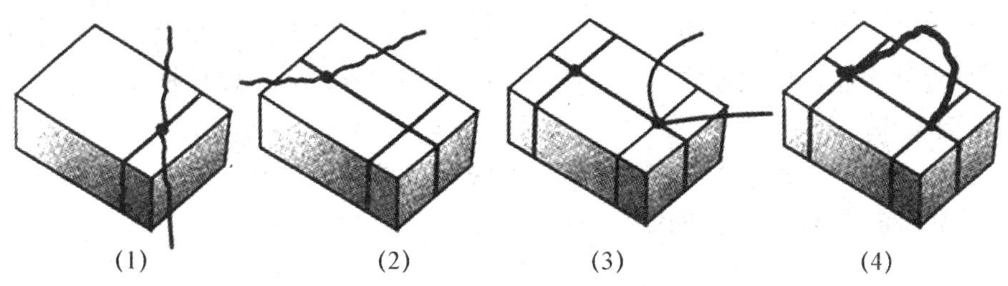

图 2—16 “十”字形捆扎

（1）手捏所需绳总长的 2/5 处，手按盒面右端，右手持绳团由盒面顺时针绕一圈与左手绳相交。

（2）左手绳由盒右端中心点经盒绕至盒左端与右手绳相叉。

（3）左、右手配合将盒搬转 180°后，右手绳由盒外侧经盒底绕一圈与左手绳相交叉，左手绳子在“十”字交叉对角顶处掏绳，与右手绳相系。

（4）打提环。两绳合一起，左手握绳约提环长度（提环长度取决于盒的大小，一般约为 20 厘米），右手将绳子在另一“十”字交叉的对顶角处掏绳，拉回原位置，用右手将绳头系死结于提环根部。

3. “井”字形捆扎

“井”字形捆扎适合于较大的长方体商品的捆扎，方法见图 2—17。

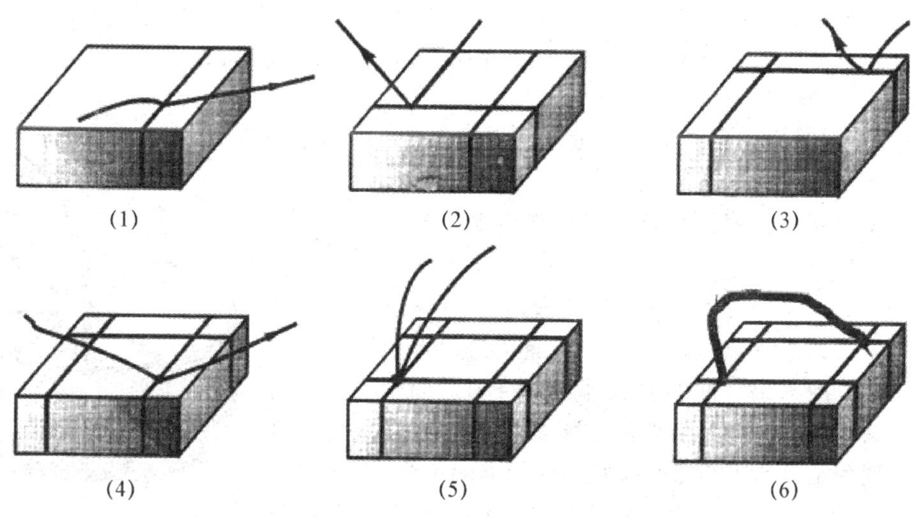

图 2—17 “井”字形捆扎

（1）左手捏绳所需总长的 1/2 处按于盒的右端中心点，右手绳从盒前沿经盒底至盒面与下移的左手绳相交叉。

（2）左手绳由右侧经盒底至左侧盒面上，与左移的右手绳相交叉。

（3）左、右手配合转盒身 180°。

（4）右手绳由盒前沿经盒底重复前两个步骤的动作。

（5）当两手绳第四次相交叉后，左右手配合转盒身 90°，两手绳在“十”字交叉处相系。

(6) 打提环。左手握两股绳约提环长度，右手持两绳至盒对角线上的另一“十”字形交叉点对顶角处掏绳，拉回原位，与左手握的提环绳比齐，系于提环根部。

4. 菱形捆扎

菱形捆扎适用于体积不大的扁长方体、扁立方体商品的捆扎，由于捆法较为新颖，多使用绸缎彩带捆扎礼品，方法见图 2—18。

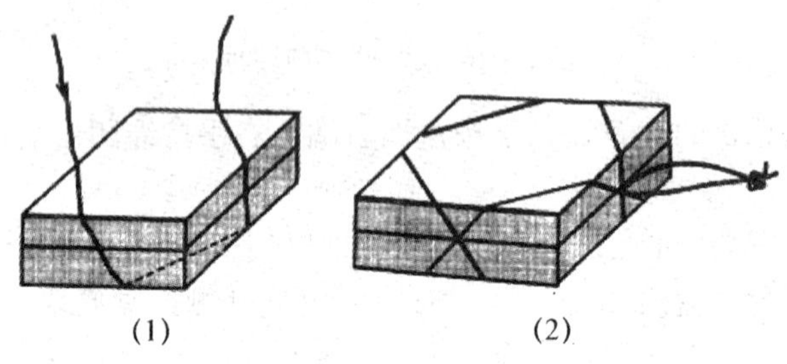

图 2—18　菱字形捆扎

(1) 左手拇指与其他三指抓握立放的盒子上方，食指按绳头约 15 厘米处于两盒夹缝中心点上。右手持绳团这端，拉绳走盒面右上角至右侧中点，绳拉回盒面左下角，至盒左侧中点，经盒底左上角回盒顶部，与左手绳相交而过，再将绳子顺盒面左上角拉至盒左侧面中点。重复上轮动作，当再次与左手绳相交汇于盒顶部中点时，左手食指将绳头掖进交叉点，勾出后与右手绳相系。

(2) 打提环。断右手绳，拉起与左手绳比齐，系死结于绳头。

5. “米”字形捆扎

“米”字形捆扎（见图 2—19）适合于圆形、多边形商品的捆扎。

(1) 准备工作。将商品盒放置操作台上，盒底小半圆露出台面。

(2) 捆扎。左手拇指、食指捏绳头约 15 厘米处按于盒中心点，其他三指搭于盒边缘，右手持绳从盒边缘走绳，从怀里向外绕绳，经露出台面的盒底部中线绕至盒面中心点，与左手绳相交，左、右手配合段转盒身 45°，右手拉绳重复上轮动作，当绳绕至盒面中心点时，两道绳相夹的角为 45°，左右手配合再次转盒身，重复上轮动作。依次缠绕四次，盒面即呈“米”字形状（盒底亦似）。

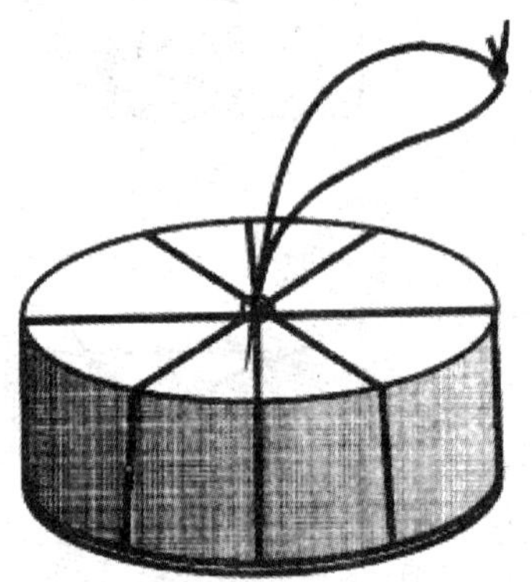

图 2—19　“米”字形捆扎

(3) 打提环。与“十”字形捆扎方法相同。

(三) 饭碗与茶具的捆扎方法

1. 饭碗捆扎

将饭碗摞在一起，碗底之间垫上纸（不垫纸亦可）。左手拿绳头，压在饭碗前方的边沿上，并起扶助的作用，右手拿绳另一头，在碗摞上绕成“米”字形，将碗摞翻个，在碗摞底部“米”字形中，用右手掏扣，再将绳拉到中部。这时，两手绳头碗摞中部交叉，拦腰横捆一道，打死结，不留提环（如图 2—20 所示）。

2. 茶具捆扎

我们日常销售的茶具有单个的壶碗，有成套的茶具。单个壶碗的包扎比较简单，这里不作介绍，下面只介绍一下成套茶具的捆扎方法（如图 2—21 所示）。

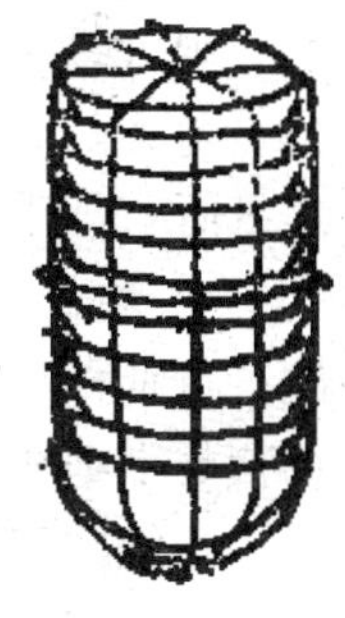

图 2—20　饭碗捆扎

操作时，先将四个茶碟摞在一起。再将四个小耳杯摞在一起卧放在茶碟上；另用纸把壶盖包好，倒翻盖于壶口再将茶壶放于耳杯上；耳杯与茶碟的接触处，在茶壶与耳杯的接触处，应垫上纸以防摩擦、磕碰。然后以两手拇指、食指分别捏紧纸绳，从壶顶紧拉到茶碟。其余手指托住茶碟底，两手平衡用力勒绳。翻转整套茶具，将纸绳引至茶碟底部中心交叉成十字，再翻转整套茶具，将其中一绳引至壶口中心，在交会点回绕打个十字后，再把绳引至壶嘴（或壶耳）的根部与另一绳交会横绕两圈结牢。另在顶部结一提环，以便携带。

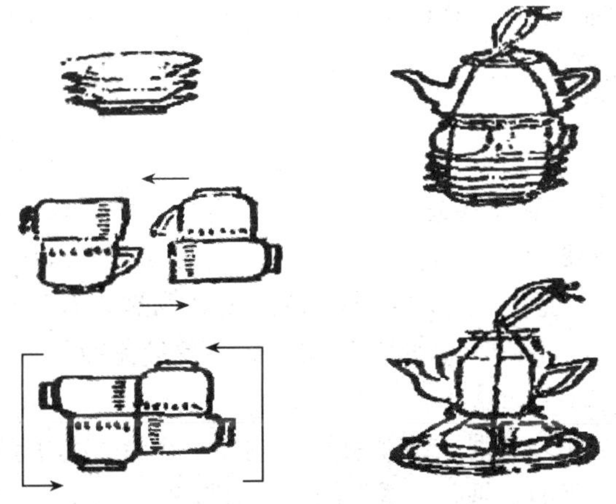

图 2—21　茶具捆扎

第三节　真伪钞识别和票据管理技术

一、人民币防伪知识

（一）人民币真伪鉴别的方法

为了避免在商品交易中错收假币，商场营业人员要熟练掌握识别伪钞的技术。鉴别人民币的真伪可以通过直观比较和仪器检验两种方法。

1. 直观比较

（1）眼观。

真的人民币颜色齐全，色泽纯正美观，线条清晰，制作精良，水印真实。假的人民币颜色浅淡，色调不匀，色差明显，图案模糊，分色套印，水印不清晰。主要从以下几方面进行辨认：

1）看水印。第五套人民币各券别纸币的固定水印位于各券别纸币票面正面左侧的空白处，迎光透视，可以看到立体感很强的水印。100 元、50 元纸币的固定水印为毛泽东头像图案。20 元、10 元、5 元、1 元纸币的固定水印为花卉图案。

2）看安全线。第五套人民币纸币在各券别票面正面中间偏左，均有一条安全线。100

元、50元纸币的安全线，迎光透视，分别可以看到“RMB100”、“RMB50”的缩微文字；20元、10元、5元纸币安全线为全息磁性开窗式安全线，即安全线局部埋入纸张中，局部裸露在纸面上，开窗部分分别可以看到由微缩字符“￥20”、“￥10”、“￥5”组成的全息图像。

3）看光变油墨。第五套人民币100元和50元正面左下方的面额数字采用光变墨印刷。将垂直观察的票面倾斜到一定角度时，100元的面额数字会由绿色变为蓝色，50元的面额数字则会由金色变为绿色。

4）看票面图案是否清晰，色彩是否鲜艳，对接图案是否可以对接上。第五套人民币，纸币的阴阳互补对印图案应用于100元、50元和10元中。这三种券别的正面左下方和背面右下方都印有一个圆形局部图案，迎光透视，两幅图案准确对接，组合成一个完整的古钱币图案。

5）用5倍以上放大镜观察票面，看图案线条、缩微文字是否清晰干净。第五套人民币纸币各券别正面胶印图案中，多处均印有微缩文字。100元微缩文字为“RMB”和“RMB100”；50元为“50”和“RMB50”；20元为“RMB20”；10元为“RMB10”；5元为“RMB5”和“5”字样。

（2）手摸。

真的人民币质地坚韧，挺括度好，耐折，耐揉搓。真币在国徽、面额数字、盲文点、底部花纹、人物浮雕、图案背景等处有凹凸感。第五套人民币纸币各券别正面主景均为毛泽东头像，采用手工雕刻凹版印刷工艺，形象逼真、传神、凹凸感强，易于识别。

假的人民币纸张质地松软，无拉力，容易折断和撕裂，有的可进行剥离，正反面平滑。用手触摸图案、花纹、盲文点、面额数字、国徽等处无凹凸感。

（3）耳听。

真的人民币用手抖、甩、弹时，纸张有清脆响亮的声音。用手搓时，也有清脆的声音。假的人民币用手抖、甩、弹时，纸张声音发闷，无清脆响声。用手揉搓时，基本无声响。

2. 仪器检验

（1）用放大镜检验。

真的人民币点线结构精细、清晰。假的人民币线条模糊，竖向的线条有断裂。

（2）用紫光灯检验。

真币在紫光灯照射下，票面没有荧光反应。1999年版100元和50元人民币有汉语拼音、面额数码荧光反应。假币在紫光灯照射下，票面有荧光亮度反应，有的会使紫外线验钞机产生尖叫等。

此外，可以用磁性检测仪检测黑色横号码的磁性。

（二）不同版人民币鉴别方法

1. 1999年版100元人民币鉴别方法

该版人民币共有十项防伪特征，一般情况下真伪的辨认可以抓住以下几点：

（1）固定人像水印。

位于正面左侧空白处，迎光透视，可见与正面图像相同的立体感很强的毛泽东头像水印。

（2）磁性微文字安全线。

钞票纸中偏左侧有一垂直到上下两边的磁性安全线，迎光观察可见“RMB100”微小文字，仪器检测有磁性。

（3）隐形面额数字。

钞票右上方数字下有一椭圆形图案，将钞票置于与眼睛接近平行的位置，面对光源作平面旋转45°或90°，即可看到“100”字样。

（4）光变油墨面额数字。

钞票正面左下方“100”字样，与票面垂直角度看为绿色，倾斜一定角度看则为蓝色。

（5）红、蓝彩色纤维。

在票面的空白处，可看到纸张中有红色、蓝色纤维。

（6）手工雕刻头像。

正面主景为毛泽东头像，采用手工雕刻凹版印刷工艺，形象逼真传神，凹凸感强，易于辨别。

（7）胶印缩微文字。

正面上方椭圆形图案中，多处印有缩微文字，在放大镜下可以看到“RMB”和“RMB100”字样。

（8）阴阳互补对印图案。

票面正面左下方和背面右下方均有椭圆形局部图案，迎光观察，正背图案重合并组成一幅完整的古钱币图案。

（9）雕刻凹版印刷。

正面主景为毛泽东头像、中国人民银行行名、盲文面额标记及背面主景人民大会堂等均采用雕刻凹版印刷，用手指触摸有明显的凹凸感。

（10）横竖双号码。

正面采用横竖双号码印刷（均为两位冠字、八位号码）。横号码为黑色，竖号码为蓝色。

2. 2000年版20元人民币鉴别方法

（1）固定花卉水印。

位于正面左侧空白处，迎光透视，可见立体感很强的荷花水印。

（2）红、蓝彩色纤维。

在票面上，可看到纸张中有红色和蓝色纤维。

（3）安全线。

迎光观察，钞票纸中有一条明暗相间的安全线。

（4）手工雕刻头像。

正面主景为毛泽东头像，采用手工雕刻凹版印刷工艺，形象逼真，凹凸感强。

（5）隐形面额数字。

正面右上方有一装饰图案，将票面置于与眼睛接近平行的位置，面对光源作平面旋转45°或90°，可看到“20”字样。

（6）胶印缩微文字。

正面右侧和下方及背面图案中，多处印有胶印缩微文字“RMB20”字样。

（7）雕刻凹版印刷。

中国人民银行行名、面额数字、盲文面额标记等均采用雕刻凹版印刷，用手指触摸有明显的凹凸感。

（8）双色横号码。

正面采用双色横写号码（两位冠字、八位号码）印刷。号码左半部分为红色，右半部分为黑色。

3. 第五套人民币1元纸币2004年版鉴别方法

(1) 固定花卉水印。

位于正面左侧空白处，迎光透视可以看到立体感很强的兰花水印。

(2) 手工雕刻头像。

正面主景为毛泽东头像，采用手工雕刻凹版印刷工艺，形象逼真传神，凹凸感强，易于识别。

(3) 隐形面额数字。

正面右上方有一装饰图案，将票面置于与眼睛接近平行的位置，面对光源作上下倾斜晃动，可看到“1”字样。

(4) 胶印缩微文字。

背面下方胶印图案中，印有缩微文字“人民币1”和“RMB1”字样。

(5) 雕刻凹版印刷。

正面主景为毛泽东头像，中国人民银行行名、面额数字、盲文面额标记等均采用雕刻凹版印刷，用手指触摸有明显的凹凸感。

(6) 双色横号码。

正面印有双色横号码，左侧部分为红色，右侧部分为黑色。

二、收取支票应检查的内容

(一) 书写规范

字迹要规范、清晰、端正，不得写错别字，要用黑色墨水笔填写。

(二) 金额明确

支票必须明确写清楚货币种类及数量，应同时填写大、小写金额。在数字前填写时应加“¥”符号。

(三) 付款人信息

付款人开户行的名称和账号，两项必须同时填写清楚，缺一不可。

(四) 出票日期

支票上应写清楚出票日期，以便认定付款是否过期等信息。支票的付款期一般为十天，遇到法定节假日顺延。

(五) 出票人签章

支票上应有出票人的签名或盖章，签名及盖章都应与银行预留印鉴一致，否则银行将拒付。

另外，支票上未记载收款人姓名的，经出票人授权，可以补记。

三、发票管理知识

(1) 发票是指在售货业务结束后，由收银员所填写的票据。未经国家税务机关批准不得拆本使用发票。

(2) 单位和个人只能使用按照国家税务机关批准印制或购买的发票，不得用“白条”和其他票据代替发票使用，也不得自行扩大专业发票的使用范围。

(3) 凡销售商品、提供服务以及从事其他经营业务活动的单位和个人，对外经营业务收取款项，收款方应如实向付款方填开发票；但对收购单位和扣缴义务人支付个人款项时，可按规定由付款单位向收款个人填开发票；对向个人零售小额商品或提供零星劳务服务，可以免予逐笔填开发票。但应逐项记账。

(4) 使用发票的单位和个人必须在实现经营收入或者发生纳税义务时填开发票，未发生经营业务一律不准填开发票。

(5) 单位和个人填开发票时，必须按照规定的时限、号码顺序填开，填写时必须项目齐全、内容真实、字迹清楚，全份一次复写，各联内容完全一致，并加盖单位财务印章或者发票专用章。填开发票应使用中文，也可以使用中外两种文字。对于填开发票后，发生销货退回或者折价的，在收回原发票或取得对方国家税务机关的有效证明后，方可填开红字发票。用票单位和个人填错发票，应书写或加盖“作废”字样，完整保存各联备查。

(6) 单位和个人应当建立发票使用登记制度，设置发票登记簿，并定期向主管国家税务机关报告发票使用情况。

(7) 使用发票的单位和个人应当妥善保管发票，不得丢失。发票丢失，应当于丢失当日书面报告主管国家税务机关，并在报刊、电视等传播媒介上公开声明作废，并接受国家税务机关的处罚。

(8) 开具发票的单位和个人应当按照国家税务机关的规定存放和保管发票，不得擅自损毁。已经开具的发票存根联和发票登记簿，应当保存五年。保存期满，报经主管国家税务机关查验后销毁。

第四节 点钞技术

点钞是收银人员必须具备的基本技能。掌握正确的点钞方法，不仅能够提高收银人员的收银速度，还可以减少收银错误，避免损失。

一、手工点钞

(一) 手工点钞的基本要领

学习手工点钞，首先要掌握基本要领。手工点钞的基本要领大致可概括为以下几点。

1. 肌肉要放松

点钞时，两手各部位的肌肉都要放松。肌肉放松，能够使双手活动自如、动作协调，并减轻劳动强度。否则，手指僵硬，动作不准确，既影响点钞速度，又消耗体力。正确的姿势是：肌肉放松，双肘自然放在桌面上，持票的左手手腕接触桌面，右手手腕稍抬起。

2. 钞券要墩齐

需清点的钞券必须清理整齐、平直。这是点准钞券的前提，钞券不齐不易点准。对折角、弯折、揉搓过的钞券要将其理直、抹平，明显破裂、质软的纸币要事先挑出来。整理好后，将钞券在桌面上墩齐。

3. 开扇要均匀

钞券清点前，要将票面打开成扇形，使钞券有一个坡度，便于捻动。开扇均匀是指每张钞券的间隔距离必须一致，使之在捻钞过程中不易夹张。扇面开得是否均匀，决定着点钞是否准确。

4. 手指触面要小

手工点钞时，捻钞的手指与钞券的接触面要小。如果手指接触面大，手指往返动作的幅度也随之增大，从而使手指频率减慢，影响点钞速度。

5. 动作要连贯

点钞过程的各个环节必须协调，环环扣紧。如点完 100 张，墩齐钞券后，左手持票，右手取腰条纸，同时左手的钞券跟上去，迅速扎好小把。在右手放票的同时，左手取另一把钞券准备清点，而右手顺手沾水清点。这样才能使扎把和持票及清点各环节紧密地衔接起来。

清点时的各个动作要连贯。即第一组动作和第二组动作之间，要尽量缩短和不留空隙时间。当第一组的最后一个动作即将完毕时，第二组动作必须立即开始，比如用手持式四指拨动点钞法清点时，当第一组的食指捻下第四张钞券时，第二组动作的小指要迅速跟上，不留空隙。这就要求收银人员在清点时双手动作要协调，清点动作要均匀，切忌忽快忽慢、忽多忽少。在清点中尽量减少不必要的小动作，以免影响动作的连贯性和点钞速度。

6. 点、数要协调

点和数是点钞过程的两个重要方面，这两个方面要相互配合，协调一致。点的速度快，记数跟不上，或点的速度慢，记数过快，都会造成点钞不准确，甚至造成差错。所以点和数两者必须一致，这是点准的前提条件之一。为了使两者紧密结合，记数通常采用分组法：单指单张以十为一组记数；多指多张以清点的张数为一组记数。记数通常要用脑子记，尽量避免用口数。

(二) 手工点钞的基本方法

1. 手持式单指单张点钞法

手持式单指单张点钞法是一种适用面较广的点钞方法，可用于收款、付款和整点各种新旧大小钞券。这种点钞方法的优点是持票人所持的票面较小，视线可及票的 3/4，容易发现假票，挑剔残破币也较方便。手持式单指单张点钞法的具体操作程序如图 2—22 所示。

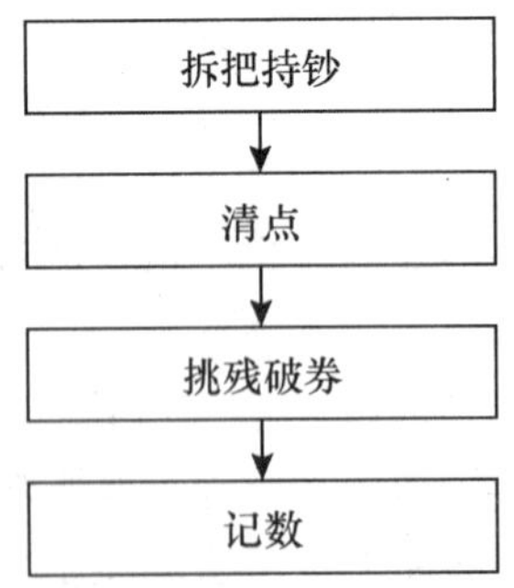

图 2—22　手持式单指单张点钞法的具体操作程序

(1) 拆把持钞。

拆把持钞的方法共分为三种。

1) 第一种方法：拆把时左手拇指在钞券正面的左端，约在票面的 1/4 处，食指和中指在钞券背面与拇指一起捏住钞券，无名指和小指自然弯曲。捏起钞券后，无名指和小指伸向票前压住钞券的左下方，中指弯曲稍用力，与无名指和小指夹住钞券，食指伸直，拇指向上移动按住钞券的侧面将钞券压成瓦形，并使左手手心向下，然后用右手脱去钞券上的腰条，同时左手将钞券在桌面上轻擦，拇指借用桌面的摩擦力将钞券向上翻成微型扇面，右手的拇指、食指、中指沾水做点钞准备。

从上面可以看出，这种拆把方法不撕断纸条，便于保留原纸条查看图章。这种拆把方法通常用于初点现金。

2）第二种方法：钞券横执，正面朝向身体，用左手的中指和无名指夹住票面的左上角，拇指按住钞券上沿处，食指伸直，中指稍用力，把钞券放在桌面上，并使左端翘起成瓦形，然后用左手食指向前伸勾断腰条纸并抬起食指使腰条自然落在桌面上，左手大拇指翻起钞票同时用力向外推，使钞券成微型扇面，右手拇指、食指、中指沾水做点钞准备。

这种方法的特点是左右手可同时操作，拆把速度快，但腰条纸断后不能再使用。这种拆把方法通常用于复点现金。

3）第三种方法：钞券横执，钞券的反面朝向身体，用左手中指和无名指夹住钞券的左端中间，食指和中指在前面，中指弯曲，食指伸直，无名指和小指放在钞券后面并自然弯曲，左手拇指在钞票下边沿后侧约占票面的1/3处用力将钞券向上翻起呈瓦形，使钞券正面朝向身体，并用拇指捏住钞票里侧边缘向外推，食指协助拇指，使钞票打开呈微扇形状。

（2）清点。

拆把后，左手持钞稍斜，正面朝向胸前，右手捻钞，捻钞从右上角开始，用右手拇指尖向下捻动钞票的右上角，拇指不宜抬得太高，动作的幅度也不宜太大，以免影响速度。食指在钞票背面托住少量钞票配合拇指工作，随着钞票的捻出要向前移动，以及时托住另一部分钞票，无名指将捻下来的钞票往怀里方向弹，每捻下一张弹一次，要注意轻点快弹。中指翘起不要触及票面，以免妨碍无名指动作。在清点中拇指上的水用完可向中指沾一下，同时，左手一指也要配合动作，当右手将钞票下捻时，一指要随即向后移动，并用指尖向外推动钞票，以利捻钞时下钞均匀。

在这一环节中，要注意右手拇指捻钞时，主要负责将钞票捻开，下钞主要靠无名指弹拨。

（3）挑残破券。

在清点过程中，如发现残破券应按标准将其挑出。为了不影响点钞速度，点钞时不要急于抽出残破券，只要用右手中指、无名指夹住残破券将其折向外边，待点完100张后，再挑出残破券，补上完整券。

（4）记数。

在清点钞票的同时要记数。由于单指单张每次只捻一张钞票，记数也必须一张一张记，直至记到100张。从“1”到“100”的数中，绝大多数是两位数，记数速度往往跟不上捻钞速度，所以必须注意技巧，通常可采用分组计数法。

分组记数法两种方法：

一种方法是：1、2、…9、1；1、2、…9、2；1、2、…9、3；……1、2、…9、10。这样正好100张。这种方法是把100个数编成10个组，每个组都由10个一位数组成，前面9个数都表示张数，最后一个数既表示这一组的第10张，又表示这个组的组序号码，即第几组。这样在点数时记数的频率和捻钞的速度能基本吻合。

另一种方法是：0、2、3、…9、10；1、2、3、…9、10；2、2、3…9、10；……这种记数方法的原则与前种相同，不同的是把组的号码放在每组数的前面。这两种记数方法既简捷迅速又省力好记，有利于准确记数。

记数时要注意不要用嘴念出声来，要用心记，做到心、眼、手三者密切配合。

2. 手持式一指多张点钞法

手持式一指多张点钞是在手持式单指单张的基础上发展起来的。它适用于收款、付款和清点工作，各种钞票的清点都能使用这种点钞方法。

其优点是点钞效率高，记数简单省力。但是由于一指一次捻下几张钞票，除第一张外，后面几张看到的票面较少，不易发现残破券和假币。这种点钞法的操作程序除了清点和计数外，其他均与手持式单指单张点钞方法相同。

（1）清点。

清点时右手拇指肚放在钞券的右上角，拇指尖略超过票面。如点双张，先用拇指肚捻下第1张，拇指尖捻下第2张；如点3张及3张以上时，同样先用拇指肚捻下第1张，然后依次捻下后面一张，用拇指尖捻下最后一张。

要注意拇指均衡用力，捻的幅度也不要太大，食指、中指在钞券后面配合拇指捻动，无名指向怀里弹。为增大审视面，并保证左手切数准确，点数时眼睛顺着左侧向右看。这样容易看清张数和残破券。

（2）记数。

由于是一次捻下多张，应采用分组记数法，以每次点的张数为组记数。如点3张，即以3张为组记数，每捻3张记一个数，33组余1张就是100张。如点5张，即以5张为组记数，每捻5张记一个数，20组就是100张。以此类推。

3. 手持式四指拨动点钞法

手持式四指拨动点钞法也称四指四张点钞法或手持式四指扒点法。它适用于收款、付款和清点工作，使用范围广泛，比较适合柜面收付款业务的点钞方法。

它的优点是速度快、效率高。由于每指点一张，票面可视幅度较大，看得较为清楚，有利于识别假币和挑出残破券。

手持式四指拨动点钞法的操作流程如图2—23所示。

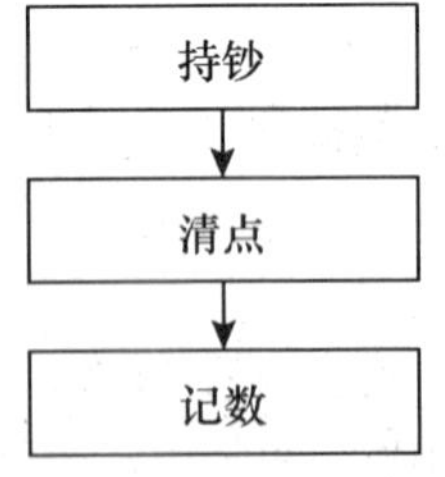

图2—23 手持式四指拨动点钞法的操作流程

（1）持钞。

钞票横立，左手持钞。持钞时，手心朝向胸前，手指向下，中指在票前，食指、无名指、小指在后，将钞票夹紧，以中指为轴心五指自然弯曲，中指第二关节顶住钞票，向外用力，小指、无名指、食指、拇指同时向手心方向用力，将钞票压成“U”形，“U”口朝里，这里要注意食指和拇指要从右上侧将钞票往里下方轻压，打开微扇，手腕向里转动90°，使钞票的四面向左但略朝里，凸面朝外向右，中指和无名指夹住钞票，食指移到钞票外侧面，用指尖管住钞票，以防下滑，大拇指轻轻按住钞票外上侧，既防钞票下滑又要配合右手清点。最后，左手将钞票移至胸前约20厘米的位置，右手五指同时沾水，做好清点准备。

（2）清点。

两只手摆放要自然。一般左手持钞略低，右手手腕抬起高于左手。清点时，右手拇指轻轻托住内上角里侧的少量钞券，其余四指自然并拢，弯曲成弓形，食指在上，中指、无名指、小指依次略低，四个指尖呈一条斜线，然后从小指开始，四个指尖依次顺序各捻下一张，四指共捻四张。接着以同样的方法清点，循环往复，点完25次即点完100张。

用这种方法清点要注意以下几个方面：

1）捻钞票时动作要连续，下张时一次一次连续不断，当食指捻下本次最后一张时，小指要紧紧跟上，每次之间不要间歇。

2）捻钞的幅度要小，手指离票面不要过远，四个指头要一起动作，加快往返速度。四个指头与票面接触面要小，应用指尖接触票面进行捻动。

3）右手拇指随着钞票的不断下捻向前移动，托住钞票，但不能离开钞票。

4）在右手捻钞的同时左手要配合动作，每当右手捻下一次钞票，左手拇指就要推动一次，二指同时松开，使捻出的钞票自然下落，再接住未点的钞票，往复动作，使下钞顺畅自如。

5）采用手持式四指拨动法点钞，清点前不必先拆纸条，只要捆扎钞票的腰条纸挪移到钞票1/4处就可以开始清点，发现问题可保持原状，便于追查。

6）初点不用勾断腰条纸，复点完时顺便将腰条纸勾断，重新扎把盖章。

（3）记数。

采用分组记数法。以四个指头顺序捻下四张为一次，每次为一组，25次即25组，即为100张。

4. 手持式五指拨动点钞法

手持式五指拨动点钞法适用于收款、付款和清点工作。

它的优点是效率高、记数省力，可减轻劳动强度。这种方法要求五个手指依次动作，动作准度较大。

手持式五指拨动点钞法的操作流程与手持式四指拨动点钞法相同。

（1）持钞。

钞票横立，用左手持钞。持钞时，左手小指、拇指放在票面前，其余三个手指放在票后，拇指用力把钞票压成瓦形，用右手退下腰条纸，右手拍打钞票右边一下，并用右手顺势将钞票推起，左手变换各手指位置，即用无名指、小指夹住钞票左下端，中指和食指按在钞票外侧，食指在上，中指在下，拇指轻压在钞票上外侧使钞票成瓦形。

（2）清点。

右手五个指头沾水，从右角将钞票逐张向怀里方向拨动，以拇指开始，依次食指、中指、无名指，直至小指收尾为止。每指拨一张，一次为五张。

（3）记数。

采用分组记数，每五张为一组记一个数，记满 20 组，即为 100 张。

五指拨动法一般是单向拨动，即右手始终是从拇指开始依次向怀里方向拨动，直至小指收尾止。五指拨动法也可里外双向拨动，即先从拇指开始，食指、中指依次向怀里方向拨动，到无名指收尾为止，再从小指开始，依次无名指、中指向外方向拨动，直至食指收尾为止。这样来回拨动一次 8 张，点 12 个来回余 4 张即为 100 张。这种点钞方法虽然准度较差，但速度快、效率高。

5. 扇面式点钞法

把钞票捻成扇面状进行清点的方法叫扇面式点钞法。这种点钞方法速度快，是手工点钞中效率最高的一种。但它只适合清点新票币，不适于清点新、旧、破混合钞票。

（1）持钞。

钞票竖拿，左手拇指在票前下部中间票面约 1/4 处，食指、中指在票后同拇指一起捏住钞票，无名指和小指拳向手心，右手拇指在左手拇指的上端，用虎口从右侧卡住钞票成瓦形，食指、中指、无名指、小指均横在钞票背面，做开扇准备。

（2）开扇。

开扇是扇面点钞的一个重要环节，扇面要开得均匀，为点数打好基础，做好准备。其方法是：以左手为轴，右手食指将钞票向胸前左下方压弯，然后再猛向右方闪动，同时右手拇指在票前向左上方推动钞票，食指、中指在票后面用力向右捻动，左手指在钞票原位置向逆时针方向画弧捻动，食指、中指在票后面用力向左上方捻动，右手手指逐步向下移动，至右下角时即可将钞票推成扇面形。如有不均匀地方，可双手持钞抖动，使其均匀。

打扇面时，左右两手一定要配合协调，不要将钞票捏得过紧，如果点钞时采取一按 10 张的方法，扇面要开小些，便于清点。

（3）点数。

左手持扇面，右手中指、无名指、小指托住钞票背面，拇指在钞票右上角 1 厘米处，一次按下 5 张或 10 张；按下后用食指压住，拇指继续向前按第二次，以此类推，同时左手应随右手点数速度向内转动扇面，以迎合右手按动，直到点完 100 张为止。

（4）记数。

采用分组记数法。一次按 5 张为一组，记满 20 组为 100 张；一次按 10 张为一组，记满 10 组为 100 张。

（5）合扇。

清点完毕合扇时，将左手向右倒，右手托住钞票右侧向左合拢，左右手指向中间一起用力，使钞票竖立在桌面上，两手松拢轻墩，把钞票墩齐，准备扎把。

（三）钞票扎把技巧

点钞完毕后需要对所点钞票进行扎把，通常是 100 张捆扎成一把，分为缠绕式和扭结式两种方法。

1. 缠绕式

临柜收款采用此种方法，需使用牛皮纸腰条，其具体操作方法如下：

（1）将点过的钞票 100 张墩齐。

（2）左手从长的方向拦腰握着钞票，使之成瓦状（瓦状的幅度影响扎钞的松紧，在捆扎中幅度不能变）。

（3）右手握着腰条纸的一头将其从钞票的长的方向夹入钞票的中间（离一端1/4～1/3处）从凹面开始绕钞票两圈。

（4）在翻到钞票原度转角处将腰条纸向右折叠90°，将腰条纸头绕捆在钞票的腰条纸转两圈打结。

（5）整理钞票。

2. 扭结式

考核、比赛采用此种方法，需使用绵纸腰条，其具体操作方法如下：

（1）将点过的钞票100张墩齐。

（2）左手握钞，使之成瓦状。

（3）右手将腰条纸从钞票凸面放置，将两腰条纸头绕到凹面，左手食指、拇指分别按住腰条纸与钞票厚度交界处。

（4）右手拇指、食指夹住其中一端腰条纸头，中指、无名指夹住另一端腰条纸头，并合在一起，右手顺时针转180°，左手逆时针转180°，将拇指和食指夹住的那一头从腰条纸与钞票之间绕过，打结。

（5）整理钞票。

二、机器点钞

使用点钞机整点票币，可以减轻收银人员的劳动强度，提高工作效率。

（一）准备工作

使用点钞机点钞时先开通电源，检查各部件是否完好，运转是否正常，试验捻钞拉力是否合适，观察下钞是否通畅、整齐，计数是否准确。调试一般要求达到不松、不紧、不咬、不塞。

待点的钞票整齐排放在点钞机的右侧，捆钞条和印章按固定位置放好，保证点钞过程的连续性。根据点钞的不同需要，选择功能键。

（二）操作方法

1. 持钞

右手拇指在钞票下侧，食指在钞票中心，中指、无名指、小指在外面，捏住钞票。

2. 拆把

右手食指将钞票中心向外推，拇指与中指、无名指、小指同时将钞票捏成半弧形，左手将纸条抽去，右手拇指与食指夹在上侧边，松开中指、无名指、小指，这时钞票下侧弹回原处，自然形成斜坡形，放入托钞板，便于下钞流畅。注意将显示数字调整为“0”。

3. 清点

将钞票轻轻放入下钞斗内，勿用力过大，造成塞钞，应使其自然下滑；目光迅速转向运钞带，如果发现有破损券、夹杂券、假钞或其他异物，需立即剔出；钞票全部下到积钞台后，看清显示数字是否与拆把所标金额相符；确认金额无误后将钞票取出墩齐、扎把；在清查过程中要根据票面大小，随时调整积钞台的大小档次，以适应大小不同的票币，使其整齐；在清点整把钞票时，如果发现显示的不是100时需要复点。在复点前必须首先将显示数字还原为“0”后再复点，并注意保管好原把纸条，不能混淆，以便分清责任。

4. 扎把

机器点钞法的扎把方法与手持式单指单张点钞法相同。

(三) 注意事项

(1) 在机器点钞过程中，如下钞正常，目光要集中在运钞带上，直至下钞完毕，再看金额是否准确。

(2) 在取出刚点完的钞票时，要特别注意取净，防止落下，造成混把。

(3) 点完一个单位的钞票后，要检查一次机器底下是否有遗张，特别是在发现少款的情况时，要仔细检查输钞带、捻钞轮底下是否有“吃钞”的情况。

三、硬币清点

(一) 手工清点

1. 摆放硬币

收银人员要将点数的硬币按面值大小挑选出来，将统一面值的硬币横向压放在一起，应多放一些。

2. 点数

用左手拇指、食指把住硬币两端，中指起辅助作用，每次点数 5 枚或 10 枚，将硬币翻向左边，点完数的硬币向左横压放在一起，点数过程中，右手起辅助作用。也可先点数 10 枚硬币，摞叠起 1 摞，接下来按相同的高度再摞成 9 摞，然后将 10 摞硬币放入包装纸中进行打捆。

3. 封卷

封卷时双手的无名指、小指顶住硬币两端，用双手拇指与食指捏住折叠部分的纸，紧紧包住硬币，在桌面上朝身体方向将币卷拉一下，拉时双手中指压住前面的纸，让纸紧紧裹住币卷，一边向前滚动币卷，一边用双手的食指、中指将折叠部分的纸边沿硬币卷掖压一下，可以挡住硬币卷顺势往前滚动，将纸边压住裹紧，裹时双手拇指要顶住卷的后面。

左手的拇指同时掖压左右的包封纸边，使币卷左端面固定下来。左手从指尖到掌心在桌面上向前搼动硬币卷，边搓边用右手的前三个手指掖压封纸到硬币卷里面去，右边的封口就封好了，将硬币卷放在右手中，开始封左面的封口，先从纸角边处用左手的拇指、食指转着掖好左端封口。

营业员、收银人员也可以边搓左右手同时边掖封纸，也可以先搓成卷，然后左右手分别压封端的纸边。

(二) 工具清点

目前，使用比较普遍的有推动式和拉锁式两种硬币清点器。

1. 推动式硬币清点器的使用方法

(1) 准备工作。

收银人员将清点器放在点钞员正面的桌面上，准备好两角式包装纸。

(2) 拆卷。

摔开法拆卷。双手拇指、食指和中指捏住硬币卷两端，由上向下摔在硬币清点器槽边上，使硬币包装纸震裂开。然后用双手将硬币卷由里向外推入币糟内，并将硬币纸卷顺势提起，准备清点。

撕角法拆卷。双手拇指、食指、中指捏住硬币卷两端，将硬币放在向槽内的同时撕去两端折角，顺势将硬币包装纸拉出准备清点。

（3）清点。

用双手拇指推动制动器，使币槽内的活动币齿前移，把币槽内硬币前后交错分开，目测每组五枚无错后，双手拇指松开复原，准备封卷。

（4）封卷。

硬币按 100 枚一组封卷。双手无名指和小指并拢顶住币槽内硬币两端，食指和中指在币卷前，拇指在币卷后中间，同时紧紧捏住，从币槽内提出，放在两角包装纸中间。双手拇指将包装纸底端掀起，将硬币卷在纸内，并向前滚动一圈，同时，用无名指、中指、食指在硬币两端将包装纸三次折起即可。

2. 拉锁式硬币清点器的使用方法

拉锁式硬币清点器在清点硬币时与推动式硬币清点器基本相同，所不同的是制动器安装部位不一致。它的制动器安装在清点器的上部，而且是拉锁式，靠手来回拉动，使币槽内的硬币呈交错分布进行清点。其他程序与方法均相同。

技能训练

一、实训项目

1. 丈量纺织品训练。准备一匹 30 公尺长花布，安排学生依次进行丈量训练。学生在熟练掌握此项技能后，教师在花布的不同位置（如在 10 公尺或 15 公尺等位置）留下记号，对学生进行达标考核。

2. 用纸包装茶叶训练能。准备标准规格的包装纸 2 张，叠放在操作台上，称茉莉花茶 100 克倒在包装纸中，进行茶叶包装训练。每个学生训练合格后，依次进行达标考核。

3. 饭碗捆扎训练。准备中号饭碗 10 个，塑料绳 1 捆，剪刀 1 把。学生训练时将碗摞在一起后进行捆扎。训练结束后，依次进行达标考核。

4. 礼品盒捆扎训练。准备长方形礼品盒 2 个，彩带 1 捆，剪刀 1 把。将 2 盒摞放在一起，用备好的彩绳在 2 盒上绕成菱形花型。每个学生通过训练后，依次进行达标考核。

5. 真伪人民币鉴别训练。准备真伪人民币 100 元、50 元、20 元、10 元、5 元各 1 张。学生在教师指导下进行真伪鉴别。学生在掌握感官鉴别技术后，依次进行达标考核。

6. 手工单指单张点钞训练。学生在教师指导下进行点钞训练。学生在掌握此项技术后依次进行达标考核。达标考核的方式为：准备点钞券 100 元 95 张、96 张、97 张、98 张、99 张、100 张各 1 捆，教师随机抽取其中 1 捆交由学生进行点数、打捆及计数操作。

7. 手工扇面点钞训练。学生在教师指导下进行点钞训练。学生在掌握此项技术后依次进行达标考核。达标考核的方式为：准备点钞券 100 元 95 张、96 张、97 张、98 张、99 张、100 张各 1 捆，教师随机抽取期中 1 捆交由学生进行点数、打捆及计数操作。

二、达标考核

1. 纺织品丈量。

(1) 要求：丈量准确，握尺与走尺姿势标准，丈量动作娴熟优美，方便顾客看尺。

(2) 考核标准：时间 30 秒（量布、叠布），误差不超过 20 厘米。

2. 茶叶包装。

(1) 要求：符合操作流程，动作娴熟，包装外形美观，包装结实牢固。

(2) 考核标准：时间 30 秒（称重、包装、捆扎），包形要标准。

3. 饭碗捆扎。

(1) 要求：用绳在碗口和碗底打出“米”字花型，并在碗摞中部拦腰捆打一道横梁；碗底“米”字形中要打扣；外形美观；捆扎牢固。

(2) 考核标准：时间 60 秒，符合美观牢固标准。

4. 礼品盒捆扎。

(1) 要求：操作规范，花型美观，捆扎牢固，留有提环方便提拎。

(2) 考核标准：时间 45 秒，符合美观牢固标准。

5. 人民币真伪鉴别。

(1) 要求：将假币挑选出来，鉴别迅速、准确。

(2) 考核标准：时间 15 秒，鉴别错误扣分。

6. 手工单指单张点钞。

(1) 要求：准确无误，点数娴熟，姿势优美，操作规范，打捆牢固。

(2) 考核标准：时间 35 秒，超时或不准确均扣分。

7. 手工扇面点钞。

(1) 要求：准确无误，点数娴熟，姿势优美，扇形标准，打捆牢固，金额填写准确。

(2) 考核标准：时间 50 秒，超时或不准确均扣分。

思考与练习

1. 简述商品的称量和丈量技术。
2. 简述商品的包装和捆扎技术。
3. 简述识别真伪钞技术。
4. 怎样丈量棉布？
5. 纺织品的丈量操作方法是什么？
6. 怎样包装茶叶？
7. 怎样捆扎酒瓶？
8. 纸币怎样点数？

第三章

商场收银技术

知识点

- 了解收银机的功能
- 熟悉收银机的构成
- 掌握条形码的使用

技能点

- 正确操作收银机
- 收银操作的步骤
- 常见收银机故障的处理

资料导入

“秀气”的收银员

某年中秋节这天，收银台前人潮涌动，大家都急着排队买单后回家过节，收银员也一个个手如飞梭：扫描、收款、点钞、找零……有个收银台前却不断传来顾客的争吵声，顾客排的队特别长，移动的速度却特别慢。等走到那位收银员身边仔细观察才发现了问题的“源头”：原来这位收银员特别“秀气”，慢慢地拿过顾客的商品，慢慢地一个个扫描，再缓缓地取过顾客递过来的钱，轻轻地放入收款箱，然后非常“秀气”地在箱内寻找零钞，再小心翼翼地递到顾客手中，再慢慢地接过下一个商品……整个过程极其缓慢，和动作麻利的同事相比，显得非常“斯文”、“秀气”，可在一边早已等得不耐烦的顾客实在无心欣赏与留恋这等“秀气”景观，一个个吵嚷起来：“你们这位收银员怎么这么慢啊?”“别的收银台这会功夫早就几个人过去了，这儿却这么慢!”“怎么回事啊？等得都急死人了!”……埋怨声不绝于耳。

资料来源：深圳人人乐总部通用培训教材案例。

分析：

随着整个社会成员综合素质的普遍提高，在各行各业中，除了良好的敬业精神以外，专业的业务知识与精湛的业务能力更能为我们赢得最终的竞争优势，对于服务行业尤其是如此。这就要求商场收银员熟练地掌握业务技能，提高自己的工作效率与工作质量。

商场收银工作，具有较强的专业技术要求。熟练地掌握收银技术，才能成为一名合格的收银员和营业员，为顾客提供良好的服务。

第一节　收银机的类型及结构

传统的收款是靠算盘和纸笔。随着信息时代的到来，商场的收银工具已广泛被收银机所取代，收银工作大部分是靠收银机来完成。而收银机的发展也经历了不断完善的过程，其性能也在不断地提高。

一、收银机的类型和功能

（一）收银机的类型

按收银机的发展和功能划分，可分别称为第一类、第二类和第三类收银机。

1. 第一类收银机

第一类收银机，是指只能单机使用，不可以联网，可以管理几个到几十个部门，能够管理少量商品单品的收银机。这一类收银机的品种繁多，性能基本相同，且价格相对较低，一般不具备通信能力。收银机处理程序固定在收银机内不可改变，收银机只能提供简单统计报告，如金额表、收银人员经营表、部门销售表和 PLU（PLU 是英文 price look-up 的缩写，意为商品价格检索及商品名。在使用过程中，在收款机上按下条码上的数字键＋按 PLU 键，就等于找到这个商品，可以销售此商品。这一步骤相当于扫描枪扫条码。）销售表，由于数据存储区较小，所以数据的保留不可能是无限期的，需要定期清除。

2. 第二类收银机

第二类收银机，可以单机运行也能够联网，可以管理几个到几十个部门，可以管理一定数量的商品单品，还可以连接简单的外设，如条形码扫描设备等。这一类收银机的品种较多，价格和性能上有一些差异，个别收银机可以打印汉字。收银机处理程序固定在收银机内不可改变，收款统计报告既能从收银机上得到，也可以从联网的计算机上得到。第二类收银机的程序固化、芯片专用、用户干预程度低是其区别于第三类收银机的重要标志。

3. 第三类收银机

第三类收银机，亦称 PC-BASE 型收银机，也称 POS 终端，它的硬件基础是通用计算机的基本部件，生产时采用国际规范，标准化程度高，它在第二类收银机信息采集的功能基础上增加了信息处理的能力。硬件能很好地支撑系统软件和满足各种需要的应用软件，特别是可运用较为成熟的汉字系统，实现了国标字库的汉字输入、显示和打印等。第三类收银机既有计算机的通用接口，可以连接多种网络，又有适用于商业环境的专用接口，如磁卡阅读器、钱箱、条形码阅读器外设接口，还具有针对商业环境的专用键盘，且每个按键都可重新定义。由于应用环境复杂，其抗干扰能力、耐用性等方面远高于第一、二类收银机。第三类收银机的管理软件完全可以根据具体需要进行设计。现在商场、超市常用的收银机多为第三类收银机。

（二）收银机的种类及功能

当前市面上常见的收银机种类及功能如表 3—1 所示。

表 3—1 **收银机种类及功能**

种类	管理要素	内容介绍	备注
简单实用型	收款与现金管理	对每一笔交易进行小计，快速得出应付款，根据所付现金，算出找零数额	一般为第一类收银机
	销售管理	加收服务费或折扣让利，更正登录错误或取消交易，办理商品退货	
	支付方式管理	二至三种，现金、转账支票等	
	统计管理	当日销售所得总金额，加收、折扣、更正统计	
	打印管理	单站单联打印，打印包括每一笔交易金额、销售总额、销售数量和小计金额	
中档实用型	重点商品管理	对经常性销售的商品，采用快速键销售，销售时除输入交易金额外，还可输入商品编码即所 PLU，日结统计时得出重点商品销售情况及 PLU 销售情况	一般为第一类收银机或第二类收银机中的低档机
	员工管理	可注册 4～8 位收银人员。通过密码区分收银人员的交易情况，通过钥匙控制结账	
	支付方式管理	三种以上，现金、转账支票、银行汇票等	
	统计管理	当日及当月销售所得总金额，加收、折扣、更正统计	
	打印管理	单站双联或双站单联打印，打印包括每一笔交易、销售总额及数量等	
中档联网型	单品销售管理	利用 PLU 表，店内的每一种商品都有条形码，输入唯一代码或销售时输入商品编码或利用条形码即可	一般为第二类收银机的中档机或高档机
	网络销售管理	联网定时传输，模拟实时传输，单机也可工作，连锁店可用 Modem 远程联网，数据保护，定时查询，可外接条形码扫描器、IC 卡、电子秤、Modem、打印机	
	员工管理	可注册 1～99 位收银人员，编号区分每笔交易的操作者	
	支付方式管理	现金、支票、信用卡、签单、外币和 VIP 卡	
	统计管理	联网后可根据用户要求设计各种不同类型的报表	
	打印管理	打印信息包括商品名、店名（汉语信息或西文字符）	
高档 POS 机	网络管理	联网实时传输，可上 NOVELL、WindowsNT 网	1]
	销售管理	非整数销售，如布匹、散货销售等	
	Mls 软件管理	软件根据用户要求可更改并进行二次开发	

二、电子收银机的构成

电子收银机主要由电子器件和机械部件两类组成，有七个组成部分。

（一）主板

中央数据处理部件，用于处理、计算由键盘输入的商品数量、金额等各种收款数据，并控制收银机的各种设备和部件。

(二) 存储器

用于存储信息、数据和程序。

(三) 键盘

用于输入各种销售数据及编程。键盘有机械式、电容式及薄膜式三种。前两种输入速度快，一般多用于商场、超市；后一种键盘具有防水、防尘的功能，一般多用于餐饮业。

1. 数字键

数字键共12个，即“0”～“9”、“00”和“.”。“0”～“9”和“00”用于数字的输入，“00”键相当于连续使用“0”键两次，“.”键主要用于输入单价时小数点的输入。

2. “Enter”键

“Enter”键也称“回车”键，它主要有两个用途：一是提示数据输入的结束，当收银人员输入一个字符或数字时，计算机并不知道其是否是最后的字符或数字，所以“Enter”键用来表示字符或数字的输入结束；二是在屏幕出现反显亮条要确认数据输入正确时，由于收银人员要输入很多数据，发生输入错误是不可避免的，所以在当前窗口的数据输入完毕后，会给收银人员提供修改数据的机会，待输入和修改完毕后，会要求收银人员确认数据的正确性，此时按下“Enter”键，确认数据输入正确。而按其他键则表示数据还有错误，在这种情况下，收银人员应使用光标移动键将光标移到错误的数据项上，对其做必要的修改。

3. 光标移动键

“↑”、“↓”、“←”和“→”键，可以使光标按箭头所指方向移动，但不会对数据造成修改；“BackSpace”键，为“倒退”键，可将当前位置上的字符删去，光标左移一格。

4. 功能键

为了使收银人员熟练掌握各项功能，简化操作程序，除了上面几种基本键外，各种POS系统都允许顾客自己定义功能键。一般常设置的功能键包括以下几种：

(1)“结账”键。交易结束时，按“结账”键可直接进入结账阶段。

(2)“确认”键。使用“确认”键，可以确认当前进行的操作，“确认”键还可以在系统提示选择“是/否”时，表示“是”。

(3)“取消”键。使用“取消”键，可以放弃当前的操作，“取消”键还可以在系统提示选择“是/否”时，表示“否”。

(4)“挂起”键。使用“挂起”键，可挂起当前的交易，也可以取出挂起的交易，一般的系统都支持多笔业务的挂起。执行挂起业务时，一定要打印出挂起收据，并交给顾客，根据顾客凭挂起收据中的挂起号，才能取出已经挂起的交易业务。

(5)“暂停”键。使用暂停键，可以将当前的操作屏幕锁定，打开时需要再按“暂停”键，并正确输入收银人员的密码。

(6)“礼券”、“支票”、“银行卡”和“其他”键。使用这四个键，可以直接确认相应的支付方式。由于一般系统默认的支付方式为现金，因此如果顾客用其他的支付方式结账时，必须先按相应的键。在一笔交易中，可以同时采用多种结账方式。

(7)“退货”键。使用“退货”键，表示系统进入退货操作。一般此功能不对收银人员直接开放，收银人员执行此操作时，需请示收银主管。

(8)“优惠”键。使用“优惠”键，可对本笔交易的所有商品进行优惠。一般此功能不对收银人员直接开放，收银人员执行此操作时，需请示收银主管。

(9)“删除”键。使用“删除”键，可以删除整笔交易中的任何一笔明细。一般此功能不对收银人员直接开放，收银人员执行此操作时，需请示收银主管。

(10)“退出”键。使用退出键，可以直接退出销售系统。

(11)“检索”键。使用“检索”键，可以根据价格或商品编号等信息检索商品。

(12)“钱箱”键。使用“钱箱”键，可以打开钱箱，完成操作后推上钱箱，钱箱即自动加锁。

5. 档的设置

收银机键盘的右上角有一个钥匙插孔，通常分为0～3档，每档有不同的设置，可以用来控制不同的使用权限，例如，0档为关闭状态档；1档为收银人员档；2档为操作员、收银主管档；3档为计算机部档。

(四) 打印机

打印机用于打印销售发票和管理存根。

(五) 显示器

显示器用于收银人员和顾客进行人机对话。电子收银机的显示器一般有以下两个：

1. 顾客显示器

顾客显示器是面向顾客显示交易的商品品名、价格、总额等信息的仪器。一般可以旋转，通常顾客显示器最多可显示两排字符，显示语种有英文和中文，处于收款状态显示的字体颜色通常有绿色、红色和黄色等，但没有商品录入之前，顾客显示器没有任何显示。输入商品时，顾客显示器会显示该商品及其价格信息，完成后显示总计金额、收银金额和找零金额等。

2. 收银人员显示器

收银人员显示器为收银人员执行各项相应的操作提供可视界面。目前多使用9寸或10寸单色显示器，相对于经济型的彩色显示器而言其显示得更清晰、更稳定，使收银人员长时间注视屏幕时眼睛不容易疲劳。

(六) 钱箱

用于存放现金，同时它还可以存放支票、礼券、优惠券或其他相关票据。钱箱内部分为若干个格子可将各类不同面值的钞票分开存放，便于收银员找零。钱箱前面面板上通常配有锁，收银人员可通过钥匙控制钱箱的开关、锁定，也可在非锁定状态下通过POS键盘控制钱箱的开启。一般钱箱会带有电子控制的开关装置。

(七) 外部设备接口

用于连接条码扫描器、打印机和电子秤等。一般不同的收银机采用不同的外部接口。

三、POS系统

(一) POS系统的结构

POS系统，是以电子收银机有效客户反应(ECR)为核心而建立的销售交易系统。POS系统的基本组成包括硬件和软件两个部分。硬件包括电子收银机、条形码扫描器、金融信用卡刷卡设备、通信接口及网线等；软件包括系统软件和收银机应用管理软件等。

为了使ECR和POS系统能够完成经营销售与结算的主要任务，我们通常将电子收银机和计算机连成系统。目前常见与常用的POS系统的结构有以下三种。

1. 独立收银机的POS系统

因为电子收银机本身具有商品交易处理、商品信息存储和管理的功能，所以电子收银机单机可以独立直接与银行主机系统连接组成POS系统。当前一般单机组网采用的多是基于计算机的第三类电子收银机，利用其较强的功能自成系统。这种小型的POS系统，多适用于小杂货店、小餐厅、小超市、面包房、时装店、专卖店以及小型的连锁商店等。

2. 收银机与计算机组成的POS系统

由多台电子收银机通过通信线路组网与计算机相连。它是由一台计算机和多台收银机连接而成的收银机网络。该计算机挂在与主机系统相连的局域网上，收银机网络上挂有供各收银机使用的静态外部存储器和软盘存储器。

电子收银机在这里主要完成商品交易的支付结算、打印收据、收集各种商品销售信息供计算机处理使用。计算机则将电子收银机运行时所需的信息（商品名称、价格等）下载到收银机，存储各种商品销售信息、员工业绩信息等，并对它们进行分别处理和管理，同时还要控制和管理电子收银机。这种系统适用于中型连锁企业及中小型商场。

3. 收银机、网络、计算机组成的POS系统

该系统是由多组（多台）电子收银机分别与一台计算机相连。而各台计算机又通过网络与主计算机相连。这里的计算机仅仅起着管理作用，即电子收银机运行时所需要的信息，先由主机系统下载到计算机，然后再由计算机下载到电子收银机。电子收银机则将商品交易的信息传送到计算机，计算机再通过网络传送到主计算机系统，由主机系统去完成各种商品的进、销、存的处理和分析。

这种系统结构，适用于大型百货商场、购物中心和连锁集团企业。在大型商场的每一楼层配置一个收银机网，将电子收银机网中的计算机挂在跨越楼层的局域网上，在局域网上挂有用作系统服务器和专用工作站的高档微型机或小型机，共用它们的存储器来存储整个商场的商品销售信息、库存信息、进货信息及财务信息，并对这些信息进行跟踪、分析和处理。

这种POS系统的ECR通过网络可以实现与银行及金融结算中心管理的系统相连，在商品交易中，客户就可以使用信用卡进行购物消费交易结算。

（二）POS系统的优点

电子收银机能够接受条形码扫描器输入的条形码，根据条形码在收银机内存中的商品数据库找到该商品的相关内容，如品名、单价等，并计算本次销售的实际总额。POS系统的优点很多（见表3—2），可概括为以下几方面。

1. 收款迅速准确，顾客满意

收银人员将顾客购买信息录入后，收银机会做出快速的响应，正确计算出该笔交易额并显示出应收款、实收款、找零等信息，减少了收银人员对交易额的计算时间，提高了收银速度，特别是商品条形码的技术应用使收银速度提高了3倍，减少了单笔交易时间，提高了经营效率，方便了顾客。

2. 支持多种付款方式

支持顾客现金支付方式，支持支票、信用卡、外币、礼券和提货单等付款方式，甚至可以在同一笔交易中以多种方式支付，极大地满足了顾客不同层次的需求。

3. 业绩统计，为管理服务

收银机能记录收银人员在营业中的销售业绩及顾客的购物信息，并能打印多种形式的报表，直接为管理服务，为决策者提供客观依据。

此外，POS 系统还有结账精确、杜绝舞弊的优点。

表 3—2　POS 系统的优点

对于 POS 前台	1. 在收款业务方面： (1) 缩短结账时间，保证收款快速准确； (2) 使高峰时间的打印工作处理简便； (3) 减少录入错误； (4) 缩短核对时间； (5) 减少场地传票； (6) 规范现金管理。 2. 在经营管理方面： (1) 辅助盘点数据录入，并保证快速准确； (2) 使信息具有实时性； (3) 大大提高数据可信度； (4) 信息汇总比手工更简便、准确、快速、及时； (5) 及时、准确反映管理者关心的经营状况。
对于 POS 后台	在经营管理方面 (1) 使账目具有相对的公开性； (2) 更迅速、准确地掌握价格及变动； (3) 随时掌握现金持有量； (4) 减少内部管理传票； (5) 使统计分析工作科学化； (6) 使库存的畅销、滞销商品一目了然； (7) 规范人员配置及运作； (8) 易于测定销售达成率； (9) 易于开展有奖及打折销售活动； (10) 提高商品流转率和资金流转率； (11) 易于制定采购计划； (12) 使得广告及其他形式促销更及时、准确。

(三) POS 收银机的组成

POS 收银机源于电子收银机。POS 收银机主要由以下部分组成。

1. 主机

主机包括中央处理器及主板，是 POS 收银机的主要部分。它由 CPU、POS 专用主板、内存和硬盘等几个主要部件组成，用于存储软件、执行程序，并处理存储交易时产生的各类数据。收银机的其他部分都是直接连接在主机上的，因此在收银机主机的背面有很多的接口。其中主要包括以下九种：

(1) 主机电源输入、电源输出和微型票据打印机电源输出。

(2) 串行口，用于连接串口设备，如顾客显示器、刷卡设备等，有些收银机的主机个别串口带有电源，可提供如顾客显示器之类外设的工作电源。

(4) VGA 接口，收银人员显示器显示信号接口。

(5) 网卡接口，用于将收银机连接成为局域网。

(6) 键盘接口，可连接计算机键盘、POS 键盘或键盘接口的条形码扫描器，而 POS

键盘通常都带有键盘输出口，因此可将条形码扫描器或计算机键盘连接在 POS 键盘上。

(7) 鼠标接口。

(8) 钱箱接口，部分收银机的主机上有此接口，而大部分的钱箱是由微型票据打印机来控制的，即钱箱是连接到票据打印机上的。

(9) 通用串行总线，部分主机有此接口，用于连接此类接口的设备。

2. 软件/存储器

大多使用计算机上的硬盘机或软盘驱动器作为收银机软件及数据存储器，因为其存储容量大，使用方便。

3. 显示器

显示器是 POS 机的硬件组成部分之一。它的功能是通过 POS 应用软件的支持，将商品销售时点信息反映出来，一般包括商品的数量、单价、金额、找零金额等信息。

4. 键盘

一般 POS 收银机配备有专用键盘。

5. 打印机

电子收银机除内置打印机外，还可连接外置打印机，如餐饮业中所用的厨房打印机和票据打印机。

6. 外部设备接口

一般 POS 收银机的外部设备有以下五种：

(1) 条形码扫描器，又称条形码阅读器，是条形码的读入装置。从外观上可分为笔式、手持式、台式和卡式四种，按光源可分为红外光和激光两种。在下一节中会具体介绍条形码的相关情况。

(2) 磁卡读写器，是一种磁记录信号的读入或写入装置，能将银行卡、商家发行的优惠卡、会员磁卡记录的信息读入收银机。它的种类和型号较多，从磁迹数量上区分为单轨、双轨和三轨三种。

磁卡是一种涂有磁条的塑料卡，磁条的磁道上存有代码信息，这些信息包括发卡机构、服务项目、有效期、客户姓名和账号等。磁卡被广泛地应用于金融交易卡或信用卡，它可以取代现金进行货币兑换和交易。

当信用卡通过磁卡阅读器时，它能读出信用卡中的信息并将信息传到相连的收银机，还可以根据需要修改信用卡中所存的信息。收银机可以通过调制解调器、电话线与银行的自动服务系统相连，也可以先连接到一台专用计算机，然后再由计算机与银行的自动服务系统相连，这样就完成了对信用卡的处理，使持卡人可以在商场方便地购物和消费，而不必用现金交易。使用银行卡时，磁卡读写器还配有密码小键盘，以便顾客输入密码。

(3) 电子秤。现场称重计量商品时，电子秤将重量及其数据传递给收银机。

(4) 条码电子秤。对一些拆分包装、重量不等的商品，使用条码电子秤，除称重外还可打印该种商品带有价格的条码。

(5) 票据打印机。用于定制票据或账单打印。打印机打印的票据内容通常有店名，时间，交易号，收银机号码，商品品名、数量、单价、总价，商品编码或商品条形码以及收款金额、找零金额等。微型票据打印机通常分为如下两类：

1) 热敏票据打印机。使用卷式热敏收银纸，通过打印机的热敏打印头发热在纸上烫出相应的字迹，其优点是打印速度快，字迹清晰美观，但热敏纸的成本相对较高。

2）点阵式票据打印机。采用普通卷式收银纸，并需要安装色带，通过打印头的打印针打印相应的字迹，其缺点是打印速度较慢，打印效果由打印针完整与否及色带浓淡程度而定，而且点阵式票据打印机的成本通常要高于热敏票据打印机，但它可以打印多层感压纸，可满足某些场合的特殊需要。

第二节 商品条形码技术

条形码技术是在计算机应用与实践中产生并发展起来的一种广泛应用于商业、邮政、图书管理、仓储、工业生产过程控制和交通等领域的自动识别技术，也是使用 POS 机中的重要技术。

一、条形码知识

（一）条形码的特点

条形码是由一组规则排列的条、空以及对应的字符组成的标记。“条”指对光线反射率较低的部分，“空”指对光线反射率较高的部分，这些条和空组成的数据表达一定的信息。商品条码的条、空组合部分称为条码符号，对应符号部分由一组阿拉伯数字组成条码代码。条码符号和条码代码相对应，表示的信息一致。条码符号用于条码识读设备扫描识读，条码代码供人识读。

条形码的特点如表 3—3 所示。

表 3—3　　条形码的特点

特性	内容
唯一性	同一商品，只有一个代码。不同的商品必须编制不同的商品项目代码，同一商品的不同种类、规格、包装等也应视为不同的商品项目，编制不同的代码
固定性	产品项目代码一旦赋予某一种商品即永久固定，别的商品不得使用，该商品改变或停止生产或销售时，此产品代码及相应的商品条码应随即停止使用
无含义性	代码数字本身及其位置不表示商品的任何信息。在 EAN 系统中，商品编码仅仅是一种识别商品的手段，而不是商品分类的依据。无含义性使商品编码具有简单、灵活、可靠、充分利用代码容量、生命力强等优点，这种编码方法尤其适合较大的商品系统

（二）条形码的主要参数

构成条形码的基本单位是模块，模块是指条形码中最窄的“条”和“空”，模块的宽度通常是以毫米（mm）或千分之一英寸（mil）为单位。条形码的一个“条”和“空”称为一个单元，一个单元包含的模块数是由编码方式决定的，在有些码制中，如 EAN 码，所有单元由一个或多个模块组成；而另一些码制，如在 38 码中，所有单元只有两种宽度，即宽单元和窄单元，其中的窄单元即为一个模块。

1. 密度

条形码的密度是指单位长度的条形码所表示的字符个数。因为对于一种条形码的码制而言，密度主要是由模块的尺寸来决定，模块尺寸越小，密度越大，所以密度值通常以模块的尺寸值来表示。通常 7.5mil 以下的条形码称为高密度条形码，15mil 以上的条形码称为低密度条形码，条形码密度越高，对条形码识读设备性能（如分辨率）的要求也越高。高密度的条形码通常用于标识小的物体，如精密电子元件。低密度条形码一般应用于远距离阅读的场合，如仓库管理。

2. 宽窄比

对于只有两种宽度单元的码制，宽单元与窄单元的比值称为宽窄比。宽窄比较大时，阅读设备更容易分辨宽单元和窄单元，比较容易阅读。

3. 对比度

对比度是条形码符号的光学指标，对比度值越大则条码的光学特性越好。

（三）条形码的结构

条形码码制表示特定的编码规则，而编码规则又是由特定的编码组织制定。目前，零售企业广泛使用的是国际特品编码协会制定的国际通用商品条形码（INA 或 EAN 码）和美国统一编码协会制定的通用商品条形码（UPC 码）。UPC 码主要流通于美国和加拿大等北美地区。我国出口到美国、加拿大的食品、医疗保健类商品均使用 UPC 码。本章主要介绍 EAN 条形码。

1. EAN 条形码的结构

EAN 是欧洲物品编码协会的英文名称缩写，后改名为“国际物品编码协会”。EAN 条形码是由国际物品编码协会制定的条码，通用于世界各地，是目前在国际范围内流通使用最广泛的一种商品条码。我国目前在国内推行使用的也是这种商品条码。EAN 条形码分为 EAN-13 码（标准版）和 EAN-8 码（缩短版）两种，如图 3—1 所示。

图 3—1 EAN 条形码

（1）EAN-13 码。

EAN-l3 码的结构如表 3—4 所示。

表 3—4 EAN-13 码的结构

前缀码	厂商识别代码	产品代码	校验码
$X_{13}X_{12}X_{11}$（690、691）	$X_{10}X_9X_8X_7$	$X_6X_5X_4X_3X_2$	X_1
$X_{13}X_{12}X_{11}$（692、693）	$X_{10}X_9X_8X_7X_6$	$X_5X_4X_3X_2$	X_1

1）前缀码。

前 3 位的前缀码是用来标识国家或地区的代码，赋码权在国际物品编码协会。前缀码只能说明条码的注册地。前缀码就是商品条码的 $X_{13}X_{12}X_{11}$ 这 3 位，国际物品编码组织分配给我国的前缀码有 690、691、692、693 共 4 个。

2）厂商识别代码。

厂商识别代码是用来标识生产者、销售者的代码。它是由包括前缀码在内的 7 或 8 位数组成的，当前缀码为 690 或 691 时，厂商识别代码为商品条码的 $X_{13}X_{12}X_{11}X_{10}X_9X_8X_7$ 共 7 位数；当前缀码为 692 或 693 时，厂商识别代码为商品条码的 $X_{13}X_{12}X_{11}X_{10}X_9X_8X_7X_6$ 共 8 位数。赋码权在中国物品编码中心，即厂商识别代码是由中国物品编码中心审批。

3）产品代码。

产品代码用来标识产品的代码。当前缀码为 690 或 691 时，产品代码为 $X_6X_5X_4X_3X_2$ 共 5 位数，从 00000 到 99999 总共 10 万个 5 位数；当前缀码为 692 或 693 时，产品代码为 $X_5X_4X_3X_2$ 共 4 位数，从 0000 到 9999 总共 1 万个 4 位数。赋码权在系统成员，即这 4 位数是由系统成员自己编、自己使用。

4）校验码。

校验码是用来校验商品条码中前 12 个数字代码正确性的。校验码是商品条码的 X_1 共 1 位。校验码是根据一定的算法计算得来的。

（2）EAN-8 码。

EAN-8 码的结构如表 3—5 所示。

表 3—5　EAN-8 码的结构

前缀码	产品代码	校验码
$X_8X_7X_6$（690、691、692、693）	$X_5X_4X_3X_2$	X_1

EAN-8 条码的国别代码与 EAN-13 条码相同。产品代码由 4 位数构成，是按照一定规律由 EAN-13 条码的厂商代码和产品代码经过删除“0”得出。在计算 EAN-8 条码的验证码时要在商品项目前加 5 个“0”。

2. EAN 条形码的组成次序

一个完整的条形码的组成次序依次为静区（前）、起始字符、数据字符（中间分割符，主要用于 EAN 码）、校验字符、终止字符、静区（后），如图 3—2 所示。

图 3—2　EAN 条形码的组成次序

（1）静区。

静区是指条形码左右两端外侧与“空”的反射率相同的限定区域，它能使阅读器进入准备阅读的状态，当两个条形码距离较近时，静区则有助于对它们加以区分，静区的宽度通常应不小于 6 毫米（或 10 倍模块宽度）。

（2）起始/终止字符。

起始/终止字符是指位于条形码开始和结束的若干个条与空，标志条形码的开始和结束，同时提供了条形码码制的识别信息和阅读方向的信息。

（3）数据字符。

数据字符是位于条形码中间的“条空”结构，它包含条形码所表达的特定信息。

（4）校验字符。

校验字符主要是用来判别和确定该条形码是否正确。不同编码规则可能会有不同的校验规则。

需要说明的是条形码符号是由静区和一组条形码字符组合起来的，用以表示一个完整数据的符号。静区没有任何条形码信息，它通常是空白的，并位于条形码符号的两侧，仅对阅读器的扫描起提示作用。起始字符是条形码符号的第一个字符，用以标识一个条形码符号的开始。数据字符位于起始字符之后，表示条形码数据，终止字符是条形码的最后一个字符，用以识别一个条形码的结束。起始字符和终止字符的“条”和“空”结构通常是不对称的，这样允许扫描器对条形码双向扫描。校验字符用来确定该条形码是否正确。

（四）内部条形码

1．内部条形码的使用

目前，有许多商品的生产厂家还没有向中国物品编码中心申请其生产商品的通用商品条形码。如果超市连锁经营使用条形码进行商品的销售和管理，对于这些没有通用商品条形码的商品就必须建立自己企业的内部条形码即店内码。企业在考虑使用内部条形码时应遵守 EAN 编码规则，即为 EAN-13。EAN-13 编制的内部条形码结构如表 3—6 所示。

表 3—6　　EAN-13 编制的内部条形码结构

内部识别码	商品分类码	同类品种流水码	校验码
$X_{13}X_{12}$	$X_{11}X_{10}X_9X_8X_7X_6X_5$	$X_4X_3X_2$	X_1

2．特别内部条形码

超市中的水果、蔬菜等生鲜商品，是以随即称重量销售或是分小包装形式出售的。一般使用条形码电子秤称重，并打印条形码。因此，必须采用带有价格的特别内部条形码，其结构如表 3—7 所示。

表 3—7　　特别内部条形码结构

特别内部识别码	特别商品编码	商品价格	校验码
$X_{13}X_{12}$	$X_{11}X_{10}X_9X_8X_7$	$X_6X_5X_4X_3X_2$	X_1

3．内部条形码的打印

目前条形码印制设备有普通打印机、专用条形码打印机和胶版印刷设备三种，这三种印制条形码的技术设备在质量等方面有很大区别。

（1）条形码可采用工业印刷方法制作（制版印刷），也可使用专用条形码打印机和普通激光打印机自行制作。考虑到制版印刷费用昂贵，一般超市多采用后者。

（2）条形码打印机有针式、喷墨、激光、热敏和热转印打印机等。针式打印机的性能稳定，价格低廉，对纸张要求不高，耗材便宜，印刷成本低；但工作噪声大，打印速度慢，打印精度不高。喷墨打印机可在任何载体的表面印刷，印刷速度快，可实现彩色印刷；但其墨水可溶于水，且印制的条码边缘有扩散，对高密度条码会引起误读。激光打印机打印速度快，噪声低，打印精度高；但易使不干胶条码的背胶溶化，且不能长时间连续工作。热敏打印机利用热效应原理印制图文，印制速度快，精度高，而且印制的条码标签可防水、防油污；但对纸张要求高，只能使用专用热敏纸，只能用可见光扫描器阅读，适用范围窄。热转印打印机印制速度快，印刷精度高，印刷载体多样，用它印刷的条码标签可防水、防化学污染；但印刷成本高。

（3）以普通激光打印机和普通微机为基础，配以条形码打印软件的打印方式，也可实现条形码标签的制作。这种方式适用于小批量印制，采用软件控制，可打印多种格式的条形码标签，设备投资小，但普通激光打印机不能在专用条码纸上直接打印，这样会造成一定的纸张浪费。

（五）条形码标签粘贴

1. 条形码标签粘贴的具体操作

（1）条形码标签粘贴的最佳位置是接近包装盒底部，避免粘贴在中央部位。

（2）条形码在 0.8～2 倍内可以任意缩放，为此，精度高的条形码可以小一些，反之要大一些。

（3）在粘贴条形码标签时，如果商品包装上的面积不够，可以截短条形码，然后再粘贴。但是这样会影响阅读效果，因此是下下策。

（4）在条形码周围需要留够标准上规定的空间，条形码粘贴时不可以太靠近包装边界。

（5）条形码在粘贴时要贴牢固，尤其靠边界的部分一定要贴牢，否则会脱落或被不良人士“移花接木”。

（6）条形码在粘贴时不要贴在包装的接口或盖子上，以免磨损、撕坏条形码标签。

2. 粘贴条形码标签时的注意事项

（1）按照商品包装形态规格统一粘贴标签，对每一种商品应仅有一个标准粘贴位置。

（2）标签不应粘贴在有大角度和大弧度的位置上，由于商品原因不能按照标准粘贴条形码时，条形码标签的码线要与角度线和弧度线顺向平行。

（3）条形码标签应平整地粘贴在商品上，不能产生皱纹。

（4）生鲜商品包装如果有水滴，应该擦干净后再粘贴条形码标签。

（5）条形码标签应粘贴在商品包装的空白处，不要将包装上的说明、产地等信息覆盖。

（6）商品上只能出现一种条形码标签，新条形码标签在使用时必须覆盖旧条形码标签。

（7）条形码必须与包装及价格一一对应。

3. 不同包装商品的条形码标签粘贴方法

（1）长方形包装商品。对于长方形包装商品，如果长边超过 15 厘米则条形码应粘贴在底部靠长边一侧。

（2）罐、瓶等圆筒形包装商品。对于玻璃瓶包装的商品，条形码标签应贴在靠下方位置，可以提高扫描成功率。如果瓶罐上有轮圈式的凹凸面时，可采用线条与轮圈成垂直交叉的方法粘贴。如果瓶罐商品直径比较细小，即曲度超过 30°，贴条码标签时线条要与底面平行。曲度是指圆切线的垂线与圆心到条码终线连线的夹角。不同半径的包装其条码放大系数也不一样，按标准当包装半径为 56 毫米时，放大系数为 0.92，即条形码宽度比标准版要缩小，这一点很重要。往往贴上了条形码，但是不能扫描，原因之一就是曲度超过 30°。在不同规格包装上粘贴条形码标签，这一点必须予以特别注意。如果条形码不得不粘贴在商品包装的凹陷处时，必须保证凹陷部位与包装平面之间的距离不得大于 12 毫米，否则有的条形码扫描器将不能读出。

（3）袋包装商品。面包类一般装袋销售，条形码应粘贴于底部。对于大型袋，条形码要粘贴在背面靠近下端 1 米处，以避免受袋口封嘴的曲度影响。

（4）伸缩性塑料薄膜包装商品。对于这类包装，条形码应粘贴在没有叠痕、白皮纹的平面上，不得以要贴在曲面上时，曲度不能超过 30°。

（5）集体包装商品。所有商品在零售时都有一个条形码，而且是一个条形码对应一个商品个体，对应一个零售价。如果商品要集体包装出售，则必须对该集体包装另外编一个条形码，确定一个价格，这样可加快结算速度；相反，如果是集体包装商品要拆散零售时，必须给每个拆散的商品一个条形码与一个价格。贴条形码时一定要注意条形码与价格的对应，否则会出现差错。

（6）无包装商品或网状包装商品。对于无包装或网状包装商品（如眼镜等），其条形码标签只能采用吊牌式标签。

（7）纸制类商品。对纸巾或卫生纸类的卷筒式包装，条形码标签应粘贴在该类商品包装的侧面，不能贴在底部，因为底部的皱纹会影响阅读效果。对盒装的纸巾，条形码标签可以粘贴在底部。

二、条形码扫描器

（一）条形码扫描器的工作原理

条形码扫描器的工作原理如图 3—3 所示。

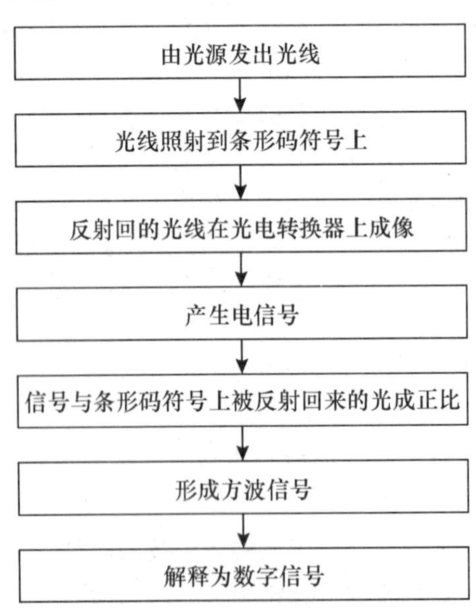

图 3—3　条形码扫描器的工作原理

具体解释为：由光源发出的光线经过光学系统照射到条形码符号上面，被反射回来的光经过光学系统在电光转换器上成像，使之产生电信号，信号经过电路放大后产生模拟电压，它与照射到条码符号上被反射回来的光成正比，再经过滤波、整形，形成与模拟信号对应的方波信号，经译码器解释为计算机可以直接接受的数字信号。

（二）条形码扫描器的构成

条形码扫描器的构成如图3—4所示。

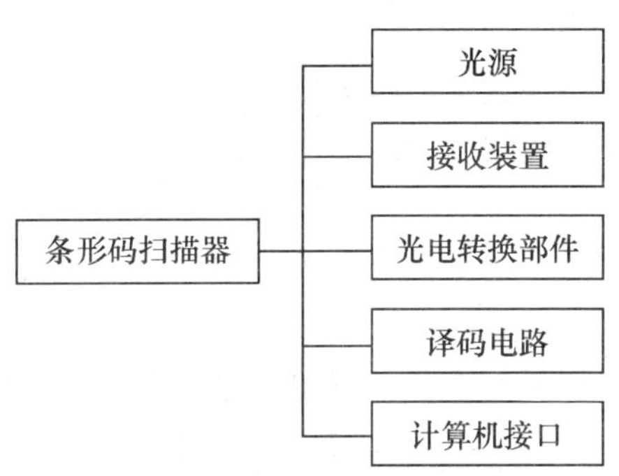

图3—4 条形码扫描器的构成

（三）条形码扫描器的分类

条形码扫描器是进行商品扫描的机器，其种类概括起来主要有CCD扫描器、激光手持式扫描器和全角度激光扫描器三种。

1. CCD扫描器

它是利用光电调合（CCD）原理，对条形码印刷图案进行成像，然后再译码的扫描器。选择CCD扫描器时，最重要的是两个参数：一是景深，由于CCD的成像原理类似于照相机，如果要加大景深，则相应要加大透镜，从而使CCD体积增大，不便操作。高档的CCD扫描器应无须紧贴条形码即可识读，而且体积适中，操作舒适。二是分辨率，如果要提高CCD分辨率，必须增加成像处光敏元件的单位元素。低档CCD一般是5Pixel，识读EAN、UPC等商业码已经足够，对于识读别的码制就会困难一些。中档CCD以1024Pixel为多，有些甚至达到2048Pixel，能分辨最窄单位元素为0.1毫米的条形码。

2. 激光手持式扫描器

它是利用激光二极管作为光源的单线式扫描器，主要有转镜式和颤镜式两种。选择激光手持式扫描器时，最重要的是注意扫描速度和分辨率，而景深并不是关键因素。高档的激光手持式扫描器应当具有高扫描速度，并在固定景深范围内有很高的分辨率。

3. 全角度激光扫描器

它是通过光学系统使激光二极管发出的激光折射形成多条扫描线的条形码扫描器。由于它能够高速扫描识读任意方向通过的条码符号，可以减轻操作人员录入条形码数据时需对准条形码的劳动强度，提高操作人员的工作效率。

（四）条形码扫描器的优点

条形码扫描器的种类较多，但各类条形码扫描器有如下共同优点。

1. 输入速度快

条形码输入的速度可达到键盘输入的5倍，能够实现“即时数据输入”。

2. 可靠性高

键盘输入数据的出错率为三百分之一，利用光学字符识别技术出错率为万分之一，而采用条形码技术出错率低于百万分之一。

3. 采集信息量大

利用一维条形码一次就可采集几十位字符的信息，二维条形码更可以携带数千个字符的信息，并且具有一定的自动纠错能力。

4. 灵活实用

条形码标识既可以作为一种识别手段单独使用，也可以和有关识别设备组成一个系统实现自动化识别，还可以和其他控制设备连接起来实现自动化管理。

5. 制作及使用成本低

条形码标签易于制作，对设备和材料没有特殊要求，识别设备操作容易，不需要特殊培训，并且设备也相对便宜。

除此之外，各类条形码扫描器还有各自的优点，如表3—8所示。

表3—8　　各类条形码扫描器的优点

种类	优点
CCD扫描器	无转轴和马达，使用寿命长，价格便宜
激光手持式扫描器	扫描速度快，分辨率高
全角度激光扫描器	减轻操作人员录入条形码数据时需对准条形码的劳动强度

第三节　收银操作技术

一、开机操作

（一）打开收银机

1. 开机步骤

（1）开启电源。

检查开关的接触等情况，确认无误后开启电源开关，并检查其工作指示音是否正常。不间断电源（UPS）用于在市电故障时继续提供电源，以保护设备及数据不受毁损，市电故障时，UPS将持续鸣叫以示警告。

（2）开启外部设备。

待UPS工作指示音正常后，开启收银人员显示器和微型票据打印机等外设的开关，顾客显示屏、POS键盘和钱箱没有电源开关，由主机直接供电，无须进行操作。

（3）开启收银机主机。

开启POS收银机主机的电源开关，此时可听到条形码扫描器通电指示音，同时系统将自动执行管理软件，直至进入相应的待机界面。

2. 处理开机故障

（1）处理网络故障。

对于使用联网设备的收银机，如果系统在执行完检测网络后提示网络故障，应按如下顺序检查：

1）检查确认后台管理系统所在的计算机是否已经开启，并已进入后台管理。

2）检测网络接头是否连接在 POS 收银机主机背面的 LAN 口上，并确认是否接触良好。

3）如果有使用交换机或集线器进行网络连接，请确认交换机或集线器是否已通电，并确认其背面所有的接头是否均已接上并接触良好。

4）检测后台计算机背面的 LAN 口上是否接有网络接头，并且接触良好。

（2）处理打印机错误。

如果系统检测时出现打印机错误，应按如下步骤处理：

1）确认打印机电源线连接良好，且电源开关已开启。

2）确认打印数据线已连接到主机背面接口，且两端均接触良好。

3）检查微型票据打印机的收银纸是否已装好，如果是点阵式微型票据打印机要检查色带是否需要更换，且打印机盖关闭良好。

（二）登录销售系统

1. 收银人员登录

（1）打开收银机后，首先选择进入 POS 销售系统。

（2）在“员工登陆”窗口中，输入正确的员工编号，按下“回车”键。

（3）输入登录密码，然后按下“回车”键，如果密码正确即可进入系统。

（4）系统进入销售操作界面。

2. 处理登录失败

（1）如果收银人员在输入员工编号及密码时出现错误，系统会要求重新输入，此时应仔细核对编号及密码，并重新输入。

（2）如果发现输入无误，但是仍然无法登录的话，应该立即向收银主管领取新的登录编号。

（3）如果连续三次输入错误的话，会自动退出系统。

二、收款操作

收银机处理现金收银的流程如图 3—5 所示。

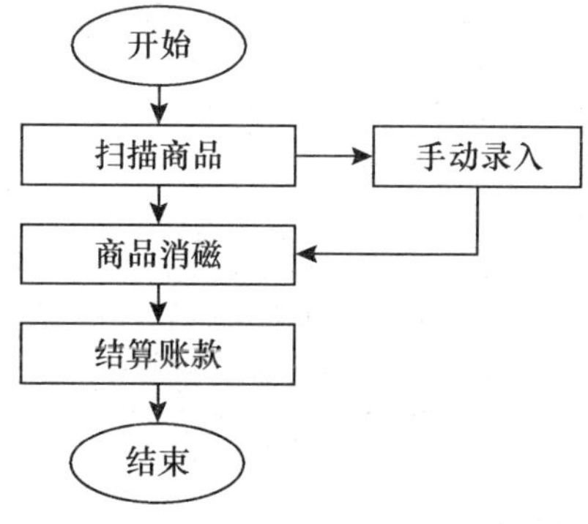

图 3—5 收银机处理现金支付的流程

(一) 扫描商品

随着商业的发展、经营规模的扩大、商品种类的丰富，原始的手工结算商品的方法已经无法满足现代商业的需要。及时出现的信息通信及处理技术，成为现在零售业的主要结算手段。

1. 扫描的步骤

(1) 收银人员必须熟悉一般商品的条形码粘贴位置，迅速、准确地把商品的条形码面对扫描器。

(2) 对于条形码有褶皱或不平整的，应将条形码摊平，然后再进行扫描。

(3) 扫描器收到条形码信号时，会发出“嘀”的一声响，表示商品信息进入 POS 机。此时 POS 机屏幕中会显示商品的编号、名称、单位和单价等信息。

(4) 对已扫入条形码的商品，收银人员应以扫描器为界线统一放置于收银台出口一侧，防止重复扫描现象的发生。

(5) 如果顾客购买多个同一商品，可在扫描后直接输入商品数量。而顾客购买不同商品时，可以直接进入下一个商品的扫描。

(6) 收银人员扫描时应扫描一件商品看一下屏幕，以避免错扫描或漏扫描现象的发生。

(7) 对于顾客临时决定不要的商品，收银人员应该将商品放在收银台指定区域，等待理货员整理。

(8) 对于扫描器无法识别的商品，可采用手动录入商品编号的方式。

(9) 收银人员在成功扫描商品后，要向顾客正确报出商品的价格。

2. 处理例外

凡是收银人员经过多次机器扫描以及手工录入都不能成功的，称为例外。正确处理条形码例外是非常重要的，也是收银人员需要立即处理的工作之一。

(1) 处理例外原则。

处理例外的原则如表 3—9 所示。

表 3—9　　扫描商品例外处理的原则

人员	处理原则
收银人员	1. 收银人员必须将条形码例外向当班收银主管报告 2. 对顾客说“对不起”，先将无例外商品进行结账，并请顾客稍作等候 3. 当条形码问题处理后，优先将例外商品结账
收银主管	1. 接到条形码例外报告后，第一时间直接处理或派人处理 2. 以简单、快速、直接的方式联系楼层人员处理 3. 接到正确的条形码后，迅速反馈给收银人员，并向等候的顾客道歉 4. 将例外记录当日反馈给楼层管理人员，并每周制作汇总报告

(2) 常见例外的处理。

常见例外的处理如表 3—10 所示。

表 3—10 常见例外的处理

常见例外	可能原因	解决措施
扫描器故障	1. 连接扫描器和收银机的线路松脱 2. 扫描器端口死机 3. 收银机端口部分不能工作	1. 重新连接扫描器和收银机的线路 2. 断掉扫描器电源，重新连接，对端口进行复位 3. 对收银机端口进行复位
条形码毁损	1. 条形码损坏、有污渍、磨损 2. 生鲜条形码印刷不完整、不清楚	1. 在同样商品中找到正确的商品条形码 2. 生鲜条形码重新计价印刷
条形码无效	1. 编码错误 2. 条形码重复使用、假码	1. 核实商品的售价，按正确的价格售卖 2. 找出正确的条形码，用手工方式结账
多种条形码	1. 商品的包装改变，如买一送一 2. 促销装商品的赠品条形码有效	1. 核实正确的条形码 2. 确认属于赠品，只扫描正常商品的条形码，并由楼面跟进所有错误的条形码，将其完全覆盖
无条形码	1. 商品本身无条形码，自制的条形码脱落 2. 商品的条形码丢失	1. 找出正确的条形码，用手工扫描 2. 找到剩余商品的条形码，用手工扫描

3. 扫描商品时应注意的问题

（1）收银人员应该尽量采用扫描条形码的方式将待付款商品信息扫入收银机中，除非特殊原因条形码无法扫入时方可采用手工输入编码的方法，以避免手工输入时产生的错误。

（2）对贴有店内码的商品，收银人员在扫入店内码后，应核对计算机显示的品名与实物是否一致，防止错码、串码商品售出。对既印刷了国际条形码又贴有店内码的商品，在扫条形码时，应以店内码为准。

（3）如果发现条形码扫描不出，或扫描出来的商品品名、规格与实物有差异的，收银人员要及时登记并反馈给相应的商品部，尤其是生鲜食品及糖果的称重码，一定要核对商品的名称、型号、重量和价格。

（4）对于两种以上不同单品捆绑促销的商品，扫描时必须分别扫入条形码。

（5）针对促销装的商品（即赠品）与商品捆绑式售卖，收银人员要注意分清赠品与商品，避免错扫描了价值低的赠品，而把商品漏掉。

（6）赠品不需要扫描，赠品的标识是产品本身的外包装有明确的“非卖品”、“试用品”和“赠品”等标识。

（7）对于“买二赠一”的商品采用捆绑式售卖时，收银人员应把绑在一起的两件商品分别扫描，不能只扫描一件商品，变成“买一赠二”。

（8）因无库存扫不出的商品，收银人员应耐心向顾客解释，并及时通知商品部进行处理。

（9）对于已付款商品，如家电、酒类等专柜销售的部分商品，在其专柜已经付款，商品有收银小票凭证并符合特定的包装，因此不再需要扫描。

（10）如果商品原包装被拆开，在扫描商品前要检查包装中的商品是否与外包装相符，有无调换商品或夹带其他商品。

（11）对于整箱的商品，收银人员要注意核对价格，分清包装箱上的条码是单品的价格，还是整箱商品价格，以免弄错，造成商品流失。

（12）对于带着儿童一起购物的顾客，在扫描完顾客购物篮（车）中的商品后，收银人员还要看一下跟着的儿童手中是否有未结算的食品、玩具或文具等，以免发生商品的流失，给商场带来损失。

（13）对于顾客在结账时因种种原因不要，但已经扫描的商品，收银人员须请收银主管将商品删除。

（二）手动录入

对于一些无法扫描的商品，收银人员应该对商品信息实行手动录入。手动录入商品信息的流程如图 3—6 所示。

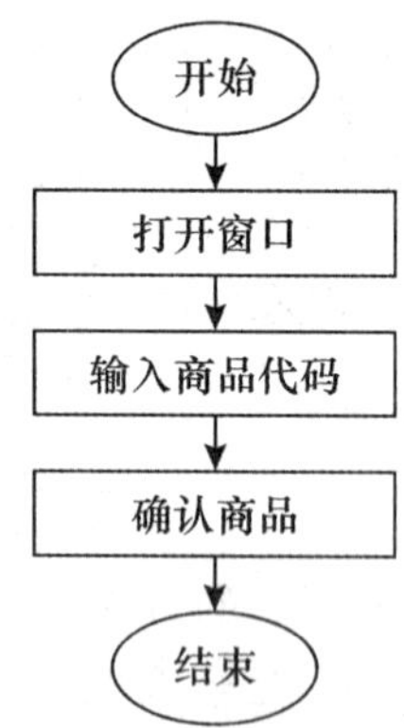

图 3—6　手动录入商品的信息流程

1. 打开窗口

收银人员按“单品”键，收银机会打开一个“输入货号”的窗口。

2. 输入商品代码

收银人员输入商品的代码。一般商品都是有条形码的，商品的代码即条形码。而个别没有条形码的商品，一般也会有商场内部码，此时可输入商品的商场内部条形码。输入商品代码后，确认无误按“回车”键。如果存在此商品信息，则会显示出该商品的名称、单价等信息。

3. 确认商品

收银人员核对商品信息是否与商品一致。确定该商品存在且与实物相符后，可以在“数量”栏中输入销售数量。

如果不输入数量就默认为“1”，如要修改前面商品的数量，可使用箭头键，将光标移动到需要修改的明细上，直接修改。

如果没有此商品或商品条码、代码错误，则 POS 机将不显示该商品的名称等信息，并且光标会一直停留在“货号”栏中。

如果发现商品信息与实物不符，按下“删除”键删除此商品。

对于通过手动录入商品代码仍无法得到商品信息的商品，收银人员应与核价员联系，及时获取最新的条码信息。

收银人员在手动录入时应遵循以下标准：输入商品时要求盲打，输入商品条形码 1 分钟 10 件商品为合格，1 分钟 13 件商品为良好，1 分钟 15 件商品为优秀。

（三）商品消磁

电子商品防盗系统（EAS）是利用声电、声磁原理所设计的专门用于商场防盗的设备，通过放置在商场、超市的出入口或收银通道处的检测系统，侦测粘贴在商品上的防盗软标签或钉在服装鞋帽上的防盗硬标签，当有未经收银人员处理的标签通过系统时，系统会发出报警。以提醒工作人员进行处理。

为了便于商场、超市的防盗处理，一般商场、超市会在比较贵重的商品上使用防盗标签，当带有磁性的标签通过商场、超市出口的检测系统时，系统会发出警报。因此。对于已经结账的商品，必须要经过消磁程序，才能保证顾客购物过程的顺畅。常用的标签分为软标签和硬标签两种，其特点如表 3—11 所示。

表 3—11　　标签的分类及特点

名称	主要用途	特点	消磁方法
软标签	主要贴在有外包装且包装不容易打开、体积较小、价值较高的商品上。如保健品、酒类、化妆品、磁带、光盘、电池或糖果等	一次性，不能循环使用，具有隐蔽性	付款后，通过收银机消磁系统消磁，报警功能消失
硬标签	主要用于没有外包装或包装比较容易被打开，且价值较高的商品。如服装、皮具、皮鞋和高档食品等	永久性，可循环使用，不具备隐蔽性	付款后，收银人员手工用特定工具将标签取下收回

1. 消磁操作步骤

(1) 对于使用软标签的商品，收银人员在扫描商品后，将其放置于消磁板上消磁。放置时应注意将带有磁性的标签面对消磁板。

(2) 当听到“滴”的声音时，表示消磁成功。

(3) 对于使用硬标签的商品，收银人员应将硬标签突出的一端插入取钉器中，然后将硬标签取下。

(4) 收银人员应准确了解所有带磁性软标签的商品，对商品进行快速、准确的消磁。

(5) 对于一些体积庞大，不容易搬运的商品，可以使用手持式消磁器对其进行消磁。

(6) 在对硬标签进行消磁时，要特别注意，不要损坏商品。

(7) 回收的硬标签，收银人员应统一放置，待交班时上交。

2. 处理例外

已结账商品在经过出入口的防盗门时引起警报，称为消磁例外。妥善处理消磁例外是收银人员及收银主管的职责之一。

(1) 处理例外的原则。

处理例外的原则如表 3—12 所示。

表 3—12　　商品消磁例外处理的原则

人员	处理原则
收银人员	1. 对顾客表示歉意 2. 对返回的已结账未消磁的商品进行确认，确认后立即进行消磁处理 3. 寻找未消磁的原因，并对例外商品进行记录
收银主管	1. 接到报告后，提醒收银员收银时应认真工作并做记录，以便吸取教训 2. 妥善处理因商品未消磁引起的顾客投诉问题

（2）常见例外的处理。

常见例外的处理如图 3—13 所示。

表 3—13　　常见例外的处理

常见例外	可能原因	解决措施
漏消磁	商品未经过消磁程序	1. 商品必须经过消磁程序，特别是硬标签的商品类别，应予以熟记 2. 重新消磁
消磁无效	商品消磁的方法不正确或超出消磁的空间	1. 结合消磁指南，掌握正确的消磁方法 2. 特别对软标签的类别商品予以熟记，反复多次消磁，直到有消磁提示音为止 3. 重新消磁

3. 商品消磁时应注意的事项

（1）只有正在进行扫描收款的当值收银人员才能对商品进行消磁。

（2）只有在顾客购买付款的过程中才可消磁，保证所有付款后的商品正确消磁，未付款商品不能消磁。

（3）收银人员应避免将商品和包装袋压在消磁板电源线上，否则容易造成消磁板与电源线接触不良而导致消磁板断电。

（4）收银人员应特别注意体积小、价格较高商品的消磁，如巧克力、高中档内衣、化妆品和洗涤用品等。在对商品进行消磁时应尽量降低商品的高度，并将商品的正反面分别消磁。

（5）特别注意不要将防盗硬标签的钢钉丢弃在地板上，以免造成人身伤害事故。

（6）消磁系统出现故障时，收银人员有责任第一时间报告收银管理人员，请求帮助，在系统未恢复正常工作前，暂停收银程序。

（7）收银人员每天收银结束工作后应关闭消磁板电源。

（四）结算账款

1. 现金结算

（1）唱收应收金额。

扫描完顾客所有商品后，按下“结账”键，POS 机屏幕上会弹出一个小屏幕，上面显示应收顾客的金额，收银人员应向顾客唱收：“应收您××元。”

（2）接收顾客的现金。

顾客付款时，用双手接过顾客手中的现金，并向顾客说：“收您××元。”，然后操作收银机，按“现金”键，并用数字键输入顾客所付的金额，然后按“回车”键。

如果钱箱无法正常打开，可能是钱箱与主机的连线没有接好，如果连线没有问题的话，应检查钱箱的导轨是否变形或卡死。

（3）唱找零。

POS 机屏幕显示出“找零”金额，打印机开始打印购物小票，钱箱也会同时打开。收银人员放入收到钱款，并从钱箱中找零，然后双手将找零及购物小票交给顾客，并唱找零钱：“找您××元。”

用手撕扯打印的购物小票时，应沿着撕纸器方向斜撕。

如果打印机不能正常打印，则处理程序如下：

1）如果打印机不走纸，应首先检查收银机屏幕，看屏幕上是否显示“打印关闭”的信息。如果显示关闭，则表示收银机打印功能被关闭了，此时，只需要按一下键盘上的“打印”键，打开打印功能即可。

2）如果在按“走纸”键时，听到有齿轮滑动的声音，则有可能是打印机齿轮打滑，这时需要请维修人员更换齿轮。

3）如果打印购物小票时，打印出的是白纸，则可能是打印纸装反了或者是色带已经老化脱色了，此时应该更换色带。

4）如果打印纸用完了，应提前更换打印纸。更换打印纸时，应从打印口撕断剩下的打印纸，然后按“进纸”键，让打印纸在打印机内自动走完。然后再将新的打印纸放在进纸口，按“进纸”键，让打印纸自动进入打印机。

（4）关闭钱箱。

为顾客找零后，收银人员要关闭钱箱。钱箱关闭后，会自动锁定，POS 机屏幕也会进入正常业务的操作界面。此时如果钱箱无法关上，应首先检查是否有东西卡住了钱箱，或钱箱的导轨变形。

2. 银行卡结算

现在国内采用的是银联的网络，不同的银行以及银联在超市设置的 POS 机具有银行卡结算账款功能。持卡人刷卡后，信息通过电话线传到 POS 机的前端，通过对持卡人卡号的前几位的识别，银联把这些信息传到发卡机构的前端，然后进入数据库，找到持卡人信息及账户状况，再把这些信息反馈到 POS 机。

使用银行卡结算的流程如下：

（1）把银行卡放在刷卡机的槽口刷卡，磁条方向正确，匀速划过刷卡机。

（2）收银人员输入消费金额，在输入消费金额时，要仔细核对输入金额与顾客实际消费金额是否一致。

（3）请持卡人输入密码，收银人员应及时提示持卡人输入所持银行卡的密码。如首次输入错误，请持卡人再输入一次，试输入密码的次数不得超过三次。如三次后密码输入仍不正确，这张银行卡将无法继续进行交易。

（4）如果持卡人在三次之内正确输入了密码，那么本次交易成功。

（5）交易成功后，刷卡机会自动打印出一式三联的签购单。

（6）收银人员双手将签购单和笔交给顾客，请顾客在签购单上签名。

（7）核对顾客签名，无误后将顾客联交给顾客，然后按“银行卡”键，弹开钱箱，将商场联及银行联放入，关闭钱箱。

三、关机操作

（一）退出销售系统

营业结束后，需关闭收银机时，收银人员应先退出操作系统。具体操作如下：

（1）在收银人员准备退出销售系统前，必须先完成收银工作，不得在收银中途退出操作系统。

（2）利用光标移动找到“退出”选项并选择。对于已经定义了“退出”功能键的收银机，直接按“退出”键。

(3) 系统会提示“是否真的退出？请选择是/否”。按“确认”键选择“是”，退出操作系统；按“取消”键选择“否”，会返回销售界面。

(4) 如果无法顺利退出系统，应立即与收银机管理人员联系。

(二) 关闭收银机

关闭收银机应遵循如下步骤：

(1) 退出收银系统后，不能立即关闭电源，而应等屏幕提示“现在可以安全关机了”时，再关闭电源。

(2) 先关闭主机电源，再关闭显示器、打印机等外设电源，最后关闭 UPS 电源。

技能训练

一、实训项目

1. 识别 EAN-13 码的结构训练。准备若干种食品、日用品、药品、图书等，随机抽选出一种，由每个学生对其识别，并写出正确答案。

2. 编制店内条形码。学生在完成此项训练后，依次进行技能测试。教师指定被测试学生按 EAN 编码编制出果类、蔬菜类商品的店内条形码。

3. 模拟收银前工作准备训练。学生通过此项训练后，依次在实训室收银机前进行收银前工作流程达标考核。

4. 模拟收银操作训练。学生通过此项训练后，依次在实训室收银机前进行达标考核，每个学生均对顾客（由学生扮演）购买的 5～8 种商品进行收款作业。

5. 模拟银行卡结算账款操作训练。学生通过此项训练后，在实训室收款机前进行银行卡结算账款达标考核。

二、达标考核

1. 识别 EAN-13 码的结构。

(1) 要求：写出前缀码、厂商识别码、产品代码、校验码；准确回答每种代码的位数。

(2) 考核标准：时间 60 秒，超时、回答有误均扣分。

2. 编制店内条形码。

(1) 要求：正确写出内部识别码、商品分类码、同类品种流水码和校验码；每种代码的位数要正确。

(2) 考核标准：时间 60 秒，超时、回答有误均扣分。

3. 模拟收银前工作准备。

(1) 要求：按操作流程完成收银前准备的各个环节的工作。包括开启电源开关、开启显示器、检查打印小票是否安装、开启小票打印机、检查网络是否连接、收银员登录、看收银机是否处于正常工作状态，如有故障或问题应及时处理。

(2) 考核标准：时间 180 秒，如操作步骤混乱或有问题、故障未处理均扣分。

4. 模拟收银操作。

(1) 要求：收银工作流程要正确。包括与顾客打招呼、扫描商品、商品消磁、结算收款、装袋、与顾客道别等；扫描的商品无法识别时应手工录入；结算时要唱收唱付。

（2）考核标准：时间 240 秒，不符合操作规程要求、收找错误、超时均扣分。

5. 模拟银行卡结算账款。

（1）要求：按规范要求操作。将顾客银行卡放入刷卡机的槽内刷卡，输入消费金额，请持卡人输入密码；交易成功后，请顾客在购物单上签名；检查输入金额与消费金额是否一致，如顾客 3 次输入密码错误，将无法进行交易。核对无误后将顾客联交给顾客再按“银行卡”键；将银行卡联放入钱箱，装袋，送客。

（2）考核标准：时间 240 秒，不符合规程要求操作、超时均扣分。

思考与练习

1. 收银机具有哪些功能？
2. 阐述收银机的构成。
3. 条形码如何分类？怎样使用？
4. 如何正确操作收银机？
5. 简述收银操作的工作流程。
6. 如何处理常见的收银机故障？

第四章

商品销售计算技术

知识点

- 掌握中文大写数字书写技术
- 掌握阿拉伯数字书写要求
- 掌握珠算技术

技能点

- 数字书写技术
- 算盘的基本功训练
- 珠算加、减、乘、除法训练

资料导入

公交售票员瑞蚨祥售货员的“技术比拼”

杨坤，25 岁，公交 302 路售票员，2005 年荣获北京市劳动模范称号。

汪超，27 岁，北京瑞蚨祥绸布店售货员，首都微笑服务大使。

22 岁就当上北京市劳模的公交售票员杨坤，每天都会遇到各种各样的人和事；百年老店瑞蚨祥的年轻售货员汪超，每天的微笑背后藏着不少辛酸。

这二位将互换职业，体验对方的工作经历。

互换职业后，汪超第一天就遇上了麻烦事，乘客乘车不刷卡、半路晕倒的问题接踵而来，正在混乱之际，又有人大喊丢了钱包，这样的场面汪超从未经历，她将如何处理？

来到瑞蚨祥的杨坤，同样也遇到了挑战，卷布、打算盘、撕布这些传承百年的技艺她能否掌握？先是卖了 5 000 元，之后又遭遇退货，这一喜一忧她将如何面对？

资料来源：北京电视台节目预告，2008-02-28。

分析：

这是一次服务业职工特殊的技术比拼。俗话说：隔行如隔山。工作岗位的变换、角色的转换，使两位服务明星遇到了诸多新问题和挑战。为顾客提供优质的服务，说到底离不开扎实的基本功。要想让顾客满意，除了有热情的服务态度，还要具备高超的商业服务技艺。

在我国，商品销售计算技术自古以来使用的工具是算盘。它以其结构简单、使用方便、造价低廉、携带方便等优点，成为商品销售计算中常用的工具。在商品销售中还发挥着一定的作用。

第一节 数字的书写技术

数字是计算的前提，一切计算过程和结果都要通过数字来表示。在珠算运算过程中，准确、规范的数字书写是计算正确的关键，也是操作人员应具备的基本技能。因此，必须按照要求规范书写、认真练习，以达到准确、清晰、整洁、美观的数字书写要求。

在我国经济工作中使用两种数字书写字体，一种是中文大写数字，另一种是阿拉伯数字。下面简要介绍两种数字的书写及要求。

一、中文大写数字书写的特点与要求

（一）中文大写数字书写的特点

中文大写数字笔画繁多，读写费时费事，但不易篡改，主要用于防止篡改的各种凭证和经济合同，如：收据、借据、领条、支票、汇票、合同书等。

（二）中文大写数字书写的要求

（1）中文大写数字是由数字和数位两部分组成，两者缺一不可。

1）数字包括：零、壹、贰、叁、肆、伍、陆、柒、捌、玖；

2）数位包括：个、拾、佰、仟、万、亿、兆等。

数字和数位一定要规范用字，切不可自造字，以防篡改。

（2）大写金额货币前须冠以货币或货物的名称。有固定格式的重要单证，大写金额栏一般都印有“人民币”字样，数字须紧接在“人民币”后面书写，在“人民币”与数字之间不得留有空位。大写金额栏没有印好“人民币”字样的，应加填“人民币”三字。若为外币须冠外币名称，如美元、欧元、日元等。如￥32.45 应写作：人民币叁拾贰元肆角伍分。

（3）有关“零”的写法。遇到空位汉字大写金额要写“零”字，遇到两个或以上的“0”连在一起时，只需填写一个“零”即可。如￥305.76 应写成：人民币叁佰零伍元柒角陆分，￥3 005.76 应写成：人民币叁仟零伍元柒角陆分。

（4）整数收尾。没有角分时，须加“整”字样。如￥200.00 应写成：人民币贰佰元整；￥210.00 应写成：人民币贰佰壹拾元整。

（5）打头的“壹”字不得漏写。如￥15.00 应写成：人民币壹拾伍元整，￥130 000.00 应写成：人民币壹拾叁万元整，不可写成：人民币拾伍元整，或人民币拾叁万元整。

（6）大写数字不能漏写或错写，否则必须重新填写凭据。

二、阿拉伯数字书写的特点与要求

（一）阿拉伯数字书写的特点

阿拉伯数字也叫“公用数字”，原为印度人所创造，公元 8 世纪传入阿拉伯，后又从阿拉伯传入欧洲，称为“阿拉伯数字”。它书写时笔画简单，不必标注数位，现为世界各国所采用。阿拉伯数字的写法有印刷体和手写体两种。日常工作中普遍使用的是手写体（见图 4—1）。现就阿拉伯数字的手写体说明规范书写要求。

图 4—1　阿拉伯数字手写体写法

（二）阿拉伯数字书写的要求

1. 笔画顺序

阿拉伯数字的书写同汉字书写顺序一致，自上而下，先左后右，不要写倒笔字。

2. 向右倾斜

书写数字要整体向右倾斜，倾斜角度为 60°。

3. 大小一致

阿拉伯数字除 6、7、9 以外其余数字应写得一样大，大小为一格的 1/2 高度，压底线书写。6 的上端应高出其他数字的 1/4。7、9 书写应出底线。

4. 字迹清晰

阿拉伯数字要一个一个地写，不允许连笔写数，0 不能有缺口。

5. 数位对齐

数字书写位次要对齐，以便于汇总计算。

6. 整数分节

对于数位较大的数字采用国际通用的“三位分节制”。按有关规定，日常工作中不要标明分节号；但在珠算比赛及鉴定时要求标出分节号，并严格将分节号与小数点区分开。

7. 写数用笔

登记账表必须用蓝色或黑色钢笔填写，现金支票要求用碳素墨水笔填写，练习时要用钢笔。除复写用铅笔或圆珠笔外，一般不得用铅笔或红笔写数，红笔只在订正或出现赤字时使用。

8. 订正方法

如果记账凭证或账表上发现数字写错，应采用划线更正法予以更正，即在错误数字的中央用单杠红线从首位数字划至分位以示注销，然后将正确的数字写在被注销的数字上方，并由经办人员在数字的左侧加盖本人印章，以示负责。如数字中只有部分数字写错，也要将全部数字注销，不允许涂改、挖补或刮擦，更不准用消字药水。错误数字的订正方法如图 4—2 所示。

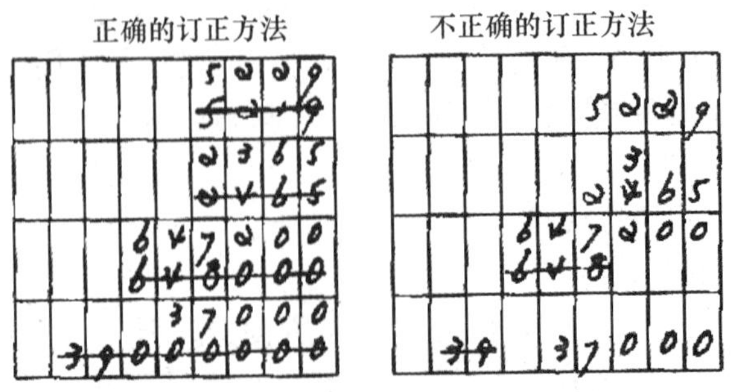

图 4—2　错误数字的订正方法

即使今天社会已经进入了信息时代，计算技术已有了很大的发展，电子计算器成为基本的计算工具，但传统的珠算却兴盛不衰，仍是我国在生产和生活中不可缺少的计算技术。

第二节　珠算技术基本知识

珠算技术是我国古代劳动人民集体智慧的结晶。算盘作为一种简单、方便、实用的计算工具，在加减运算方面更为简便、快速、准确。在商场日常的商品销售过程中，加减法的计算占 90%以上，因此更适合用珠算进行计算。

为了学好珠算必须首先对算盘的构造、特点、拨珠指法和打算盘基本要领加以掌握。

一、算盘的种类

我国的算盘有以下三种。

（一）七珠大算盘

珠为圆形，有二颗上珠、五颗下珠。休积较大、珠距较长，目前较少使用。如图 4—3 所示。

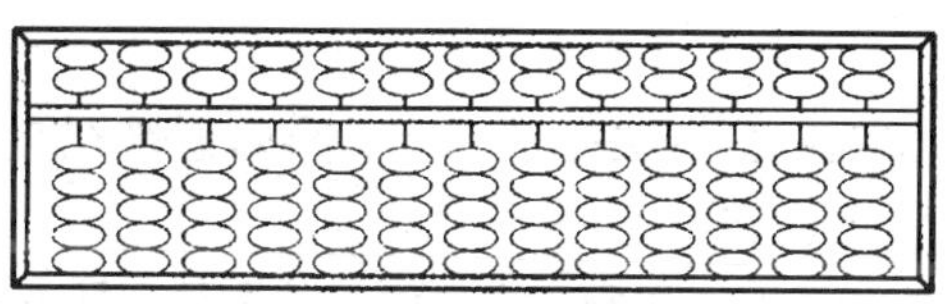

图 4—3　七珠大算盘

（二）六珠和五珠小算盘

珠为菱形，有一颗上珠、五颗下珠，和一颗上珠、四颗下珠两种。重量轻、体积小、珠距短，有利于提高运算速度。六珠小算盘如图 4—4 所示。

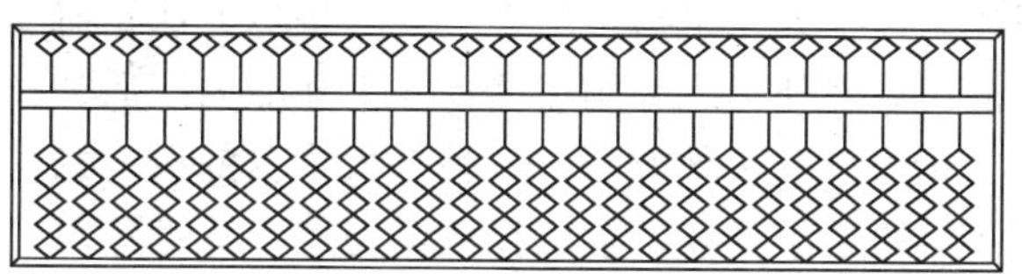

图 4—4　六珠小算盘

（三）中型算盘

由大算盘改制，主要特点类似小算盘，只是体积比小算盘略大。

二、算盘的优点

日常珠算运算中常用的中小型算盘主要有以下优点：

（1）体积小，计算时占用面积小，便于握盘移动运算。

（2）珠小、体轻、噪音低，珠与梁之间距离小，运算速度快。

（3）便于携带、容易清盘。

（4）消耗原材料少、造价低廉。

三、珠算的特点

在学习珠算计算方法之前。必须搞清珠算计算不同于其他计算方法的特殊性，只有认识这些特性，才能充分利用算盘这一传统的计算工具。珠算具有以下特点：

（1）算盘以算珠靠梁表示记数。每颗上珠当五，每颗下珠当一。以空档表示零，以档表示数位。高位在左，低位在右。

（2）置数前算盘上不能有任何算珠靠梁。置数时，应先定位，由高位到低位（从左向右）将预定数字按位逐档拨珠靠梁。

［例 4—1］ 置 1、2、3、4、5、6、7、8、9 于盘上。

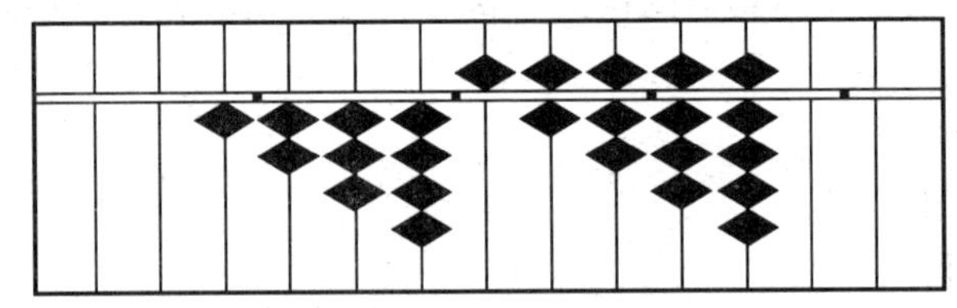

（3）珠算在进行加减运算时极为方便。珠算加减从左向右进行，与实际工作中读数顺序一致。可以边看边打，在被加数（被减数）上连加（连减）几个数，其结果立即从盘面显示出来。

（4）在熟练地掌握了加减运算方法的基础上，乘除运算在盘上就变成了运用大九九口诀的加减法运算，不像笔算那样繁杂。

（5）珠算采用"五升十进制"。用算盘计算时，采用的是五升十进制。由于一颗上珠当五，当下珠满五时，需用同档的一颗上珠来代替，称为五升。当一档数满十向左档进一，称为十进。五升十进制是珠算运算中的一个规则。

四、拨珠指法

用算盘进行数字计算，主要靠手指拨珠来完成，拨珠方法正确与否，直接影响运算效率和准确程度。只有正确掌握和熟练运用拨珠指法，才能为以后的学习以及计算水平的提高打下良好的基础。拨珠指法有两种方法：一种是大算盘的拨珠指法；另一种是小算盘的拨珠指法。目前较为常用的是小算盘的拨珠指法，使用小算盘运算应用右手的拇指和食指进行拨珠，中指、无名指和小指应向掌心自然弯曲。现将小算盘的具体拨珠指法介绍如下。

（一）两指分工

（1）拇指：拨下珠靠梁，有时兼拨下珠离梁。

（2）食指：拨上珠靠梁和拨上、下珠离梁。

（二）两指联拨

1. 同靠

同靠即上下珠同时靠梁。

（1）同档上的：在用拇指拨下珠靠梁的同时，用食指拨上珠靠梁。如直接拨加 6、7、8、9 时，如图 4—5 所示。

（2）相邻档上的：在用拇指拨左一档下珠靠梁的同时，用食指拨右一档上珠靠梁。如直接拨加 15、25、35、45 时，如图 4—6 所示。

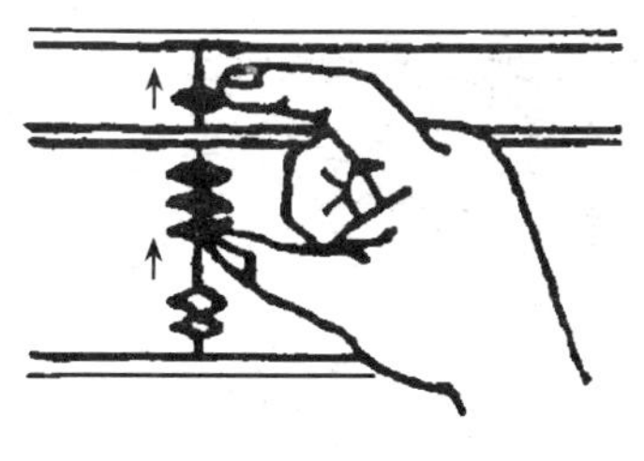

图 4—5

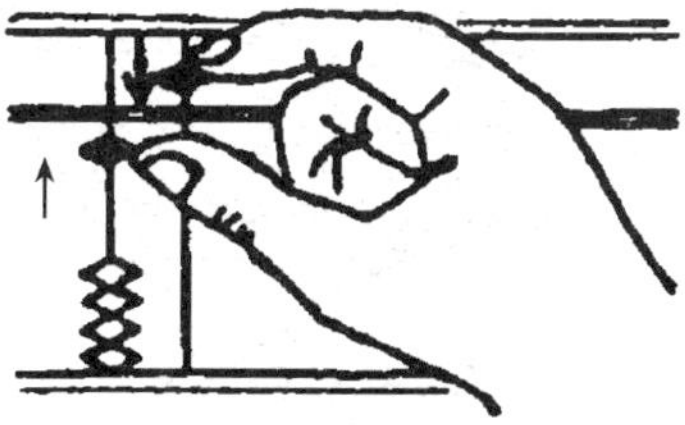

图 4—6

2. 同离

同离即上下珠同时离梁。

（1）同档上的：在用食指拨上珠离梁的同时，用拇指拨下珠离梁。如直接拨减 6、7、8、9 时或 7－6、9－8 时，如图 4—7 所示。

（2）相邻档上的：在用拇指兼拨左一档下珠离梁的同时，用食指拨右一档上珠离梁。如直接拨减 15、25、35、45 时，如图 4—8 所示。

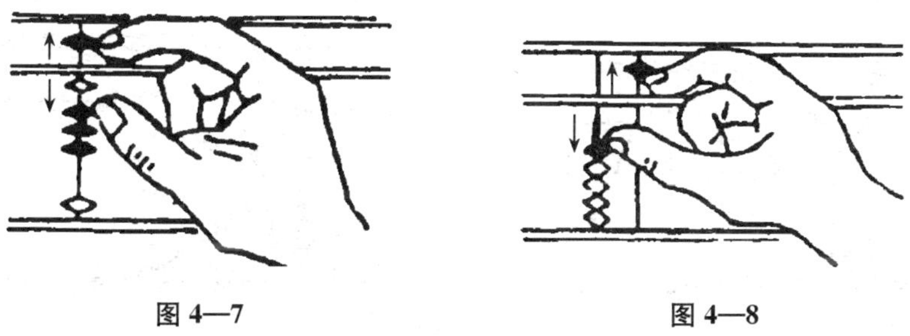

图 4—7　　图 4—8

3. 同上

同上即下珠靠梁，上珠离梁。

（1）同档上的：在用拇指拨下珠靠梁的同时，用食指拨上珠离梁。如拨 5－2、5－1 时，如图 4—9 所示。

（2）相邻档上的：在用食指拨右一档上珠离梁的同时，用拇指拨左一档下珠靠梁。如拨 5＋25 时，如图 4—10 所示。

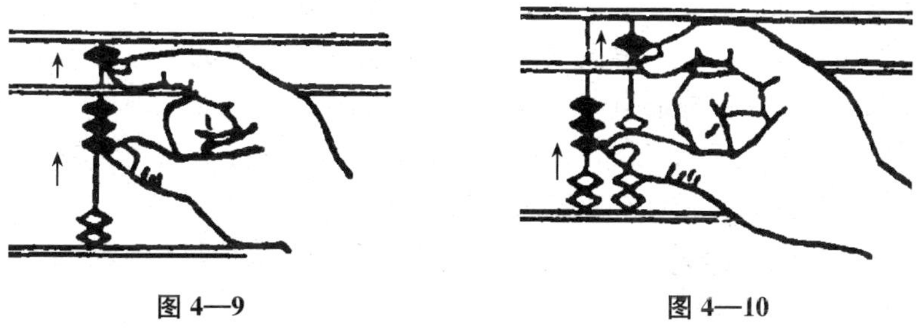

图 4—9　　图 4—10

4. 同下

同下即上珠靠梁，下珠离梁。

（1）同档上的：在用食指拨上珠靠梁的同时，用拇指兼拨下珠离梁。如拨 4＋1、3＋2 时，如图 4—11 所示。

（2）相邻档上的：在用拇指兼拨左一档下珠离梁的同时，用食指拨右一档上珠靠梁。如拨 10－5 时，如图 4—12 所示。

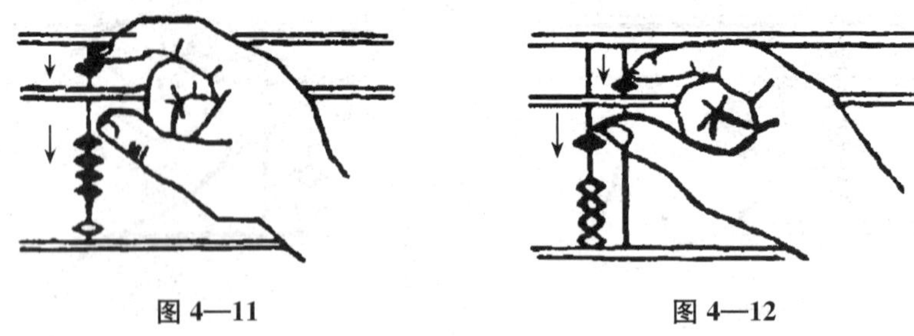

图 4—11　　图 4—12

5. 扭进

在用食指拨右一档下珠离梁的同时，用拇指拨左一档下珠靠梁。如拨 1＋9、2＋8 时，如图 4—13 所示。

6. 扭退

在用食指拨左一档下珠离梁的同时，用拇指拨右一档下珠靠梁。如拨 10－9、10－8 时，如图 4—14 所示。

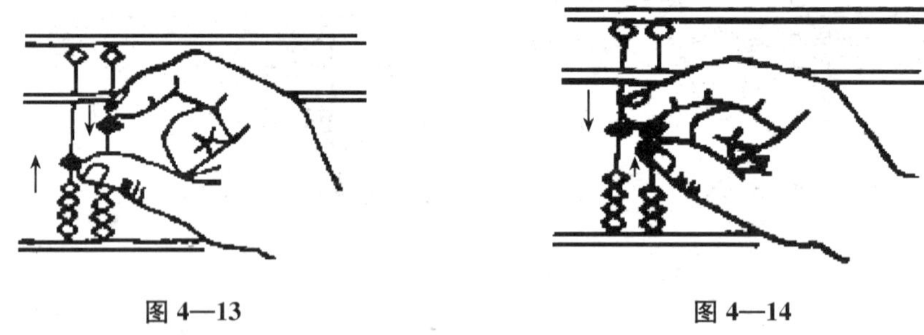

图 4—13　　图 4—14

初学珠算时，要严格注意手指分工，避免一些错误的拨珠指法，做到拨珠动作规范、自然。

五、拨珠运算的要求

（1）用力要适度，算珠要拨到位。不能用力过重，也不能太轻。

（2）手指离开盘面距离要小，拨珠要连贯，做到指不离档。

（3）看准算珠再拨，避免重复拨动某一算珠、减少不必要的附加动作。

（4）拨珠顺序。拨珠应先后有序，有条不紊，如加法一定要先退后进，减法一定要先退后还，即便二指联拨、三指联拨，也要有先后顺序，不能先后颠倒、层次不分。

（5）拨珠要顺畅自然。拨珠时要做到手指协调自然。

以上拨珠要领只有熟练掌握，才能提高拨珠效率。在拨珠过程中充分运用联拨运算。力求减少单指独拨，做到拨珠既稳又准。

六、打算盘的基本功

（一）打算盘的姿势

打算盘的姿势正确与否直接影响运算的准度与快慢。因为眼、脑、手要并用，配合要默契，动作要连贯，所以打算盘时，身要正，腰要直，肘和腕离开桌面，头稍低，要求视线落在算盘与计算资料交界处，运算时靠视觉转移看数拨珠，不能摆头。打算盘时肘部摆动的幅度不宜过大，手离开桌面距离大约为 0.5 厘米，手离桌面过近在运算中会产生带珠，过远会发生手指上下跳动拨珠。要做到指不离档，手指与盘面的角度，一般为 45°至 60°较好。

身体与桌沿的距离约 10 厘米，算盘放在适当的位置，并与桌边基本平行。计算资料的摆放位置根据使用算盘的不同而有所区别。使用圆形七珠大算盘和菱珠中型算盘时，计算资料应放在算盘下方，边打边在算盘底下向前推进。使用小算盘时，左手握住算盘的左端，利用算盘的边与计算资料的行次进行运算。这样才能加快速度，提高运算质量。

（二）看数

珠算运算，首先遇到的是看数。看数快准与否直接影响到以后计算的速度和准确率。看数一般从位数较少的开始，循序渐进。最好一开始就养成一眼一笔数的好习惯，如果不能这样，那么也可以分节看数，看数时万、千、百、个等位数和元、角、分等单位可不记，如 487 683.52 可一次看完记住，也可以分为 487－683－52 看，分节次数越少越有利于运算速度的提高。看数的同时，右手立即拨珠，快要拨完一节，随即看下一节数，将上下环节连接起来，做到边看边打，否则中间就会出现拨珠停顿，从而影响计算速度。数的位数与盘面上计位点应对照起来，位数才能准确无误。熟练以后要做到眼睛能兼顾到计算资料和算盘，使计算动作环环相扣。

如已具有一定计算水平，可以根据自身情况在简单看数的基础上练习并行看数，做到眼到数出，随即拨入算盘中。看数是珠算计算最关键的第一步，无论是初学者，还是有一定技术水平的人员都必须重视，只有看数水平提高了，才能提高计算水平。看数时应注意以下三方面的问题：一是计算资料离算盘的距离尽量缩短；二是看数时切忌念出声音；三是看数时头不要上下或左右摆动。

（三）写数

计算完毕，将算盘上的答案记录下来，这是珠算运算的最后一个环节。表面上看抄写数字与计算关系不大，但操作的正确与否，除取决于运算拨珠是否正确外，还与抄写数字有较大关系：一是数字抄写是否准确、清晰、整齐；二是抄写是否快捷。

在运算过程中，要养成笔不离手的习惯。写数时，应在准的基础上求快。要养成盯盘写数的好习惯，这就要锻炼眼睛捕捉盘上数字的能力。当一道题计算完毕，左手握住清盘器，眼睛盯盘，在确定写数位置后，一笔数就能从高位到低位很快写完。写数时从高位到低位连同小数要一次书写完毕。只有做到盯盘写数，并认真练习，才能达到书写数字的准与快。

（四）定位和清盘

计算水平的高低，除了计算各环节相互衔接外，主要是要提高计算效率，尽量减少一些环节，如定位、清盘等在整个计算过程中所占用的时间。具体做法为：在一道题快要计算到尾数时，位数就已确定，就应抓紧时间书写答案，当答案书写到末位数时，左手中指按下清盘器随即清盘。这样，定位、清盘就不占用计算时间，大大提高了运算的节奏和运算的效率。

使用装有清盘器的算盘，应直接使用清盘器进行清盘。使用没有清盘器的算盘，其清盘方法是将右手的拇指和食指捏拢，顺梁的两侧从右向左迅速将上下珠排开，每次清盘要求用力适当，动作不要重复。

第三节　珠算运算的基本方法

珠算运算方法包括加减法、乘法和除法。加减法是实际计算工作中用途最广的计算方法。特别是在商品销售中，加法占计算总量的90%以上。加法是一切计算方法的基础，减法是加法的逆运算，乘法是加法的简化，除法是减法的简化。可以说，一切简算法都是以加减法为基础的，而且加减法用算盘运算比笔算、电子计算器运算更准确而迅速，最能显示珠算的优点。因此，必须掌握好珠算加减法。

珠算加减法和笔算加减法不同。笔算从低位到高位运算，而珠算则是从高位开始依次向低位运算。笔算的进位和退位必须记在纸上或记在脑子里，而珠算的进位和退位只要拨动算珠靠梁或靠框即可。根据珠算的特点，在进行加减运算前，必须先确定个位档的位置，以防错位。确定个位档时，最好在个位档的右边留出两档作为小数的位置。通常选择算盘梁上右边第一个计位点的左一档作为个位档。

一、加减法计算

加减法计算要牢记"五升，十进"（即满五用一颗上珠，满十向左边进位）的原理，并结合珠算"靠梁为加，靠框为减"的法则，灵活运用算珠的上下运动来实现加减法的运算。

（一）加法

求两个数或多个数和的方法叫做加法。一般形式为：被加数＋加数＝和数（被加数加上多个加数）。其基本规则为：

首先，确定个位档，将被加数与加数相同的位数对齐，即"同位相加"，计算小数加法时，必须把小数点对齐，然后相加。

其次，依次从高位拨上被加数及加数（简捷算法中也有从低位算起的方式）。采用满五用一颗上珠，满十向左档进一的方式，即可完成加法运算。

最后，加法满足交换律，即被加数和加数交换位置，其和不变。

下面结合拨珠指法，分别介绍直接加法、补五加法、进十加法和破五进十加法四种基本类型。

1. 直接加法

直接加法就是指当拨入被加数后，加上一个加数时，直接拨本档备用珠靠梁即完成计算而不发生拨珠离梁的情况。

［**例4—2**］　41＋53＝94

运算步骤：

（1）定好个位档，将被加数41拨上算盘。

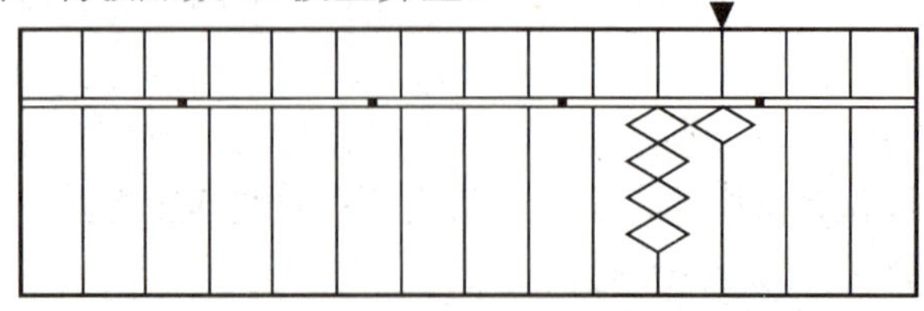

(2) 在十位 4 这一档上，用食指拨一颗上珠靠梁，即加上 5，同时在个位 1 这一档上，用拇指拨三颗下珠靠梁，即加上 3。

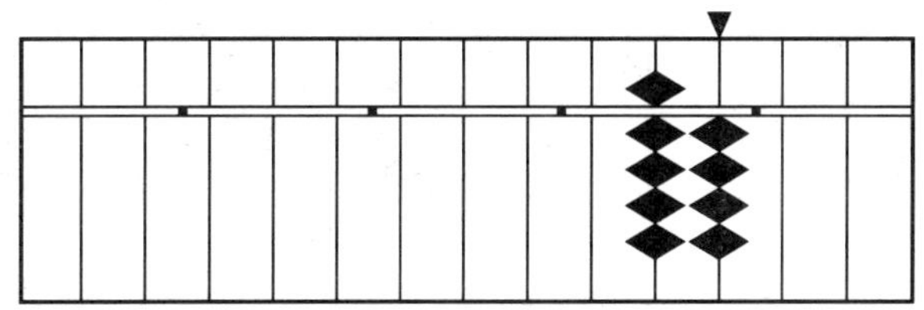

(3) 算盘上读出 94 即为答案。

［例 4—3］ 5 017+2 451=7 468

先从左到右拨上被加数 5 017，加看外珠，在千位上直加 2，在百位上直加 4，在十位上直加 5，在个位上直加 1。答数为 7 468。

直加是珠算加减法中最简单的一类，其运算方法总结为“加看外珠，够加直加”。属于直加的有 8 种情况，如表 4—1 所示。

表 4—1 **直加的 8 种情况**

被加数	加 数
1、2、3、5、6、7、8	1
1、2、5、6、7	2
1、5、6	3
5	4
1、2、3、4	5
1、2、3	6
1、2	7
1	8

根据表 4—1 反复练习，即可熟练掌握直加的方法。

2. 补五加法

当被加数小于 5，要加上 1、2、3、4 各数时，本档已有部分下珠，使下珠不够加，必须拨一颗上珠靠梁，同时减去多加的数。运算规则为：下珠不够，加五减凑。

补五加的运算实质是两数之和满 5。如果两数之和为 5，我们称这两个数互为凑数，如 1 与 4、2 与 3 为互凑数，反之亦然。以 3+4 为例，在加 4 时，本档下珠不够加，必须拨一颗上珠靠梁，同时将多加的 1 拨去靠框。

［例 4—4］ 3 241+4 324=7 565

运算步骤：

(1) 定好个位档，将被加数 3 241 拨入算盘。

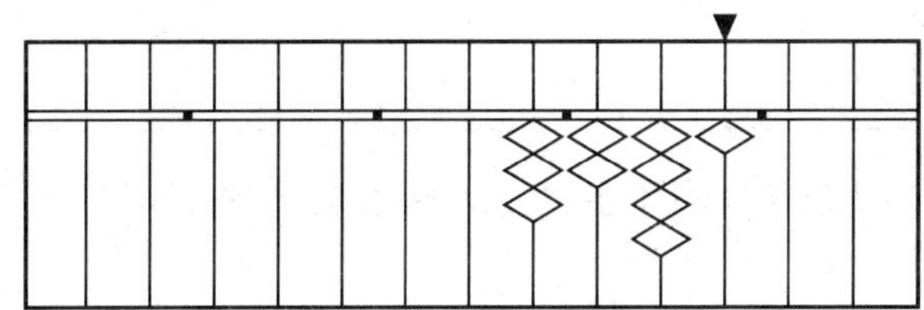

（2）从高位起，加上 4。下珠不够，则用食指拨一颗上珠靠梁，同时用食指拨去多加的一颗下珠靠框。

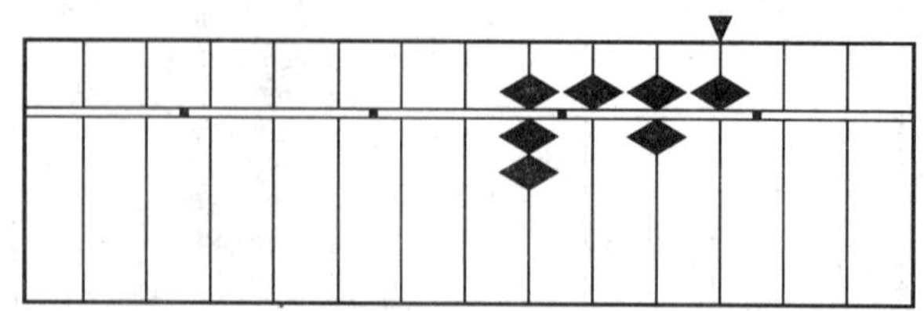

（3）用同样方法加上其余各数。

[例 4—5]　3 421＋3 244＝6 665

先拨上被加数 3 421，再逐位加上 3 244。下珠不够，加五减凑。从左到右依次加 5 减去 3 的凑数 2，加 5 减去 2 的凑数 3，加 5 减去 4 的凑数 1。

补五加的运算方法为“下珠不够，加五减凑”。属于补五加的有 4 种情况，如表 4—2 所示。

表 4—2　　补五加的 4 种情况

被加数	加数	操作
4	1	＋5－4
3、4	2	＋5－3
2、3、4	3	＋5－2
1、2、3、4	4	＋5－1

根据表 4—2 反复练习，即可熟练掌握补五加的方法。

3. 进十加法

当被加数拨入算盘后，在某一档加上加数时，本档的和数满 10 或超过 10，采用进十加的方法，即直接从本档拨去加数对于 10 的互补数，再向左档进一。

进十加的运算实质是求两数之和 10，因而我们又把和为 10 的两个数称为互补数。以 3＋7＝10 为例，7 是 3 的补数，反之，3 也是 7 的补数。当加数是 7 时，其和数满 10 或超过 10，需要在本档减去 7 的补数 3，再向左档进 1 即可。

[例 4—6]　9＋6＝15

运算步骤：

（1）定好个位档，将 9 拨入算盘。

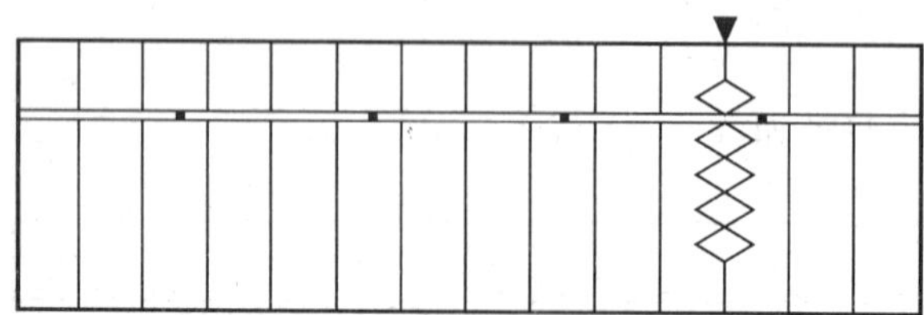

（2）加 6 时，本档超过 10，用食指拨去四颗下珠（减去 6 与 4 的补数）的同时用拇指在左档拨一颗下珠靠梁（进 1）。

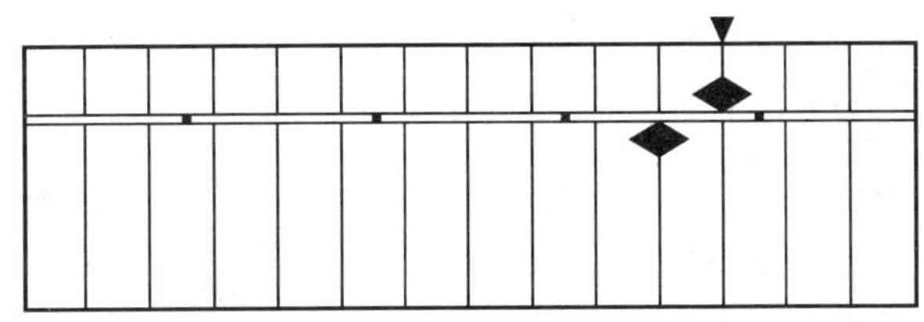

［例 4—7］ 634＋978＝1 612

运算步骤：

(1) 定好个位档，拨被加数 634 入盘。

(2) 在百位上加 9，本档超十，用食指拨去一颗下珠（减 1），再向左档进 1。

(3) 在十位上加 7，本档超十，用食指拨去三颗下珠（减 3），再向左档进 1。

(4) 在个位上加 8，本档超十，用食指拨去二颗下珠（减 2），再向左档进 1。

进十加的运算方法为“本档直接减补，左档进一”。进十加有 9 种情况，如表 4—3 所示。

表 4—3　　进十加的 9 种情况

被加数	加数	操作
9	1	－9＋10
8、9	2	－8＋10
7、8、9	3	－7＋10
6、7、8、9	4	－6＋10
5、6、7、8、9	5	－5＋10
4、9	6	－4＋10
3、4、8、9	7	－3＋10
2、3、4、7、8、9	8	－2＋10
1、2、3、4、5、6、7、8、9	9	－1＋10

根据表 4—3 反复练习，可以熟练掌握进十加的运算方法。

4. 破五进十加法

在进十加的方法中，当加数为 6、7、8、9 四个数时，本应拨去（减去）4、3、2、1，但遇到本档无下珠或下珠不够时，就需要采用破五进十加法的方法。

破五进十加的条件是本档已有上珠靠梁，加数为 6、7、8、9 时才适用。其中 6、7、8、9 是 5 分别与 1、2、3、4 的组合。如 5＋8，在加 8 时，将 8 分解为 5 和 3，用拇指拨三颗下珠靠梁，同时用中指拨去上珠 5，再用拇指向左档进 1，过程为加 3 减 5 进 1。

［例 4—8］ 6＋8＝14

运算步骤：

(1) 定好个位，拨上被加数 6。

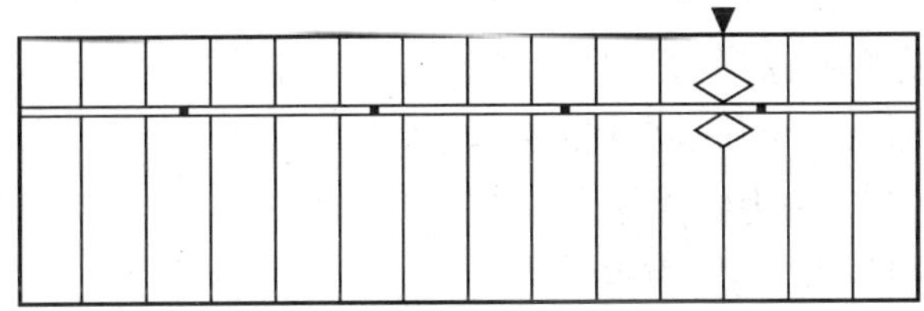

（2）加 8 时，应减去 2，但无靠梁的下珠，我们就用拇指拨三颗下珠靠梁，同时用中指拨去上珠 5，再向左档进 1 即可。

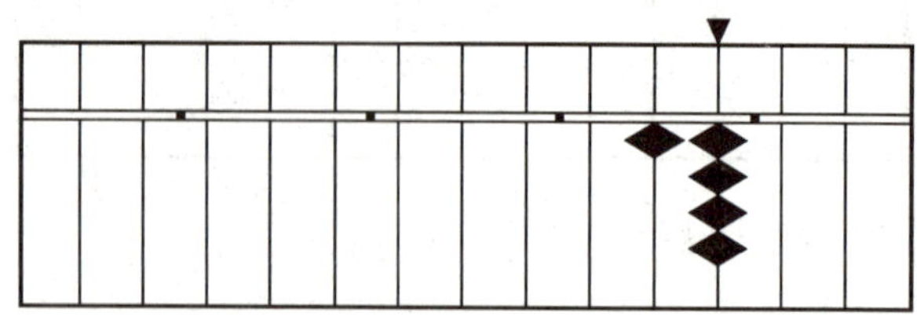

［例 4—9］ 576＋968＝1 544

运算步骤：

（1）定好个位档，拨被加数 576 入盘。

（2）在百位档加 9 时，本档超十，加 4 减 5 前档进 1。

（3）在十位档加 6 时，本档超十，加 1 减 5 前档进 1（因百位档下珠已满用“补五加”）。

（4）在个位档加 8 时，本档超十，加 3 减 5 前档进 1。

破五进十加的运算方法为“本档减补（加凑减 5），前档进一”。破五进十加有 4 种情况，如表 4—4 所示。

表 4—4　　破五进十加的 4 种情况

被加数	加数	操作
5、6、7、8	6	＋1－5＋10
5、6、7	7	＋2－5＋10
5、6	8	＋3－5＋10
5	9	＋4－5＋10

根据表 4—4 反复练习，可以熟练掌握破五进十加的运算方法。

以上所述四种运算方法，在实际运算中是融合在一起的，必须持之以恒地反复练习，才能做到不假思索、见数拨珠的熟练程度。

［例 4—10］ 5 961＋3 584＝9 545

运算步骤：

（1）定好个位档，将被加数 5 961 拨入算盘。

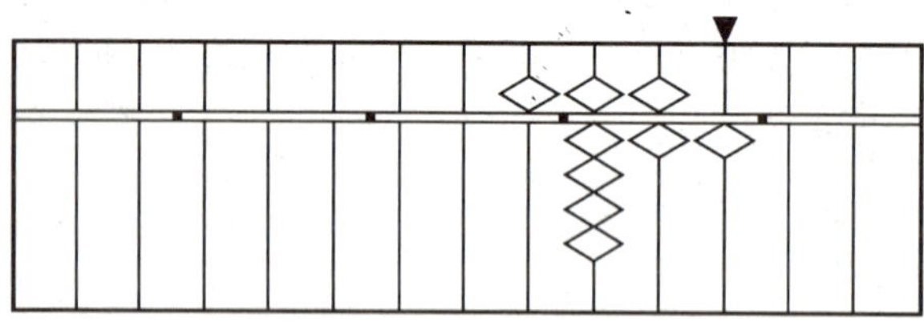

（2）从高位起，先在 5 这一档加上 3，用“直接加法”。

（3）在 9 这一档加上 5，用“进十加法”。

（4）在 6 这一档加上 8，用“破五进十加法”。

（5）在 1 这一档加上 4，用“补五加法”。

（二）减法

求两数之差叫减法。其一般形式为：被减数－减数＝差数。

进行减法运算，应按以下规则进行：

首先，同位相减，即减数的位数必须对齐被减数的位数。计算小数减法时，应把小数点对齐，然后相减。

其次，应从高位到低位逐位依次相减。在运算过程中，本档不够减时，要向左档借1来减（借1当10），所得结果即为差数。

最后，被减数和减数不可交换位置，但减数可以连同它前面的负号一起移动位置。

由于减法是加法的逆运算，其运算方法也分为四类：直接减法、去五减法、退十减法及退十补五减法。

1. 直接减法

在某一档上被减数减去减数时，能够直接减去该数（即够减），就直接将算珠拨去靠框。

［例4—11］ 694－562＝132

运算步骤：

（1）定好个位档，将被减数拨入算盘。

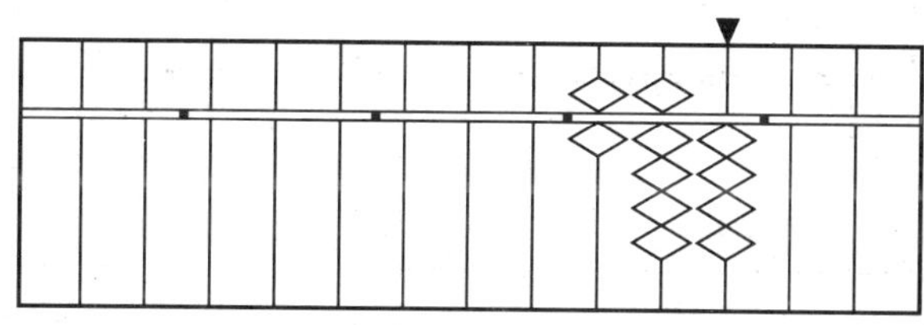

（2）在6这一档减去5时，直接用食指拨去上珠靠框；用同样方法减6时，用食指拨一颗下珠靠框，同时用食指拨去上珠；减2时，直接用食指拨去两颗下珠靠框即可。

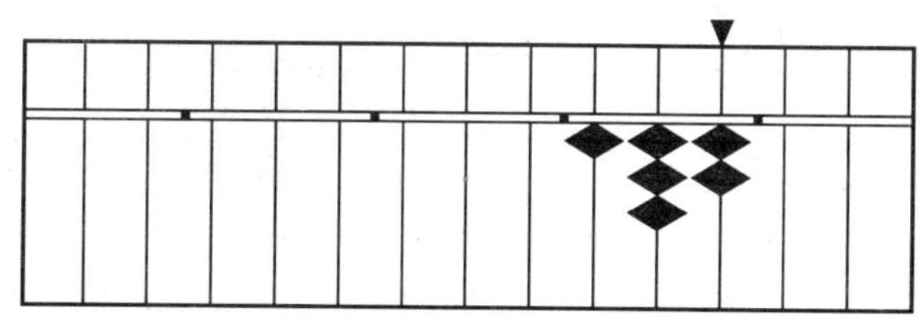

［例4—12］ 973－612＝361

运算步骤：

（1）置数，拨被减数973入盘。

（2）在7这一档上减去1，拨一颗下珠靠框。

（3）在3这一档上减去2，拨两颗下珠靠框。

直接减的运算方法是“减看内珠，够减直减”。属于直接减的有9种情况，如表4—5所示。

表 4—5　　直接减的 9 种情况

被减数	减数
1、2、3、4、6、7、8、9	1
2、3、4、7、8、9	2
3、4、8、9	3
4、9	4
5、6、7、8、9	5
6、7、8、9	6
7、8、9	7
8、9	8
9	9

根据表 4—5 反复练习，可熟练掌握直接减的运算方法。

2. *去五减法*

本档已有上珠五靠梁，在减 1、2、3、4 各数时，下珠不够直接减，必须破去上珠五才够减。方法是拨去上珠五靠框，同时把多减的数在下珠中加上。

［**例 4—13**］　7 565－4 321＝3 244

运算步骤：

(1) 定好个位档，将被减数拨入算盘。

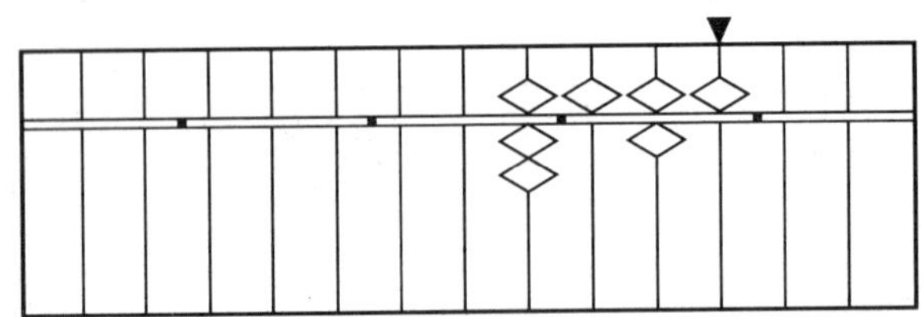

(2) 在 7 这一档减去 4 时，下珠不够减，必须动用上珠，同时将多减的数用下珠加上。操作过程：用拇指将一颗下珠靠梁，同时用食指拨去上珠靠框。同理减去 3、2、1。得出运算结果 3 244。

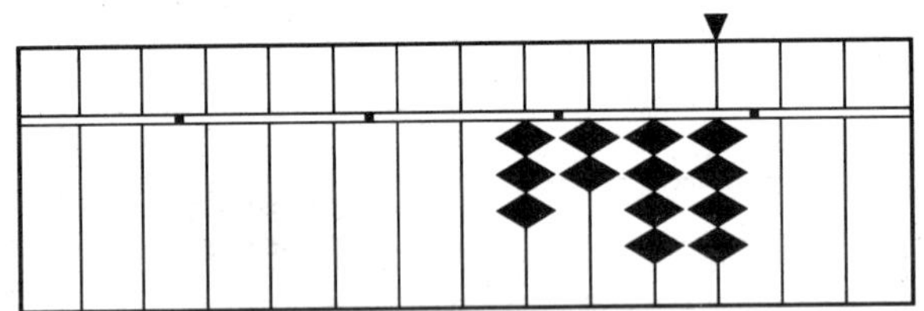

去五减的运算方法是“下珠不够，去五加凑”。属于去五减的有 4 种情况，如表 4—6 所示。

表 4—6　　去五减的 4 种情况

被减数	减数	操作
5	1	－5＋4
5、6	2	－5＋3
5、6、7	3	－5＋2
5、6、7、8	4	－5＋1

根据表 4—6 反复练习，可熟练掌握去五减的方法。

3. 退十减法

本档被减数小于减数，不够减时，必须向前档借 1 来减，借 1 作为本档的 10，再将 10 与减数的差数直接加在本档上。

［例 4—14］　2 164－875＝1 289

运算步骤：

（1）定好个位档，将被减数拨入算盘。

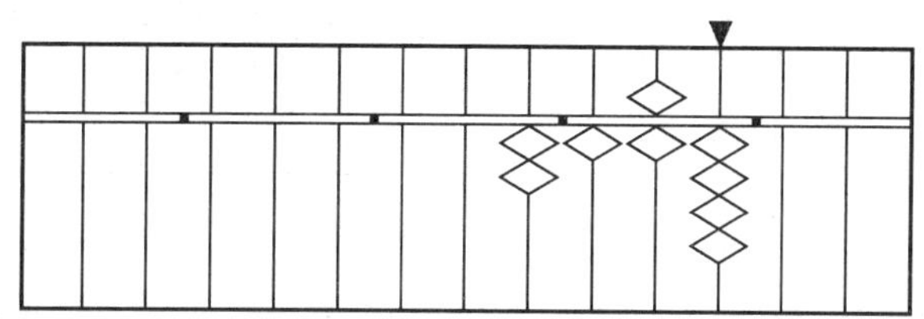

（2）数位对齐，在百位的 1 上减去 8，很明显不够减，必须从前档借 1 来减，借 1 当 10 再把多减的 2 在本档加上。操作过程：用食指在左档拨一颗下珠靠框，同指在本档拨两颗下珠靠梁。同理，在十位的 6 上减去 7 时，也不够减，向前档借 1，本档加 3；在个位的 4 上减去 5 时，向前档借 1，本档加 5 即可。

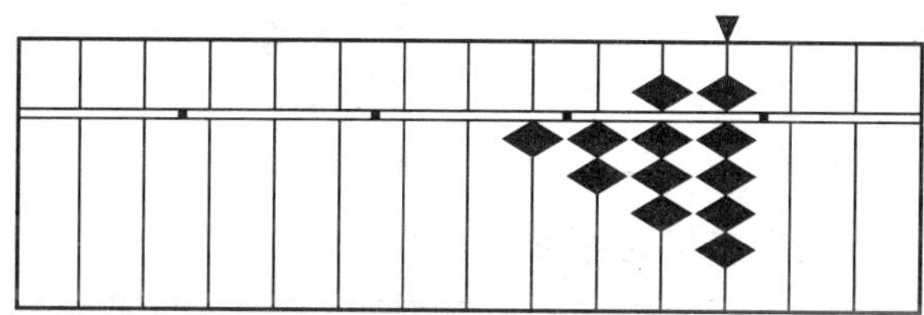

退十减的运算方法是"本档不够，退十（直接）加补"。属于退十减的有 9 种情况，如表 4—7 所示。

表 4—7　　**退十减的 9 种情况**

被减数	减数	操作
0	1	－10＋9
0、1	2	－10＋8
0、1、2	3	－10＋7
0、1、2、3	4	－10＋6
0、1、2、3、4	5	－10＋5
0、5	6	－10＋4
0、1、5、6	7	－10＋3
0、1、2、5、6、7	8	－10＋2
0、1、2、3、5、6、7、8	9	－10＋1

根据表 4—7 反复练习，可熟练掌握退十减法。

4. 退十补五减法

本档只有下珠靠梁，没有上珠靠梁。在减 6、7、8、9 各数时，本档不够减，必须向前档借 1 来减，借 1 当 10。但 10 与减数的差，又不能直接加在本档上（下珠已满），而要动用上珠的 5 时，即可采用退十补五的方法加上。这是因为"还五或还几"，即是加上几，而且还应将多加的数减去。

[**例 4—15**] 4 343－865＝3 478

运算步骤：

(1) 定好个位档，将被减数拨入算盘。

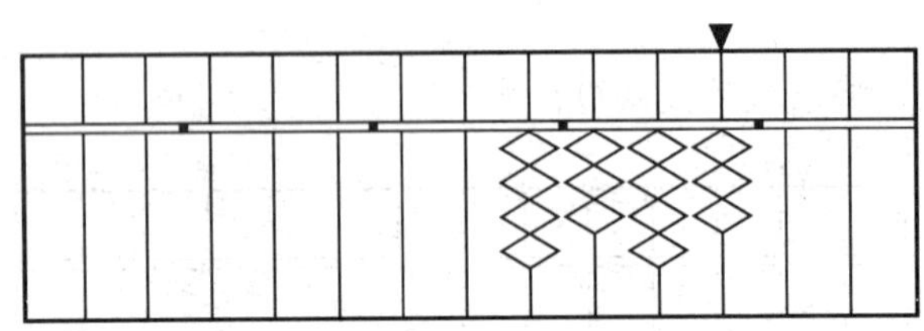

(2) 位数对齐，从百位的 3 上减去减数 8 时不够减，必须向前档借 1 来减，借 1 当 10，由于只减 8，就应把多减的 2 加上，可下珠已满，需动用上珠的 5，并将多加的 3 从下珠减去。操作过程：用食指从左档拨一颗下珠靠框，再用食指将本档的上珠拨下靠梁，同时用食指拨去三颗下珠靠框。

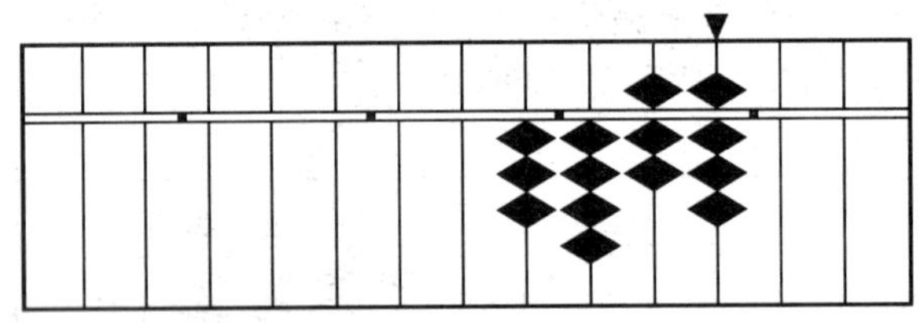

(3) 同理，用上述方法完成其他各档的运算。

退十补五减的运算方法是"前档退十，本档加补数"。只是加补数时要用到补五的加法。属于退十补五减的有 4 种情况，如表 4—8 所示。

表 4—8　　退十补五减的 4 种情况

被减数	减数	操作
1、2、3、4	6	－10＋5－1
2、3、4	7	－10＋5－2
3、4	8	－10＋5－3
4	9	－10＋5－4

根据表 4—8 反复练习，可熟练掌握退十补五减的方法。

同加法运算原理一样，减法运算在实际计算中也是四种类型的综合应用。

[**例 4—16**] 9 217－6 684＝2 533

运算步骤：

(1) 定好个位档，将被减数拨入算盘。

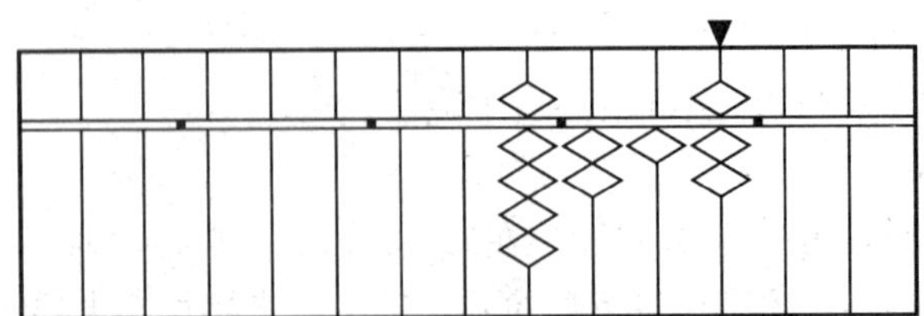

(2) 位数对齐，逐位相减。9－6 用直减；2－6，不够减，用退十补五减；1－8，不够减，用退十减；7－4 用去五减。

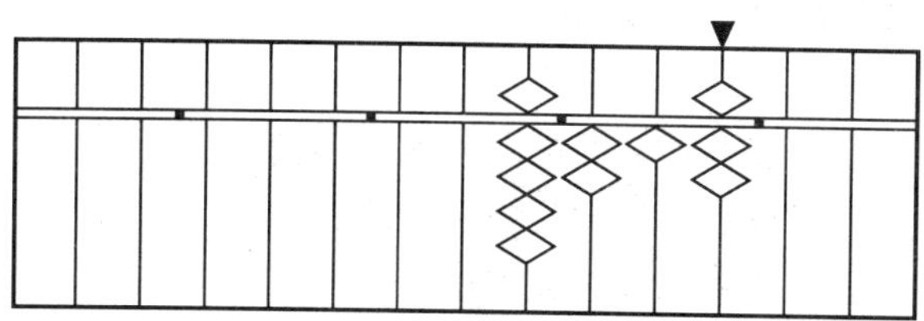

另外，减法在退位时，还会遇到前档为 0 或前几档为 0 的情况，这时应采用隔档借数来减，处理方法：隔几档借数还几个 9，末档加上减数的补数。

[例 4—17] 303－9＝294

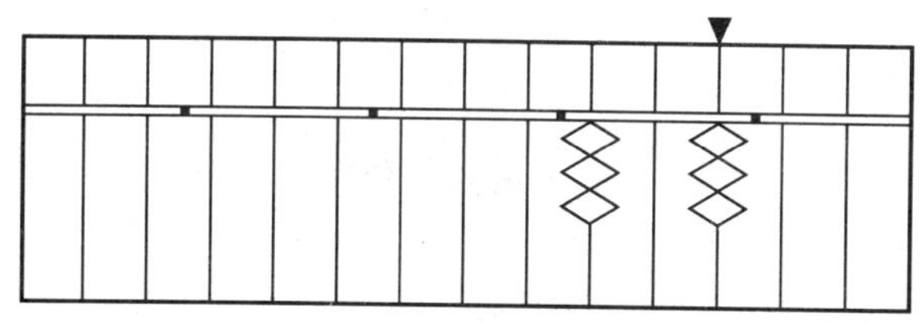

运算时，在个位的 3 上减去 9，不够减，向十位档借 1，但十位档是 0，必须再向前一档借（即向百位档借），减去 9 后，得 91（相当于从 100 中减去 9），从十位档起加上 91，答数为 294。

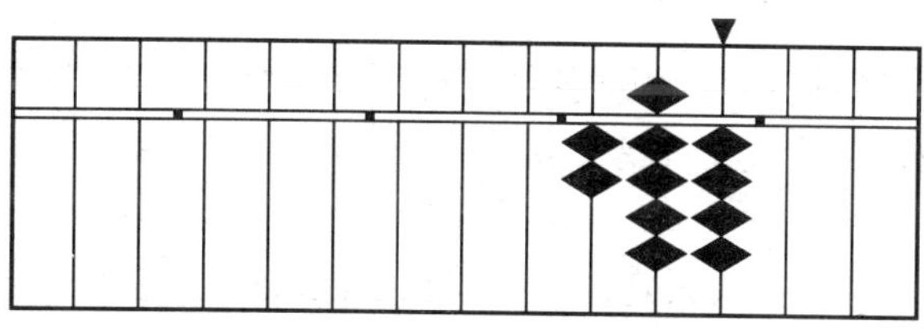

[例 4—18] 5 001－7＝4 994

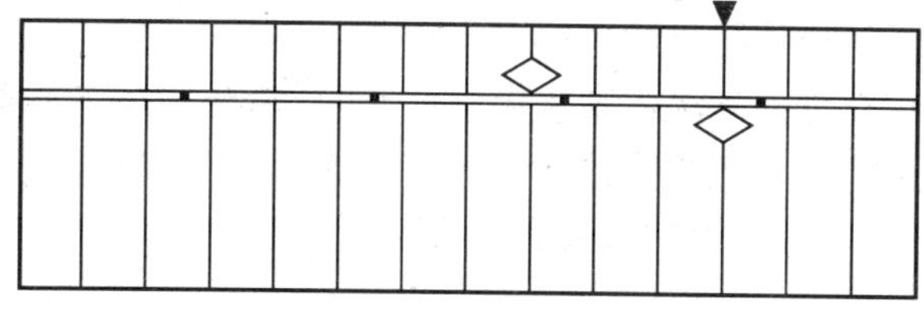

运算时，个位的 1 减去 7，不够减，向前档借 1，但十位档和百位档都是 0，必须向千位档借 1（用“去五减”），减去 7 时，在百位档和十位档分别加 9、9，在个位档加 3（7 的补数），答数为 4 994。

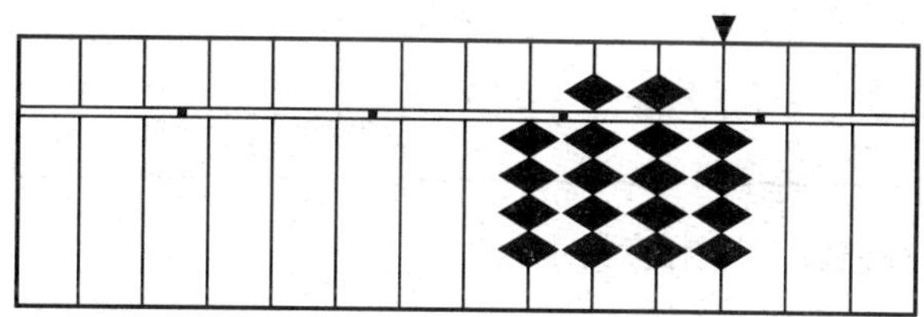

二、乘法计算

乘法是求一个数的若干倍数的方法，也就是求若干个相同加数之和的简便算法。古代把被乘数称为“实数”，乘数称为“法数”。

(一) 珠算乘法的种类

珠算乘法的种类很多，按不同标准可以分为不同种类：

(1) 按适用范围分，有基本乘法和简便乘法两种。

(2) 按是否在算盘上置被乘数分，有置数乘法和空盘乘法两种。

(3) 按被乘数的运算顺序分，有前乘法和后乘法两种。而后乘法按乘数的运算顺序的不同，又可分为留头乘法和掉尾乘法等。

(4) 按置积的档位不同分，有隔位乘法和不隔位乘法两种。

(二) 数的定位

1. 数的位数

(1) 正位数。

在一笔数中，第一个非零的数字称为最高位数字。最高位数字在整数部分的称为正位数。有几位整数就是正几位。例如：98、35.90、60 等都是正 2 位，用“+2”表示；100、407.75、915 等都是正 3 位，用“+3”表示。

(2) 零位数。

属纯小数，小数点到最高位数字之间无零间隔的数，称为零位数。例如：0.24、0.740 2、0.807 4 等都是零位数，用“0”表示。

(3) 负位数。

属纯小数，小数点到最高位数数字之间有零间隔的数，称为负位数。例如 0.005 7、0.006 9 称为负 2 位数，用“−2”表示；0.077、0.070 8 都称为负 1 位数，用“−1”表示。

2. 积的定位方法

积的定位法有多种，包括公式定位法、首档定位法及固定个位档定位法等。现介绍固定个位档定位法。

固定个位档定位法是算前定位法，其定位规则是：

(1) 在算盘上选定一档作为积的个位档。

(2) 运算时，采用空盘前乘法，则从第（m+n）档开始拨加积数；若采用留头乘法或破头乘法，则把被乘数作为积的位数（m+n）对应地拨入算盘。

[例 4—19]　400×26=10 400（破头乘法）

运算步骤：

(1) 因为 m+n=3+2=5（位），所以从记位点的左边第五档起依次拨入被乘数。

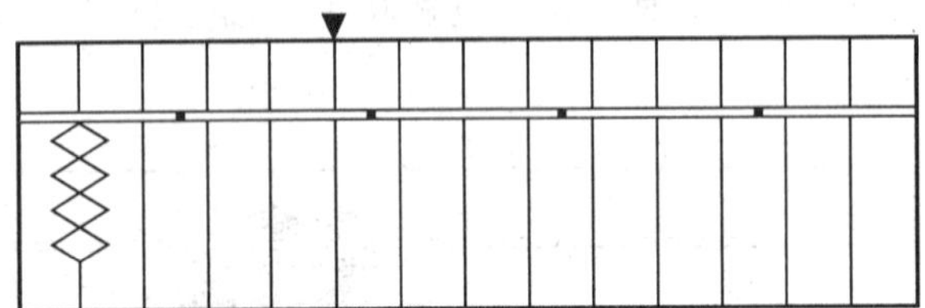

(2) 运算之后，看记位点读出答数 10 400。

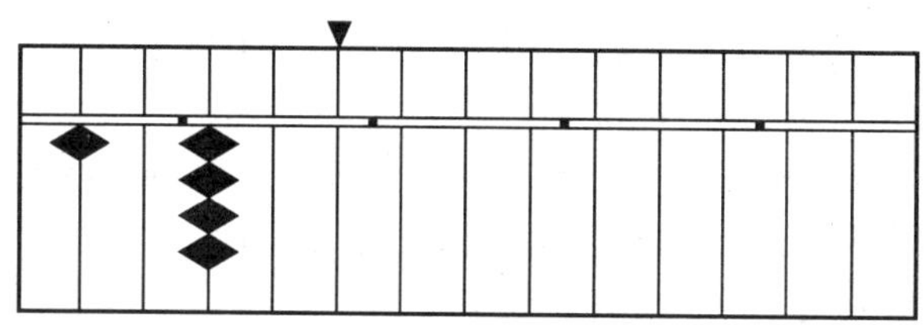

［例 4—20］ 0.4×260=104（留头乘法）

运算步骤：

（1）因为 m+n=0+3=3（位），所以从记位点的左边第三档起依次拨入被乘数。

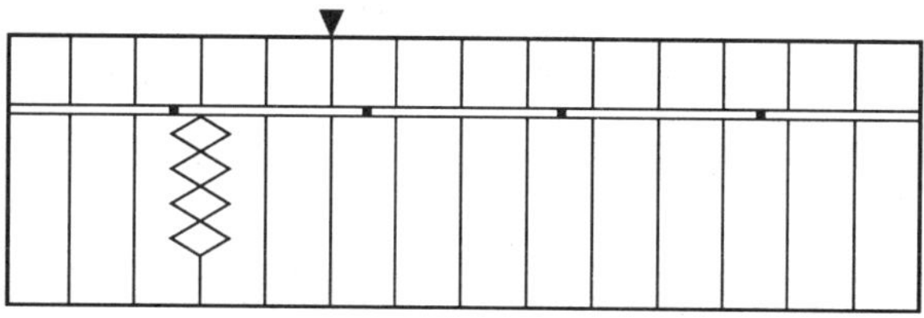

（2）看记位点读出答数 104。

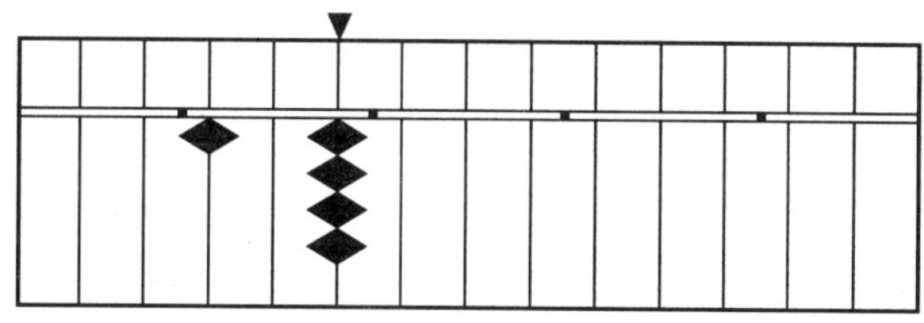

［例 4—21］ 0.03×26=0.78（空盘前乘法）

运算步骤：

（1）由于 m+n=−1+2=1(位)，所以从记位点的左一档起拨加积数。

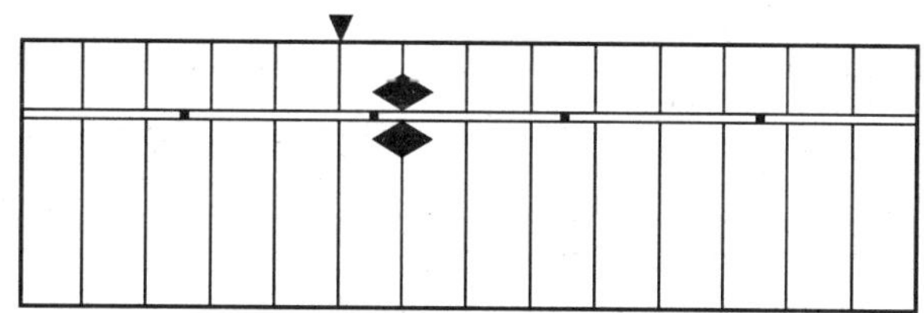

（2）因为“3×2=6”，其中零应占一档，然后“3×6=18”。看记位点读出结果 0.78。

（三）一位乘法

一位乘法是指两因数中有一个因数的有效数是一位数字的乘法。学好一位乘法是学好多位乘法的基础。因为实际上多位乘法是一位乘法之积在不同档次上的叠加。现介绍使用较为普遍的一位破头乘法和一位空盘前乘法。

1. 一位破头乘法

一位破头乘法是一种不隔位置数后乘法。其运算步骤是：

（1）置数：

1）用公式定位法定位时，可任选适当档置上被乘数，但被乘数右边空出档位应满足运算。

2）用固定个位档定位法定位时，应先选定个位档（一般以左边第二个记位点），然后用两因数的位数之和（m+n），来确定被乘数的档位，顺序置被乘数。

3）用首档定位法定位时，以算盘左边第一档，作为标准首位档，拨被乘数入盘。

（2）默记乘数。

（3）乘数顺序：用被乘数末位至首位分别乘乘数，然后将所得乘积加在对应档位上。

（4）加积方法：被乘数本位同乘数相乘时，其本位改为乘积的十位数，个位在右一档，依次类推。若乘积不满十，应先拨去被乘数后，在右一位拨上个定位积。

（5）定位：

1）用公式定位法定位时，比较积与乘数（或被乘数）的最高位数，若积的最高位数字大于或一个大于、另一个等于乘数（或被乘数）的最高位数字，即 m+n−1。

2）用固定个位档定位法定位时，可以直接抄写答案。

3）用首档定位法定位时，积的位数等于两因数的位数相加，若首档无积数应再减 1。

[例 4—22]　9 614×3=28 842

运算步骤：

（1）采用固定个位档定位法（盘上第二个记位点为小数点）置被乘数，默记乘数 3。

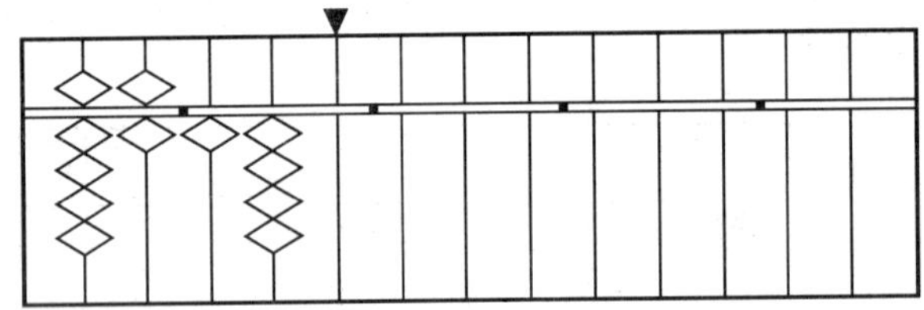

（2）用乘数 3 先乘以被乘数的末位数 4，“3×4=12”，把 4 改成 1，在下一档加上 2。

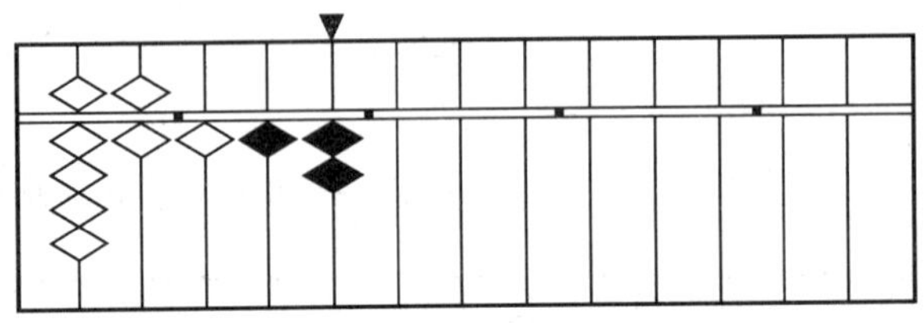

（3）用乘数 3 乘以被乘数的 1，“3×1=3”，把被乘数 1 拨去，在下一档加上 3。

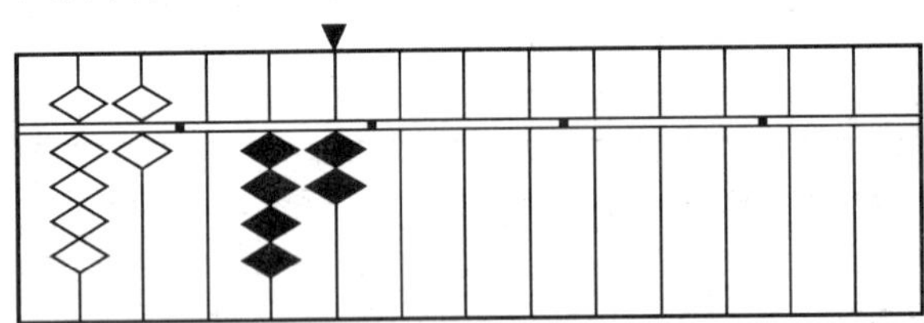

（4）用乘数 3 乘以被乘数的 6，“3×6=18”，把 6 改成 1，在下一档加上 8。

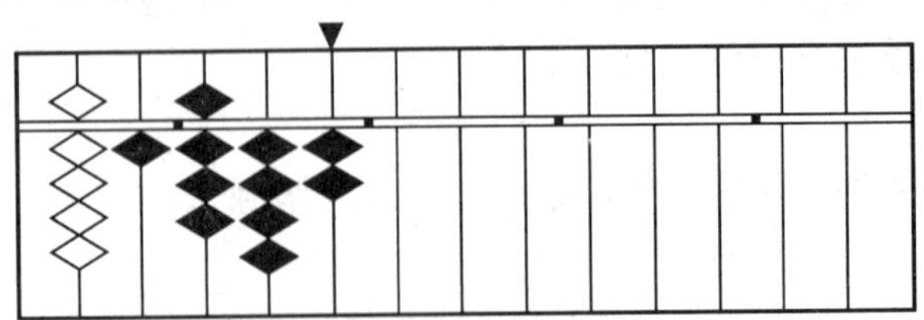

（5）用乘数 3 乘以被乘数的 9，“3×9=27”，把 9 改成 2，在下一档加上 7。

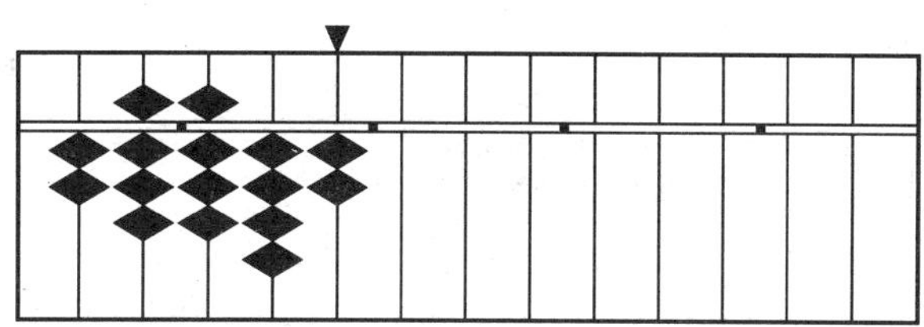

（6）直接盯盘写积数 28 842。

若用公式法定位，因积的最高位数字 2 小于乘数的最高位数字 3，其积的位数为 4＋1＝5位，故其积为 28 842。

［例 4—23］ 25 910×3＝77 730

运算步骤：

（1）采用固定个位档定位法，置被乘数，默记乘数 3。

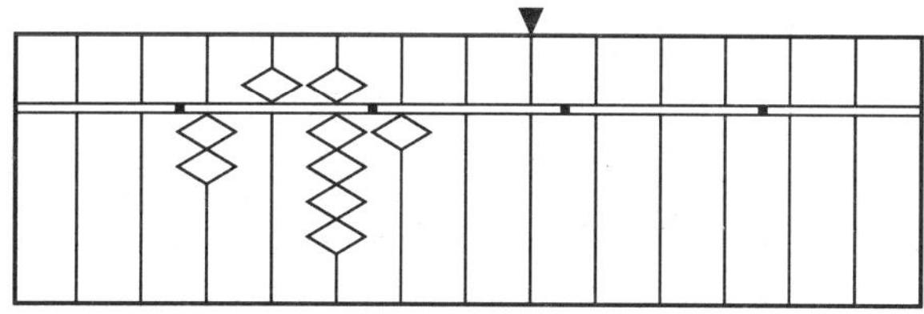

（2）用乘数 3 乘以被乘数的末位数字 1，“3×1＝3”，拨去被乘数 1，在下一档加 3。

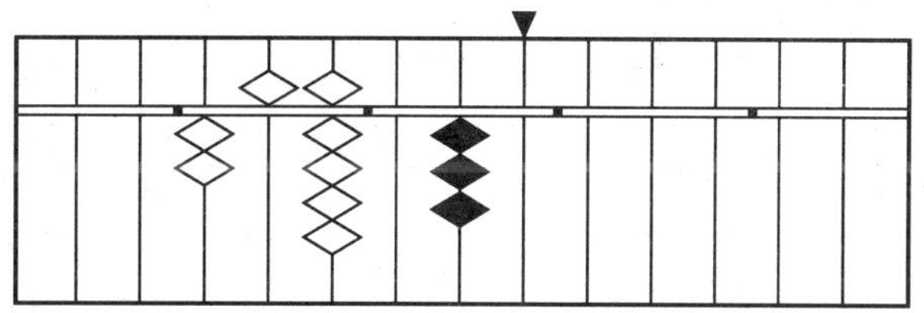

（3）用乘数 3 乘以被乘数的 9，“3×9＝27”把 9 改成 2，在下一档加上 7。

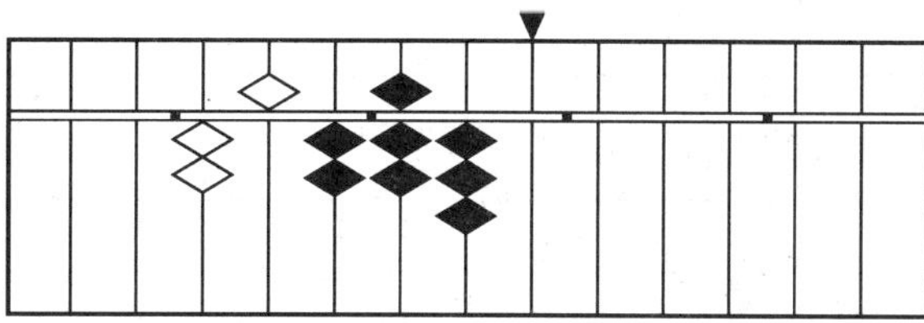

（4）用乘数 3 乘以被乘数的 5，“3×5＝15”，把 5 改成 1，在下一档加上 5。

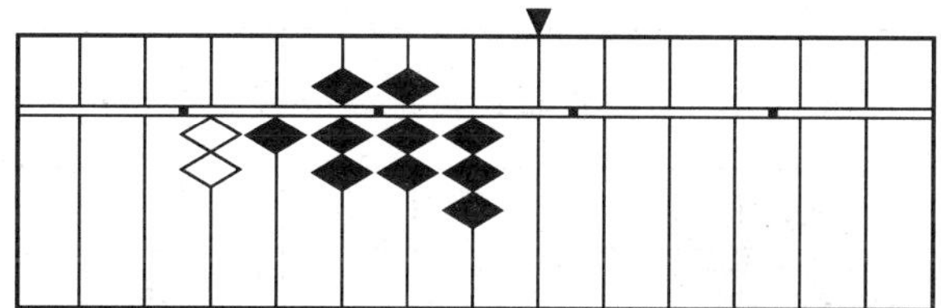

（5）用乘数 3 乘以被乘数的 2，“3×2＝6”，空出十位档，在下一档加上 6。

（6）得积数为 77 730。

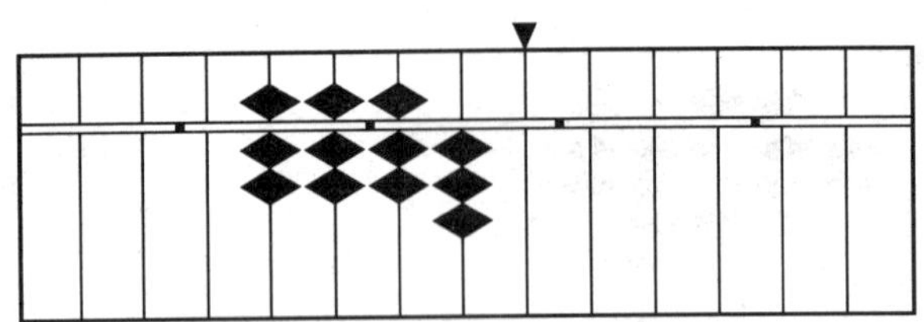

若用公式定位法定位，因积的最高位数字 7 大于被乘数最高位数字 2，定位为 m＋n－1＝5＋1－1＝5（位），故积数为 77 730。

[例 4—24]　36.75×80＝2 940

运算步骤：

(1) 用首档定位法定位，从算盘左边第一档起，依次拨入被乘数，默记乘数 8。

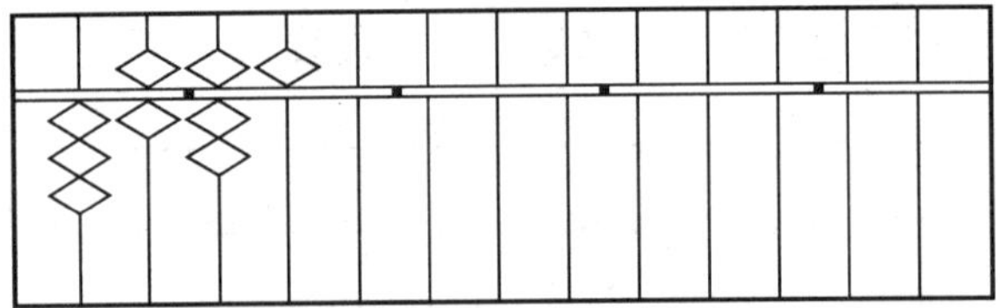

(2) 用乘数 8 乘以被乘数的末位数字 5，“8×5＝40”，把 5 改成 4。

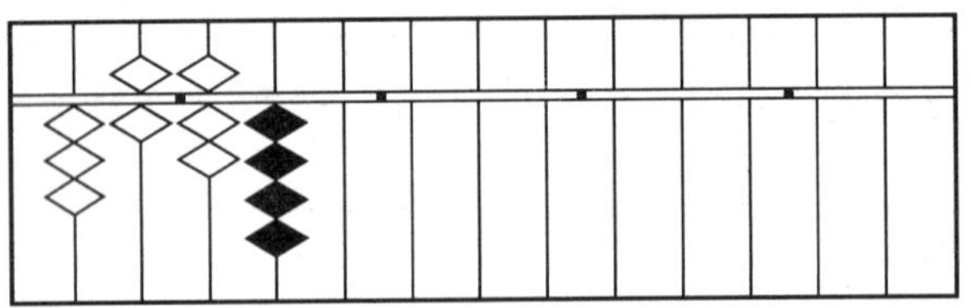

(3) 用乘数 8 乘以被乘数的 7，“8×7＝56”，把 7 改成 5，下位加 6。

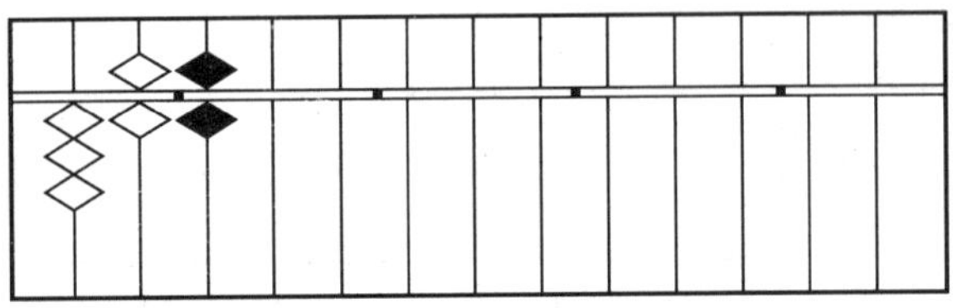

(4) 用乘数 8 乘以被乘数的 6，“8×6＝48”，把 6 改成 4，下位加 8。

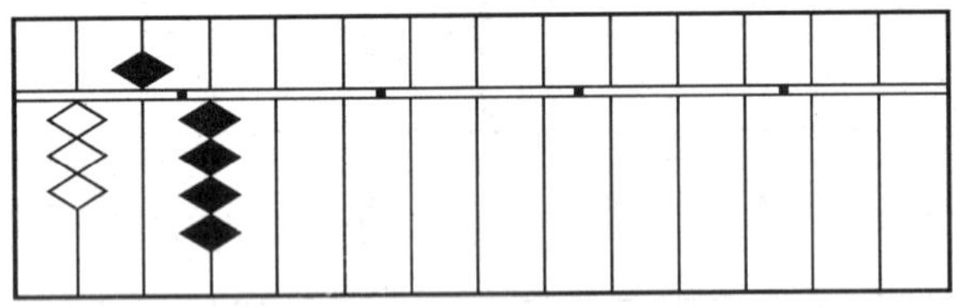

(5) 用乘数 8 乘以被乘数 3，“8×3＝24”，把 3 改成 2，下位加 4。

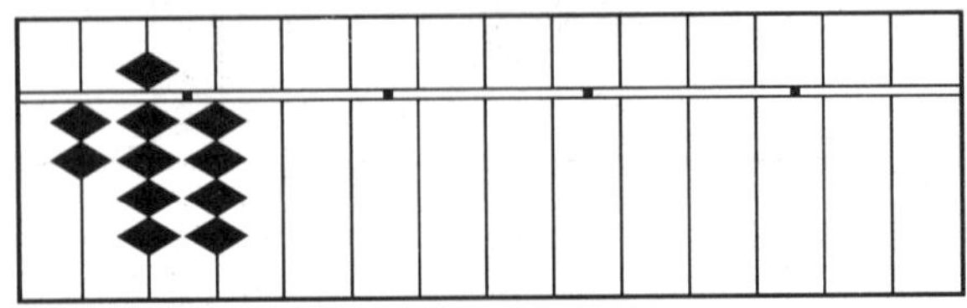

(6) 定位。因积的首位数落在算盘的首位档上，定位为 m＋n＝2＋2＝4（位），故积

数为 2 940。

[例 4—25] 19.73×0.02=0.394 6

运算步骤：

(1) 首档定位法定位，从算盘左边第一档起，顺序拨入被乘数，默记乘数 2。

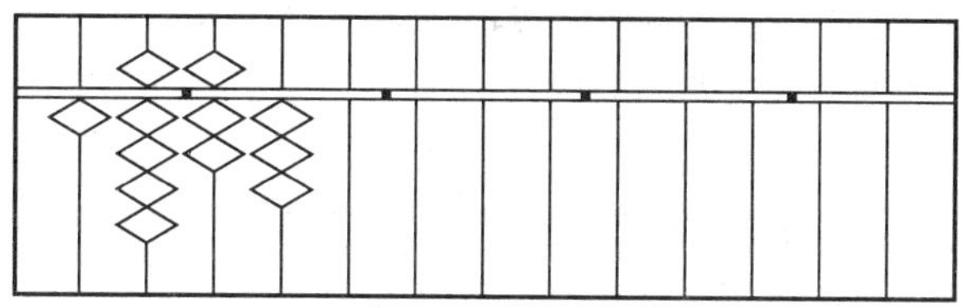

(2) 用乘数 2 乘以被乘数的末位数字 3，“2×3=6”，空出十位档，在下档加 6。

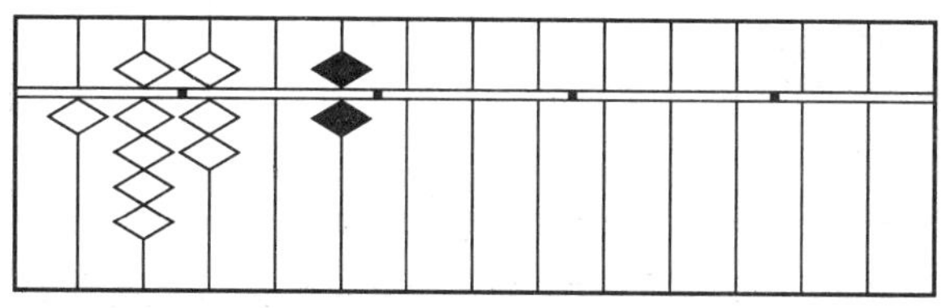

(3) 用乘数 2 乘以被乘数的 7，“2×7=14”，把 7 改成 1，在下档加 4。

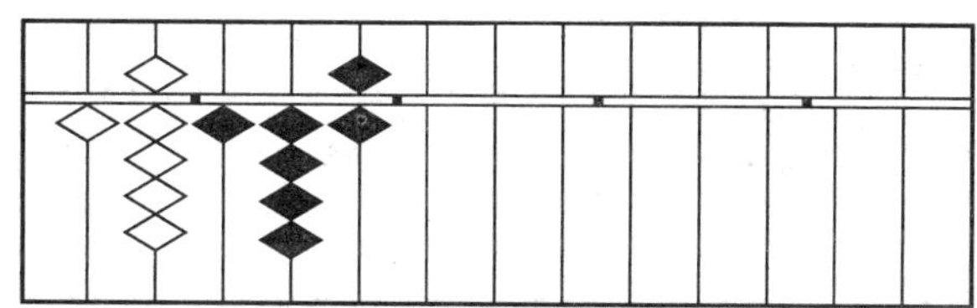

(4) 用乘数 2 乘以被乘数的 9，“2×9=18”，把 9 改成 1，在下档加 8。

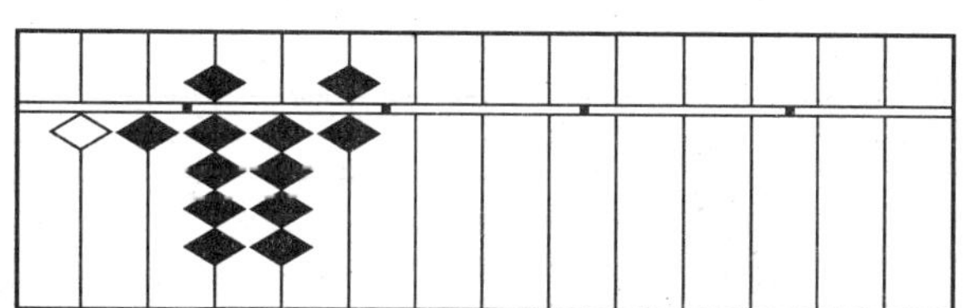

(5) 用乘数 2 乘以被乘数的 1，“2×1=2”，空出十位档，在下档加 2。

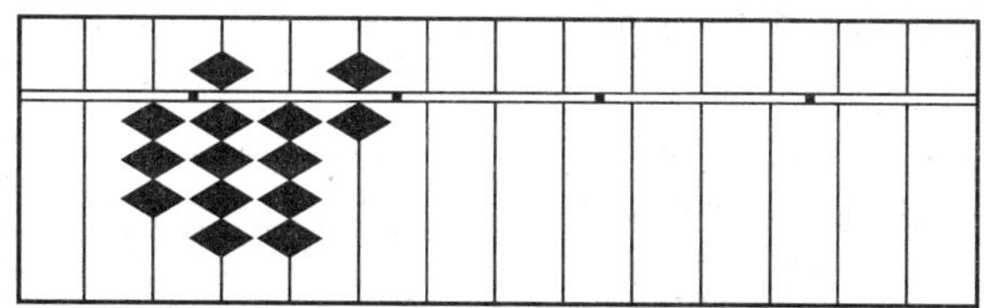

(6) 定位。因积的首位数落在算盘次位档上，定位为 m+n−1=2+(1)−1=0(位)，故积数为 0.394 6

2. 一位空盘前乘法

一位空盘前乘法的“空盘”是指被乘数和乘数均不置在算盘上，而“前乘”是指被乘数和乘数从高位乘起的一种方法。其运算步骤如下：

(1) 先确定标准首位档(起始档),默记乘数。

(2) 乘算顺序:用被乘数首位至末位分别乘乘数,将所得的积加在对应档位上。

(3) 加积的方法:本位在被乘数中是第几位的,它与乘数相乘积的十位数就加在标准首位档的第几档上,个位数在右一档,以此类推。

(4) 定位:选择首档定位法定位和公式定位法定位均可。

[例 4—26] 0.692 4×0.8=0.553 92

运算步骤:

(1) 用乘数 8 与被乘数的首位数 6 相乘,“8×6=48”,将乘积十位数拨在算盘左边第一档上,乘积的个位数拨在下一档上,盘上算珠为 48。

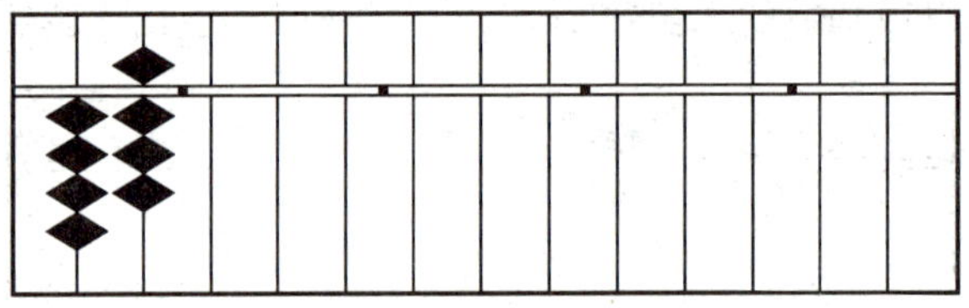

(2) 用乘数 8 与被乘数的 9 相乘,“8×9=72”,从第二档起依次拨加乘积 72,盘上算珠为 552。

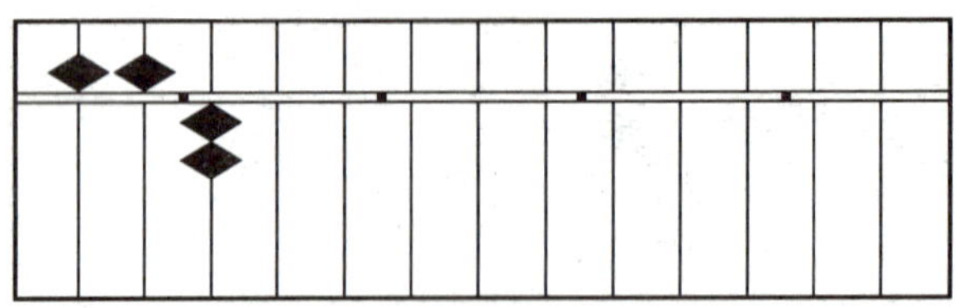

(3) 用乘数 8 与被乘数的 2 相乘,“8×2=16”,从第三档起依次拨加乘积 16,盘上算珠为 5 536。

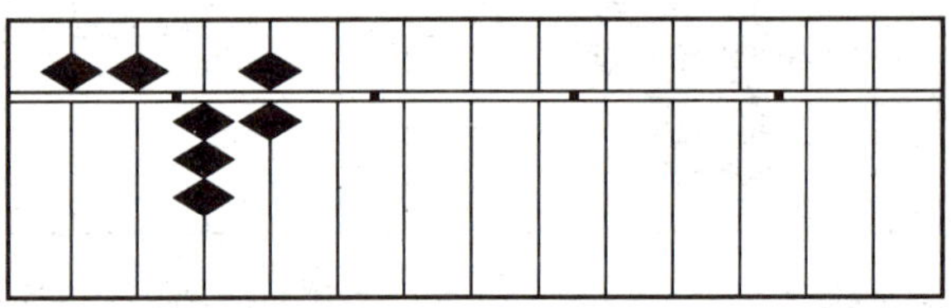

(4) 用乘数 8 与乘数的 4 相乘,“8×4=32”,从第四档起依次拨加乘积 32。盘上算珠为 55 392。

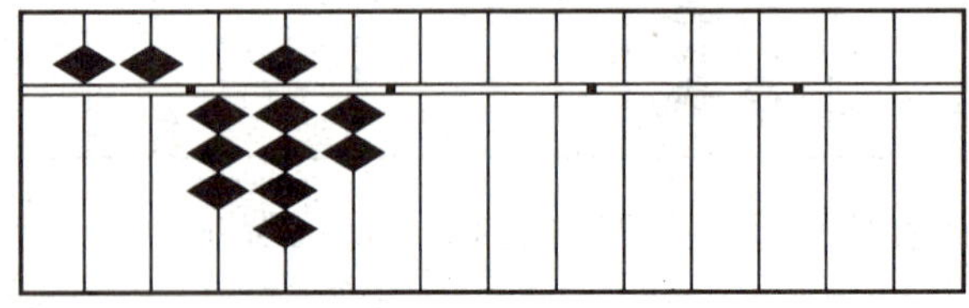

(5) 定位:因首位档有积数,其积的位数为 0+0=0 (位),故积数为 0.553 92。

[例 4—27] 130.94×900=117 846

运算步骤:

(1) 用乘数 9 与被乘数的首位数 1 相乘,“9×1=9”,从算盘左边第一档起依次拨加乘积 09（乘积十位数是 0 时，应占一档），盘上算珠为 09。

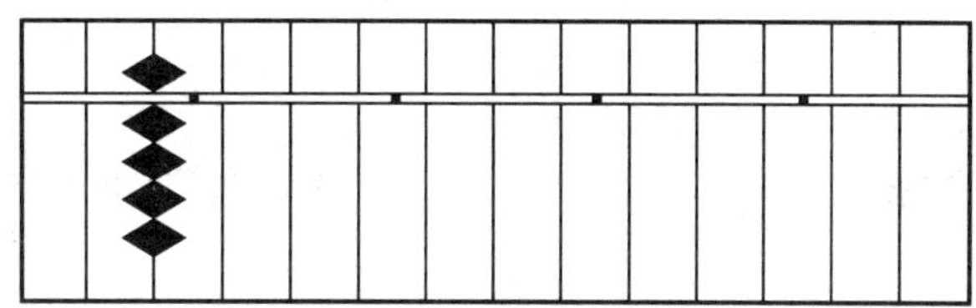

（2）用乘数 9 与被乘数的 3 相乘，“9×3=27”，从第二档起依次拨加乘积 27，盘上算珠为 117。

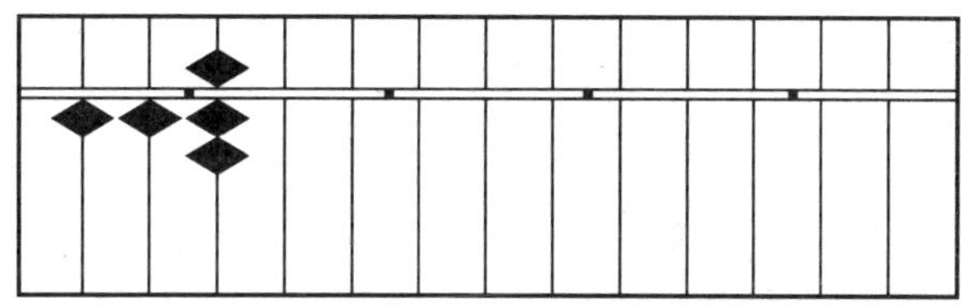

注意：被乘数中间有 0 时，跳过不乘。

（3）用乘数 9 与被乘数的 9 相乘，“9×9=81”从第四档起依次拨加乘积 81，盘上算珠为 11 781。

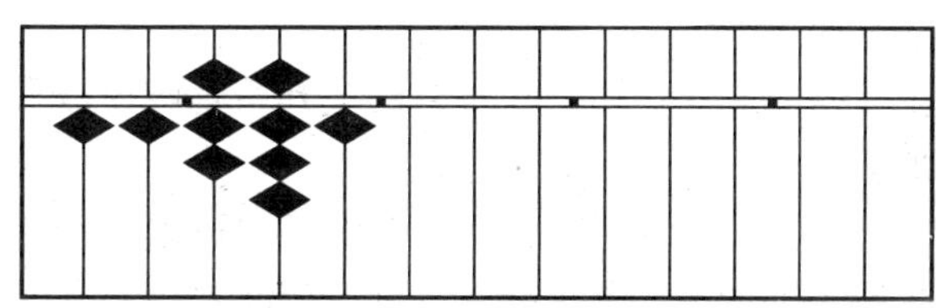

（4）用乘数 9 与被乘数的 4 相乘，“9×4=36”，从第五档起依次拨加乘积 36，盘上算珠为 117 846。

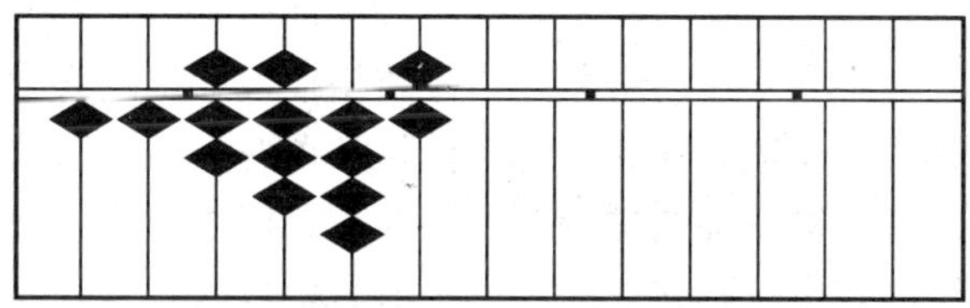

（5）定位：因首档有积数，其积的位数为 m+n=3+3=6（位），故积数 117 846。

［例 4—28］ 20.19×0.5=10.095

运算步骤：

（1）用乘数 5 与被乘数的首位数 2 相乘，“5×2=10”，从算盘左边第一档起依次拨加积 10，盘上算珠为 10。

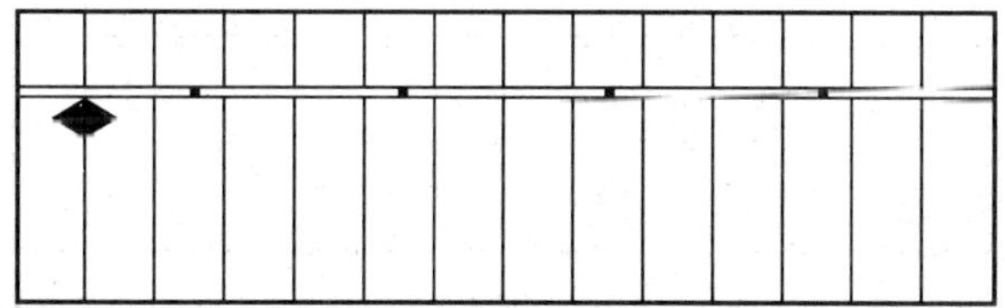

（2）用乘数 5 与被乘数的 9 相乘，“5×9=45”，从第四档起依次拨加乘积 45，盘上算珠为 1 095。

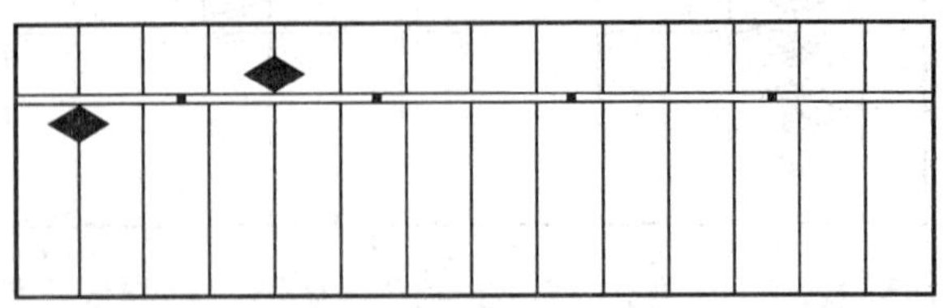

（3）定位：因首档有积数，其积的位数为 m+n=2+0=2（位），故积数为 10.095。

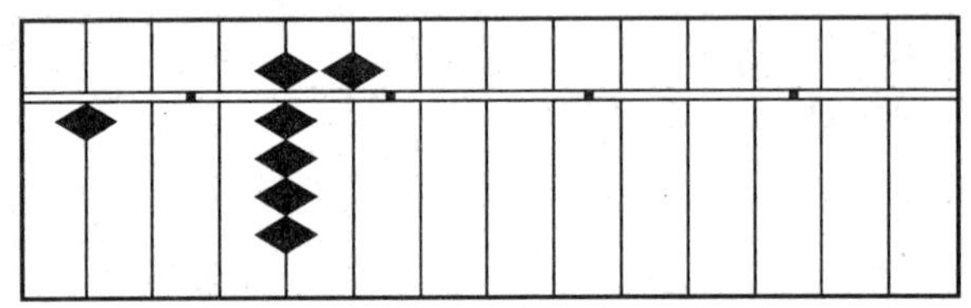

（四）多位乘法

多位乘法是指被乘数与乘数均为两位数以上的乘法。多位乘法的方法很多，常用的有留头乘法、破头乘法、空盘前乘法三种基本方法，现介绍破头乘法。

破头乘法是指在多位数相乘时，从被乘数的末位起，依次与乘数的首位数、第二位数，一直到乘数的末位数乘完为止。由于这种乘法一开始就破掉被乘数的本位，所以称破头乘法，其运算步骤如下：

（1）置数：可以根据固定个位档定位法置被乘数。也可以用首档定位法置被乘数。

（2）默记乘数：按原乘数的顺序默记乘数。读口诀时，用大九九口诀先读被乘数，再读乘数，可减少差错，也便于提高速度。

（3）乘算顺序：用被乘数的末位到首位分别乘以乘数首位、第二位、第三位，直至末位。

（4）加积的方法：被乘数本位与乘数的个位数相乘，本位改为乘积的十位数，个位数加在右一档，下次乘积的十位数就在此档，个位数又在右一档，以此类推。也就是说乘数是第几位的，其乘积的个位数就加在被乘数本位的右几档上，十位数在左一档。

（5）积的定位：用固定个位档或公式定位法求出积数（答数）。

［例 4—29］　987×364=359 268

运算步骤：

（1）用固定个位档定位法定位。选定盘上左数第三个记位点作为小数点把被乘数当作积的位数对应拨入，并默记乘数 364。

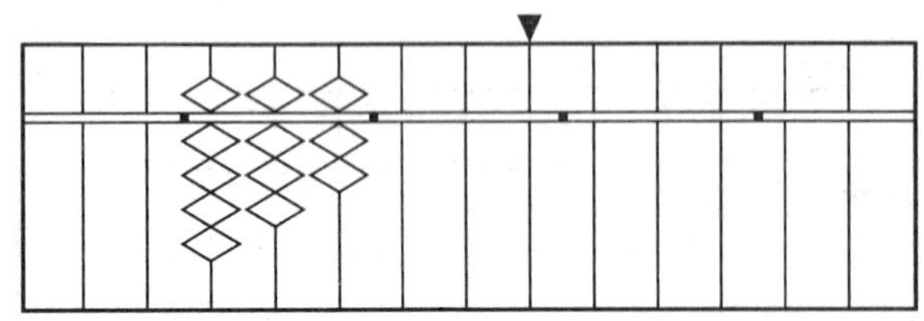

（2）用默记的乘数 364 同被乘数末位数 7 相乘，“7×3=21”，将被乘数 7 改为积的十

位数 2，在下一档加乘积的个位数 1，再逐次向右移档（上次加积的个位档是本次加积的十位档），拨加乘积 42 和 28，盘上算珠为 982 548。

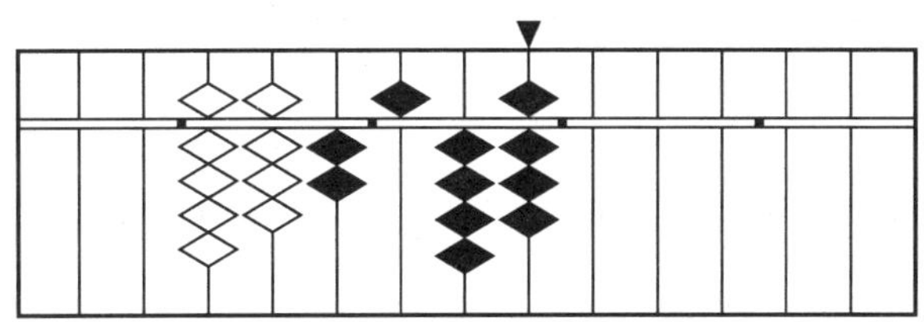

（3）用默记的乘数 364 同被乘数的 8 相乘，“8×3＝24”，将被乘数 8 改为乘积的十位数 2，在下一档加乘积的个位数 4，再逐次向右移档（上次加积的个位档是本次加积的十位档），拨加乘积 48 和 32，盘上算珠为 931 668。

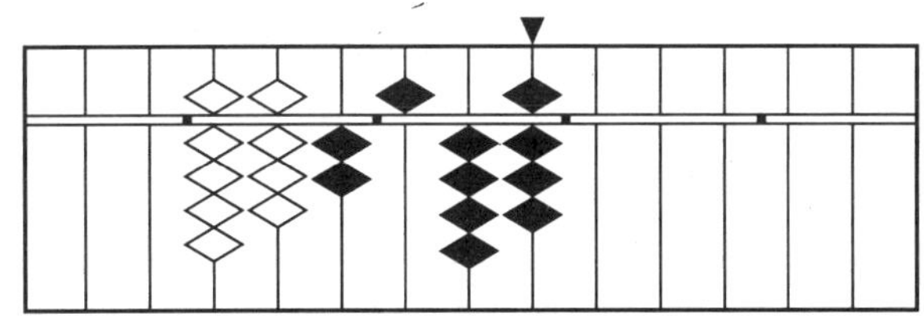

（4）用默记的乘数 364 同被乘数的 9 相乘，“9×3＝27”，将被乘数 9 改为乘积十位数 2，在下一档加乘积的个位数 7，再逐次向右移档（上次加积的个位档是本次加积的十位档），拨加乘积 54 和 36，盘上算珠为 359 268。

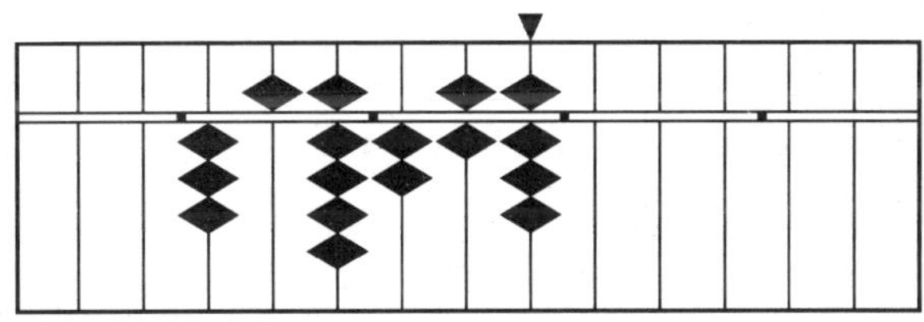

三、简单除法计算

（一）除法运算的基本规则

除法是求一个数为另一个数的倍数的方法，它是乘法的逆运算，也是同一数连续相减的简便算法。在珠算除法中包含着珠算加、减、乘的各种运算方法与技巧，所以学习珠算除法既是珠算加、减、乘的综合运算，又是珠算四则的综合练习，具有重要意义。在商场服务工作中除法的使用较少，但从实用角度看，珠算除法也必须掌握。其基本运算规则是：

（1）用除数（法数）去除被除数（法数）时，应从左到右，先从被除数的最高位除起，依次除到最低位；

（2）珠算除法是用口诀乘积叠位递减，即每乘一位，将乘积退一位减去；

（3）被除数和除数不能交换位置。

相对于乘法计算方法来说，除法计算方法较少，总的分类有基本除法和其他除法两类。基本除法包括商除法和归除法；其他除法是针对一些具体情况所使用的简便算法。商除法的运算基础是大九九口诀，归除法的运算基础是九归口诀。

（二）商的定位法

除法的定位与乘法的定位，其原理和方法基本相同，但定位方向相反。本章主要介绍两种方法，即定档定位法和公式定位法。

1. 定档定位法

定档定位法又称固定点定位法，它是根据珠算定位方法事先确定商数的个位定点的方法。具体方法如下：

（1）固定个位档。

在算盘上先确定一个有计位点的档为固定个位档，一般为中间适当档位，即为个位档，个位档以左为正位，个位档的右一档为零位档，零位档以右为负位。

（2）定位规则。

除法在运算前要先将被除数置于算盘上，被除数最高位数在算盘上的档次简称为置数档（起拨档）。

置数档或起拨档的定位公式有两种：

不隔位除法（如归除法、商归除）的公式为：

$$a=m-n$$

隔位除法（隔位商除法）的公式为：

$$a=m-n-1$$

式中：a——置数档或起拨档；

m——被除数的位数；

n——除数的位数。

［例 4—30］ 1 296÷24＝54（用不隔位除法）

被除数是 4 位，除数为 2 位，商的位数为 m－n＝4－2＝2 位。

［例 4—31］ 8 320÷26＝320（用隔位除法）

被除数是 4 位，除数为 2 位，商的位数为 m－n－1＝1 位，被除数 8 320 改为 1 位，定位拨入算盘，定出个位档。运算结果，商为 320。

2. 公式定位法

公式定位法适用于各种计算方法，当商的数字在算盘上计算出来以后，根据被除数的位数与除数位数用公式来确定商的位数。

定位公式为：

$$b=m-n \qquad \text{I}$$

$$b=m-n+1 \qquad \text{II}$$

式中：b——商的位数；

n——被除数的位数；

m——除数的位数。

（1）被除数和除数相除，当被除数首位数字比除数首位数字小时，即不够除时，用公式Ⅰ定位，即 b＝m－n。

［例 4—32］ 240÷6＝40

被除数的首位数字 2 比除数的首位数字 6 小，所以适用公式Ⅰ定位，即 3－1＝2 位。

（2）当被除数的首位数字比除数首位数字大时，即够除时，用公式Ⅱ定位，即 b=m－n＋2。

［例 4—33］　817.5÷65.4=12.5

被除数的首位数字 8 比除数的首位数字 6 大，所以适用公式Ⅱ定位，即 3－2＋1=2 位。

（3）当被除数首位数字与除数首位数字相等时，则依次向下比较，直至比较出大小，定位方法如以上两种情况。

［例 4—34］　2 750÷2.5=1 100

被除数的首位数字与除数的首位数字都是 2，故比较第二位，被除数的第二位数字 7 大于除数的第二位数字 5，所以适用公式Ⅱ定位，即 4－1＋1=4 位。

［例 4—35］　2 150÷2.5=860

被除数的首位数字与除数的首位数字都是 2，而被除数的第二位数字 1 小于除数的第二位数字 5，所以适用公式Ⅰ定位，即 4－1=3 位。

（4）在纯小数除法中，除数小数点后有几个“0”，除数的位数就以负几位计算，如果除数小数点后没有“0”，除数的位数就以零位计算。定位方法如以上三种规则。

［例 4—36］　0.154÷0.028=5.5

其被除数首位是零位，除数是负一位，被除数首位数字 1 小于除数首位数字 2，适用公式Ⅰ，即 0－(－1)=1 位。

公式定位法是目前珠算除法当中应用最多的定位方法，其定位规则可以归纳为“位数相减，满档加一”。

位数相减：即被除数和除数位数相减；满档加一：计算时把算盘某一记位点（通常为算盘左起第三档）作为起拨档。若商的首位在记位点左边第一档（挨位）时，称为“空档”，用公式Ⅰ定位；若商的首位数字在记位点左边第二档（隔位）时，称为“满档”，用公式Ⅱ定位。

第四节　电子计算器基本知识

一、电子计算器的种类

电子计算器是电子计算机大家族中的成员之一，具有计算速度快、精确度高，有记忆和逻辑判断的能力，体积小、重量轻、便于携带，计算功能较强等优点。电子计算器已成为人们日常生活中不可缺少的计算工具。目前生产的电子计算器种类繁多，规格也不统一。按电子计算器的功能、显示器的特点和运算方法可进行以下分类。

（一）按功能分类

1. 简单计算器（通用型计算器）

这是一种简单的计算器，它可以进行加、减、乘、除四项运算，有的能进行乘方、开方、百分比计算。这种计算器操作简单，便于携带，适用于人们做日常一般运算，属于普及型（也有人称它为算术型）计算器。它是目前商场服务中所使用的基本计算工具之一。

2. 科学计算器（函数型计算器）

这种计算器除具有通用型计算器的功能外，还具有三角函数、指数函数、反三角函数、对数、倒数、幂函数、阶乘、坐标转换、复数运算、角度变换等运算功能。它还可以利用EXP键把参与运算的数用科学计数法表示出来，把计算结果以“$a\times10^{n}$”形式显示，将计算器的数值值范围扩大很多倍。

3. 专用计算器

这类计算器主要供财会人员使用，可做加、减、乘、除四则运算，百分比运算等，有的还附加一些其他功能，如日历、报时等。

4. 程序型计算器

这是近年来发展最快的一种个人用高级计算器，它除具有函数型计算器的全部功能外，还具有解逻辑方程、代数方程及微分方程的功能。这类计算器一般具有两个以上的数码寄存器，而且还具有不同容量的存储器。

(二) 按显示器的特点分类

1. 微型数码管显示器计算器

这类计算器的显示器是由微型数码管组成的。数码管显示清晰明亮，可在任何场合使用，但其功耗较大。

2. 液晶型显示器计算器

这类计算器的最主要的优点是功耗小、省电。但它本身不发光，只能反射光线，因此在无光处不能使用。

(三) 按运算方法分类

1. 法则运算计算器

这类计算器在执行数学运算时，按数学法则进行运算，即先乘除、后加减。如1+2×3，可以按照算式的次序直接按入，即[1][+][2][×][3]，计算器会按先乘后加法则运算，结果为7。

2. 顺序运算计算器

这类计算器的运算是按照操作先后顺序进行的，即先输入的先算，后输入的后算，不是先乘除后加减。如1+2×3，采用这类计算器依先后顺序按键变成（[1][+][2]）[×][3]，运算结果是9，而不是7。要得到正确结果，按键次序应当为[2][×][3][+][1]

二、电子计算器的功能键

(一) 接通/关闭键

(1) 计算器键盘上的[ON]键（有时是开关[ON/OFF]）。可接通计算器电源，显示器一亮就表示电源接通。

(2) 电源接通键有两种方式：一种是安装在计算器旁边的，一般都是上下推动开关；另一种是安装在键盘上方左侧，设有[ON]和[OFF]两个键，按动[ON]表示开，按动[OFF]表示关。

(二) 清除键

[AC]及[C]是国内流行的各种计算器的两个清除键。

(1) AC是总清除键，用来清除计算器中的一切运算及数字，但不能清除存储器中的数。

(2) C是局部清除键，用来清除最后输入的数字及运算符号，在更正按错的数值时经常使用。

(三) 数据输入键

(1) 0～9和.为数字及小数点输入键，每按动一次则输入一个数字或小数点，如要输入24.3，则按2 4 . 3，此时显示器显示出“24.3”。

(2) +/-（CHS SC -）是正负交换键（改号键），要改变输入数据的正负号时，要按下该键，正数就会变成负数。它的使用顺序与书写时不同，是先按入数值，再按改号键。如要输入－5，则先按5，再按+/-。

(3) π是圆周率输入键，按动一次可输入3.141 592 6，若为10位显示器π值为3.141 592 654。

(4) EXP（EX）为科学记数法指数控制功能键，当数值要用指数形式表示时使用此键。

(四) 基本运算键

(1) + - × ÷：四则运算功能键。

(2) ( )：括号运算功能键。

(3) %：百分比自动显示功能键。

(4) =：运算结果显示功能键。

(五) 数理统计计算键

(1) STAT（ΣOUT）：统计运算结果显示控制功能键，按此键，再分别按动n σ ΣX ΣX^2……中的一个键，将提取出输入数据所计算的相应指标。

(2) DATA（X ΣX）：样本单值输入功能键，按此键一次可输入一个或一组数据。

(3) n：样本输入个数显示功能键。

(4) $\bar{X}$ $\bar{Y}$：样本平均值显示功能键。

(5) ΣX：样本总和显示功能键，求输入计算器的统计数据之和用。

(6) σ：标准差显示功能键。

(7) DEL（CD）：样本单值消去功能键。

(8) ΣX^2：样本平方总和显示功能键。

(六) 存储键

(1) SUM或M+：存储累加键，这个功能键可代替等号显示运算结果，能把显示数据存入存储器并与原存储数据相加后，存入存储器中。

(2) M－：存储累减键，这个功能键是把显示数据的正数作为负数存入存储器，并可以把显示的数据从存储器中数据里扣除。

(3) X＋M（MS）：显示数据存储功能键，这个功能键是作单数值存储使用的，它可以在把原有的存储数据消去的同时把显示数据输入。当显示数据为零时，按动这个功能键还可以清除存储的数据。因而有的计算器利用这个功能兼作存储消除功能，使存储器内存数据为零。

(4) RCL或MR：数据存储调出键，若存储器中已存储数据，则按RCL键，即可将该数据调出，重新显示在显示屏上，并可用于各种计算。按下RCL键后，存储器中的数据仍然存在，以后只要需要，任何时候都可以取出。

（七）函数功能键

(1) 1/X：倒数键，其作用是自动把显示器中的数据取倒数。如5的倒数，只要按动5 1/X就可算出结果。

(2) X^2：平方自动运算显示功能键，求显示器上的数值的平方时使用。

(3) $\sqrt[2]{\ }$：平方根自动运算显示功能键，求显示器上的数值的平方根时使用。

(4) $\sqrt[3]{\ }$：立方根自动运算显示功能键，求显示器上的数值的立方根时使用。

(5) log：常用对数自动运算显示功能键，计算以10为底的对数时使用。

(6) HYP：双曲函数键，利用此键与相应的三角函数键，可以求出双曲函数的值。

(7) LN：自然对数自动运算显示功能键，该功能键可求显示数字的以e为底的自然对数。

(8) Sin Cos tan：三角函数键，用这一个功能键可分别求出数的正弦、余弦、正切三个三角函数。它们分别与倒数功能结合，可以求出反三角函数。在求反三角函数时，只要先输入某值，再按反三角函数键即可。

技能训练

一、实训项目

1. 中文大写书写训练。准备已填有阿拉伯数字金额的购物小票，规定学生将购物小票上的小写金额在大写栏中填写出对应的中文大写金额。

2. 阿拉伯数字（小写数字）书写训练。准备空白商品盘点表，规定学生在表的金额栏中填写小写数字。每行一组，填写十组，分别是：0、1……9；1、2……0；2、3……1；3、4……2；4、5……3；5、6……4；6、7……5；7、8……6；8、9……7；9、0……8。

3. 珠算加法训练。在学生基本掌握加法运算方法之后，进行珠算运算达标考核。规定学生完成两位加两位、三位加两位、三位加三位、四位加两位、四位加三位、四位加四位、五位加两位、五位加三位、五位加四位、五位加五位 10 道题的运算。

4. 珠算减法训练。在学生基本掌握减法运算方法之后，进行珠算运算达标考核。规定学生完成两位减两位、三位减两位、三位减三位、四位减两位、四位减三位、四位减四位、五位减两位、五位减三位、五位减四位、五位减五位 10 道题的运算。

5. 珠算乘法训练。在学生基本掌握乘法运算方法之后，进行珠算运算达标考核。规定学生完成两位乘一位、两位乘两位、三位乘一位、三位乘两位、四位乘一位、四位乘两位、四位乘三位、五位乘三位各 10 道题的运算。

二、达标考核

1. 中文大写书写。

(1) 要求：书写准确、清晰、整洁、美观；数字与数位的书写要符合规范；大写金额前须冠货币名称；整数收尾须加“整”字样。

(2) 考核标准：时间 30 秒，书写错误与超时均扣分。

2. 阿拉伯数字（小写数字）书写。

(1) 要求：书写准确、清晰、整洁、美观；数字书写要向右倾斜；数字大小要一致。

(2) 考核标准：时间 180 秒，书写不符合要求扣分。

3. 珠算加法。

(1) 要求：定位准确，拨珠指法正确，运算快且准。

(2) 考核标准：时间 180 秒，计算错误或超时均扣分。

4. 珠算减法。

(1) 要求：定位准确，拨珠指法正确，运算快且准。

(2) 考核标准：时间 180 秒，计算错误或超时均扣分。

5. 珠算乘法。

(1) 要求：定位准确，拨珠指泆正确，运算快且准。

(2) 考核标准：时间 180 秒，计算错误或超时均扣分。

思考与练习

1. 用汉字大写出下列各数：

(1) ¥140 675.18。

(2) ¥202 050.23。

(3) ¥4 000.50。

(4) ¥71 045.37。

(5) ¥8 009.00。

2. 用小写数字写出下列各数：

(1) 叁万贰仟壹佰伍拾陆元叁角捌分。

(2) 肆万零叁佰零陆元零捌分。

(3) 伍万零肆佰元零叁角整。

(4) 陆万贰仟壹佰元整。

(5) 柒万叁仟零陆元伍角玖分。

3. 练习用 625+625+625+…+625，共计加 16 次等于 10 000。

4. 求自然数 1～100 的和。

5. 计算下列各题：

(1) 6 247+2 551。

(2) 3 510+6 458。

(3) 2 463+5 536。

(4) 8 219+1 680。

6. 计算下列各题：

(1) 3 433+4 434。

(2) 3 241+3 424。

(3) 4 242+4 433。

(4) 13 243+43 421。

7. 计算下列各题：

(1) 2 479+6 754。

(2) 7 341+4 879。

(3) 3 947+8 745。

(4) 3 829+7 536。

8. 计算下列各题：

(1) 5 768+9 676。

(2) 6 576+6 768。

(3) 9 876+6 789。

(4) 7 876+7 678。

9. 计算下列各题：

(1) 526.18+49 646。

(2) 965.31+267.87。

(3) 673.78+464.09。

(4) 3 542.70+465.43。

10. 计算下列各题：

(2) 4 109−3 108。

(3) 2 097−1 096。

(4) 3 516−2 536。

11. 计算下列各题：

(1) 5 665−1 423。

(2) 7 586−3 442。

(3) 8 576−4 144。

(4) 16 757−3 424。

12. 计算下列各题：
(1) 3 2671－4 893。
(2) 61 807－3 928。
(3) 21 231－8 693。
13. 计算下列各题：
(1) 2434－687。
(2) 67 945－7 868。
(3) 96 543－8 976。
14. 计算下列各题，并用所学的方法进行验算，若不正确，则用学过的方法查找错误：
(1) 7.13＋8.61＋2.08＋5.72＋6.37＋1.4。
(2) 78.25＋16.87＋31.02＋95.4＋89.06。
(3) 624.58＋435.16＋961.03－850.94。
15. 指出下列各数的位数：
(1) 48。
(2) 5 001.86。
(3) 0.405。
(4) 760。
(5) 0.039 26。
16. 根据已知条件，确定下列各数的数值：
(1) 3 098（零位）。
(2) 4 725（正二位）。
(3) 306（负一位）。
(4) 506 715（正四位）。
(5) 7 356（负二位）。
17. 分别对以下各题进行定位：
(1) 708×205→14 514。
(2) 70.8×2 050→14 514。
(3) 0.708×0.020 50→14 514。
18. 计算下列各题：
(1) 684×0.0。
(2) 713×0.8。
(3) 1 258×7。
(4) 3 819×6。
(5) 3 792×90。
19. 计算下列各题：
(1) 934×57。
(2) 603×13。
(3) 2 376×59。

(4) 254×379。

(5) 84×6 739。

(6) 9 032×514。

(7) 17.62×7.8。

(8) 9.32×45.1。

(9) 4.78×7.34。

(10) 2.58×7.34。

第五章

商品核算与盘点技术

知识点

- 掌握商品核算的内容
- 掌握商品核算的主要指标
- 熟悉商品盘点的流程和基本要求

技能点

- 熟练运用商品核算的主要指标
- 商品盘点技能训练

资料导入

上海第一百货UFO全面核算模式

上海第一百货以UFO（用友报表工具）为核心实现商店、商场、商品部、商品柜的全面核算。

UFO不仅提供了函数等分析工具，还提供了二次开发工具。UFO不仅是将核算数据转化为管理信息的核心分析工具，而且是将不同系统连成一个整体的纽带。

在上海第一百货财务系统中，UFO与总账系统相融合，实现了商店、商场、商品部和商品柜四个层次的全面核算。

UFO二次开发的报表系统主要完成两个核算系统之间凭证的转化，商品进销差价分析以及商场、商品部和商品柜的业绩考核等核算与管理功能。

1. 日常凭证汇总上报

商场财务部每天需要对凭证按照科目进行汇总，编制汇总记账凭证，交送商店财务部。商店财务部将商场上报的汇总凭证和商店自身业务产生的记账凭证汇总到一起，完成当天业务信息到会计信息的转化工作。

由于商店下设六个商场，商场下又分设各类商品部，商品部又要细分为商品柜，每天的销售业务都是根据各类商品进行归集，因此每天上报的凭证数量多达几百张。如果要依靠手工将这些凭证录入商店账务系统，不仅耗时耗力，而且出错率会很高。

用友公司综合考虑企业的实际情况和UFO的强大功能后，给出了采用UFO的二次开发功能来实现商场凭证到商店凭证的转化方案。

流程详细描述：

（1）各商场每日将会计凭证录入账务系统中，商场借助总账系统的凭证汇总功能，对当天凭证进行汇总，并将其导出成 MDB 数据库（c：\ hz. mdb）。

（2）开商场报表系统，进行"上报汇总凭证"处理，在 UFO 表中生成将要上报的凭证；将报表中的凭证导出，生成总账工具能接收的 TXT 文本。

在商店总账系统中，借助总账工具，将 TXT 文本导入凭证文件。至此，系统快速、准确地将商场汇总引入到商店凭证文件中，实现了商店和商场之间的信息沟通。

2. 销售成本的调整与记账

第一百货商店采用销售价法来进行商品核算，因此月末有时须进行销售成本的调整，将以售价为依据的销售成本调整为实际销售成本。

由于商品种类繁多，而且商品流通速度快，如果采用手工处理的方式来进行成本调整，则不仅需要耗费人力物力，而且很可能进销差价计算、分配不准确，从而导致损益信息失真。

通过利用 UFO 进行二次开发，系统不仅可以自动计算销售成本调整额，而且还可以自动生成记账凭证。

系统对商品柜和商品部的差价进行计算和调整后，生成"落实差价凭证"（销售成本调整凭证），将落实差价凭证直接导入商店账务系统即可实现商店销售成本的调整。

资料来源：深圳人人乐总部通用培训教材案例。

分析：

通过 UFO 系统二次开发为商品部和商品柜损益的计算提供了方便的途径，为商场业绩评价工作的开展提供了准确、及时的信息。

系统自动计算各商品柜和商品部的损益情况，既可以进行定期（季、半年、年）分析，也可以进行不定期分析。

商品核算与商品盘点是在商场经营管理中重要的内容，也是商场营业人员最基本的操作技术。核算和盘点工作的好坏，直接影响企业的经营管理水平和企业效益。

第一节　商品核算技术

商品核算是一种基层单位的核算，也称柜组业务核算。柜组业务核算是将企业日常发生的经营活动，根据业务凭证进行记录，把大量的数字进行归类计算，按规定的指标体系和一定格式综合汇总，通过一系列的处理程序和手续，为会计和柜组管理人员提供资料的管理活动。这些工作前后相互衔接，有机地联系在一起。在实际工作中，往往由于一个数字的差错，或者一个手续的遗漏，就会造成柜组核算错误，从而影响会计信息质量，导致决策者和投资者做出错误决策。因此，商场必须重视柜组业务核算。

一、柜组业务核算的内容

商场的业务主要围绕商品的采购、销售、运输、调拨、储存等活动展开。

柜组业务核算也以此为主要内容进行。商品核算是商场内部的商品部组实行的简易核算，是基层核算的一种具体形式。商店为了加强定额管理，更好地发挥部组在企业管理中的作用，将若干定额指标以及相应的管理权限下放给商品部组（或门店）。商品部组在执行定额过程中，通过简单的核算工作，定期检查定额执行情况。其内容包括：

（1）进货业务：是柜组业务活动起点，是销货的前提。

（2）销售业务：是柜组业务活动的中心环节，也是最终环节。

（3）配送业务：是柜组借助于各种运力，完成商品在空间上转移的业务活动。

（4）储存业务：是柜组进行商品储存和保管的业务活动，以保证购销业务的正常进行。

二、柜组业务核算的主要指标

（一）商品毛利率

商品的真实售价减去其进货成本的余额，就是商品的边际贡献，即毛利额。用毛利额除以零售价，即可得到毛利率，这是衡量商品贡献度的指标。毛利额和毛利率的计算公式如下：

毛利额＝零售价－进价

毛利率＝毛利额/零售价

创造营业额是确保利润的手段，毛利额、毛利率的计划与分析应成为柜组业务核算主要指标之一，也是柜组管理人员的中心工作。提高毛利率的方法有两种：第一，降低进货成本，这涉及采购能力与供货商的能力及合作意愿。第二，商品组合的调整改善，即对商品组合与构成比分析，按照“毛利额”策划、比较，而不只按营业额规划，并应做到下列各点：计划各类别商品的毛利额对其去年实绩的成长率；计划调整各类别商品的毛利额占总毛利额的构成比率；定期检讨各商品类别毛利额构成比的计划数值与实绩数值。

为了更清楚地说明提升毛利率的方法，请看以下实例。

假设某门店的销售构成比及各类别商品的毛利率如表5—1所示，其全店毛利率为23%。若想提升0.5%的毛利率，则可由价格敏感度不高的商品类别着手进行调整。如表5—2所示。

表5—1　销售构成比与毛利率表

类别	销售构成比	毛利率（%）	贡献度
面包	6	35	2.1
饮料	25	24	6.0
方便面	6	20	1.2
饼干	3	25	0.75
糖果	3	30	0.9
酒	2	25	0.5
香烟	2	30	0.6
自助区	6	45	2.7
礼盒	2	30	0.6
杂货	24	10	2.4

续前表

类别	销售构成比	毛利率（%）	贡献度
冰点	2	10	0.2
奶制品	13	25	3.25
文具	2	30	0.6
图书	4	30	1.2
合计	100		23

表 5—2　　调整后销售构成比与毛利率表

类别	销售构成比	毛利率（%）	贡献度
面包	6	35	2.1
饮料	25	24	6.0
方便面	6	20	1.2
饼干	3	25	0.75
糖果	3	30	0.9
酒	2	25	0.5
香烟	2	35	0.7
自助区	6	50	3.0
礼盒	2	35	0.7
杂货	24	10	2.4
冰点	2	10	0.2
奶制品	13	25	3.25
文具	2	30	0.6
图书	4	30	1.2
合计	100		23.5

(二) 商品周转率

商品周转率的计算公式如下：

商品周转率＝销售金额/库存金额

商品周转率的计算方法有三种方式：

(1) 商品周转率＝年间销售金额/平均库存金额（原价）；

(2) 商品周转率＝年间销售原价/平均库存金额（原价）；

(3) 商品周转率＝年间销售金额/平均库存金额（卖价）。

方式（1）的商品周转率用于测定把投入资本的商品和销售额关联如何活用，方式（2）和（3）的周转率是要测定商品到底会做怎样的周转。一般而言商品投下资本的效率如何，可用两式所算出来的商品周转率作评判。方式（1）的商品周转率也含有以下的含义：一是与商品平均库存额相比，在一年当中可获得几倍销售金额呢？二是商品投入资本可从销售金额中作几次的回收呢？能再作投入吗？商品投下资本在回收过程中可获得几回的利益？回收的次数如果多就能早收回资本，库存期间也会变短。获得高倍率的销售额时，库存金额就会被有效利用。

平均库存金额也可由两种方法求出：

（1）平均库存金额=(首期库存金额+期末库存金额)/2；

（2）平均库存金额=各月底库存金额合计/12。

求期中平均库存金额时，可用月底库存金额的平均数求之。而计数基础要统一，这是很必要的。

商品周转所需要的日数就叫做商品周转期间。如果是一年 12 次周转，一次周转所需要天数就是 30 天。在销售场，周转期间以 30 天天数作表示，反而比较好理解。商品周转期间的计算公式为：

商品周转期间=库存金额/销售金额×365

商品周转率如果用单年度的水准作测定时，库存金额目标是无法用固定金额表示的，而要用商品周转率表示。销售金额如果增加，商品库存金额目标就会增加；反之，销售金额如果减少，商品库存金额目标就会减少。

（三）营业额

营业额通常会依不同的时间记录，比如每日、每周、每旬、每月、每季或每年的营业额；也可以特别的活动期间来记录，如周年折扣期间的营业额。这是最常用的销售业绩评估项目，可以直接由各店的销售记录取得，但是并不能计算出精确的利润，例如，某家店的成本费用惊人，所以即使营业额相当高，但实际的利润可能很有限。

（四）销售量

销售量的增加不一定是利润的增加，销售量和销售价格成反比，如果折扣大，销售量虽然增加，但是利润还是很低，有时销售业绩反而不如折扣较低、数量较少的销售量。

（五）利润额

利润额一般指毛利额、净利额及投资报酬率。毛利额指营业额扣除成本费用后的税前毛利额，这种评估项目虽然比较偏重于财务方面，但也是运营中追求的重要指标。

（六）费用额

费用额指维持运营所耗的成本，一般包括租金、折旧、人事费用、营运费用等。一个高营业额的店，如果费用额也高，就会抵消它的利润，与销售业绩联系最直接的就是营运费用。

（七）增长率

增长率指与历史数据的比较，实务上常与上一年同期的数据比较，比如营业额增长率、市场占有率增长率、重要商品的增长率等。

（八）业绩达成率

一般公司对所属运营部门或门店，都会在新年度开始前，制定不同的营业目标，销售额与预定目标的比例即为业绩达成率，由业绩达成率可以知道实际的销售状况。

（九）空间效益（营业额/平方米）

空间效益是将营业额除以店铺面积数，由此项可看出每单位空间所提供的效益，这使门店之间具有可比性。这个指标是衡量一个门店利润水平的重要指标。

（十）员工贡献效益

员工贡献效益指退货率、损坏率、商品周转率、平均库存等与商品有关的绩效项目，这些虽然和运营是间接关联，但是可以由这些评估项目审核运营的品质。

(十一) 销售分析资料

销售分析资料是指来客流量、每单平均成交额及时段营业额等门店销售资料。

上述柜组业务核算主要指标能够落实到人的，应尽可能落实到人。一般来说，销售额、劳动效率、差错率、品种、库存定额，可以落实到人。每月在公布部柜组指标完成情况的同时，也公布个人完成指标的情况。在全面实现柜组经济指标和效果的基础上，对个人完成指标情况进行评比、实行奖励，就能有效地增强柜组或门店人员的集体观念，调动其积极性。

第二节　商品盘点技术

在商场作业中，盘点作业应该说是一项最重要的作业。虽然目前绝大多数商场已经使用了现代化计算机技术系统管理商品的进、存、销，商品管理的数据可以一目了然，随时掌握，但盘点的工作应然必不可少，并且非常重要。事实上，计算机反映的数据与实际数据总有一定的差距，而盘点工作的进行是对现有商品库存实际状况的具体清点。同时盘点工作并不仅仅在于对现有商品库存状况的清点而已，还可以针对过去商品管理的状态作详细的分析，还可以进一步为将来商品管理的改进提供很有价值的参考资料。

通过盘点作业可以计算出零售商场真实的存货、费用率、毛利率、货损率等经营指标。因而，盘点作业是必不可少的，盘点的结果是衡量企业经营状况好坏的标准。

商场商品盘点作业的目的是：确认商场商品部组或门店在一段经营时间内的销售损益情况；掌握其存货水平、积压商品的状况；了解目前商品的存放位置和缺货状况；及时发现并处理滞销商品并清除过期商品、残次品或滞销品等；对于经常出现异常的商品部门，采用抽查的方式，进一步发现其弊端，杜绝不轨行为；做好环境整理并清除死角。

一、商品盘点的基本知识

(一) 盘点的分类

1. 按盘点的时间划分

按盘点的时间划分可分为定期盘点和临时盘点。

(1) 定期盘点就是定期进行的盘点，目的是掌握商品库存情况，便于财务核算，分清商品管理人员的责任。

(2) 临时盘点是指在商品变价、实物负责人调动等情况下所进行的盘点。它是一种不定期进行的盘点，一般是企业因某种原因临时决定进行的。

2. 按盘点的方式划分

(1) 按盘点时的营业状态分可分为关门盘点和不关门盘点。

关门盘点就是停止营业进行盘点。一般规模较小的零售企业采用此方式。不关门盘点是在不影响正常营业的情况下，组织有关人员利用上班或下班后时间进行盘点。

(2) 按照盘点的人员分可分为保管人员自盘和企业盘点。

保管人员自盘是由专业保管人员对自己保管的商品进行的盘点，目的是使自己管理的账、卡、货相符。企业盘点是由企业领导或主管部门，根据需要进行的定期的或不定期的盘点，盘点时企业要组织业务部门人员和专业保管人员一起进行。

3. 按盘点的范围划分

按盘点范围划分可分为全面盘点和部分盘点。

(1) 全面盘点是指在月终、季末、年底对整个商场经营的全部商品进行的盘点。

(2) 部分盘点是因经营的某种需要（如因商品价格变更或需核商品等）而对部分商品进行的盘点。

(二) 盘点的相关概念

(1) 手持终端（HHT）：计算机设备的一种。可以存储商品的资料和数据，相当于输入终端记忆器。它与主机联网后，可以将数据传输给主机进行处理。

(2) 初点：第一次进行的商品点数。

(3) 复点：第二次进行的商品点数。

(4) 三点：在两次盘点计数后，不能一致的商品，进行第三次或多次的点数。

(5) 抽点：对已经经过复点的商品进行抽查点数。

(6) 点数单位：商品在点数时的计数单位。

(7) 正常陈列区：商品正常陈列销售的货架的区域。

(8) 货架库存区：商品正常陈列销售的货架上方用来存放商品库存的区域。

(9) 后仓：非销售区域的仓库。

(10) 周转仓：收货部临时用于存放商品库存的区域。

(11) 控制台：在盘点进行过程中设置的盘点控制中心。

(12) 锁库：计算机中心对系统的数据库进行“锁住”的动作。锁库后，系统不能收货和销售，不接受任何数据的更改。

(13) 系统陈列图：将楼面的陈列图按盘点程序输入计算机系统。

(三) 盘点的原则与方法

1. 盘点的原则

(1) 真实：要求盘点所有的点数、资料必须是真实的，不允许作弊或弄虚作假来掩盖漏洞和失误。

(2) 准确：盘点的过程要求准确无误，无论是资料的输入、陈列的核查、盘点的点数，都必须准确。

(3) 完整：所有盘点过程的流程，包括区域的规划、盘点的原始资料、盘点点数等，都必须完整，不要遗漏区域商品。

(4) 清楚：盘点过程属于流水作业，不同的人员负责不同的工作，所以，所有资料必须清楚，人员的书写必须清楚，商品的整理必须清楚，才能使盘点顺利进行。

(5) 团队精神：盘点是商场员工共同参加的运营过程。为减少停业的损失、缩短盘点的时间，零售企业各个部门必须有良好的配合协调意识，以大局为重，使整个盘点按计划进行。

2. 盘点的方法

(1) 复式平行盘点：一人负责点实货，另一人负责在盘点表上填写数字并结出金额，然后互相校对复查以避免错误。这种方法采取重复盘点的方法，以保证盘点的准确性。

（2）按实地盘点：按商品存放的位置、地点的顺序进行的盘点。主要是防止重盘、漏盘。盘点时要做到商品件件移位，对已拆包的整箱、整件商品也应点清数目。

（3）按账盘点：也称按表盘点，即按盘点表上所列商品的顺序进行实物清点。盘点表上所列商品顺序与实物排列的顺序不可能完全相符。在盘点时常会发生交叉串盘，若抄写盘点表时遗漏或搞错货号，就会造成错盘。错盘又很难找出原因，因此，一般不采用这种盘点方法。

（四）盘点的内容和术语

1. 盘点的内容

（1）查数量：通过点数、计数查明商品在库的实际数量，核对库存账面资料与实际库存数量是否一致。

（2）查质量：检查在库商品质量有无变化；有无超过有效期和保质期的商品；有无长期积压等现象。

（3）查保管条件：检查保管条件是否与各种商品的保管要求相符合。如堆码是否合理稳固，库内温度是否符合要求，各类计量器具是否准确等。

2. 盘点的术语

（1）送货传票：送货厂商在送货时随货附上送货传票，并经门店经理（店长）签收以作为货款确保凭证。

（2）进货签收单：本单为盘点作业中非常重要的表单，表单内主要登记成本及便利价，一式两联。

（3）售价：由企业统一制定的商品销售价格。

（4）成本价：企业从厂商进货的价格。

（5）退货：可退回厂商做货款扣抵或货款减少的商品。

（6）退货签收单：格式与进货签收单相同，只是颜色有所区别以便识别。

（7）变价：同一商品如进货成本相同，但经过加工之后或销售情况不同而产生不同的售价，需要予以变更。

（8）价格变动表：有上述变价情形时，营业员务必在此表做记录，将商品在变动前后的便利价格及其差异，逐次填入此单。

（9）报废：商品因过期或损坏而无法再出售或再退回厂商，称为报废。

（10）报废明细表：报废发生，对企业而言，仍须负担其成本，但却已无销售的机会，故仅须记录便利价，视为进货的减项。

（11）A 账：盘点时已进货完全，且发票凭证及签收单据亦已齐全，但还未送达会计单据，此笔进货签收单需加盖“A 账”印章。

（12）B 账：盘点时商品虽已进货，但发票凭证尚未齐全，此时亦需先填进货签收单，加盖“B 账”的印章，表示此笔金额已列入本期资料。

（13）付款验收单；防止厂商与相关人员之间有任何不良行为的发生，付款程序先明确化。

二、盘点作业的程序

盘点作业的程序如图 5—1 所示。

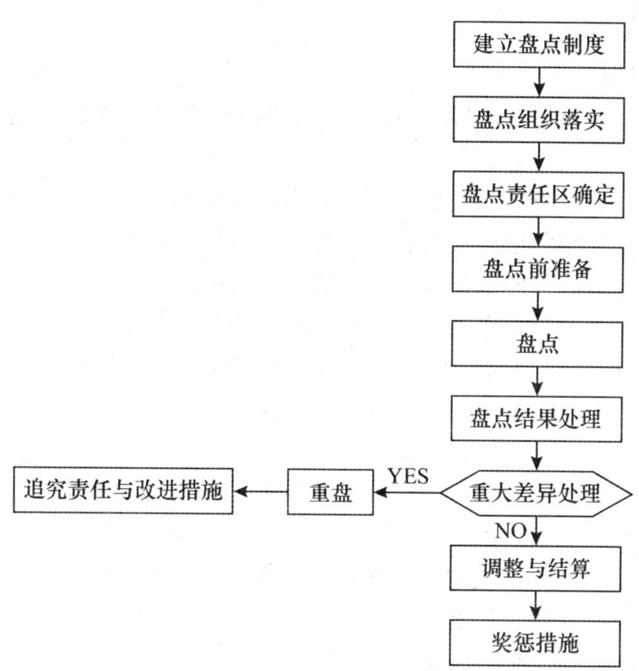

图 5—1 盘点作业的程序

（一）建立盘点制度

为加强商品存货管理，保障商品资产的安全性、完整性、准确性，及时、真实地反映商品库存状况，使盘点更加规范化、制度化，企业必须建立盘点制度。

（二）盘点组织落实

1. 明确盘点职责

(1) 商场经理：负责盘点组织工作，主导盘点工作。

(2) 商品部、柜组：负责商品盘点工作。

(3) 财务部：负责对盘点抽查、盘点盈亏调整审核；定期或不定期对各项存货进行稽核、盘点。

(4) 相关部门：负责本部门盘点及盘点协助工作。

2. 盘点时间

(1) 存货盘点：每月进行一次小盘点（自盘、抽盘）；每个季度的最后一个月月底进行一次大盘点（包括自盘、复盘、抽盘），大盘点具体时间具体安排。

(2) 若要变更时间，必须征得盘点总指挥同意。

(3) 财务部人员不定期地抽查各部门的存货情况。

（三）盘点责任区确定

盘点作业要确定责任区域落实到人。为使盘点作业有序有效，一般可用盘点配置图来分配盘点人员的责任区域。每个门店应制作盘点配置图，图上应标明卖场的通道、陈列架、后场仓库的编号，在陈列架和冷冻、冷藏柜上标出与盘点配置图相同的编号。用盘点配置图可以详细地分配盘点人员的责任区域，盘点人员也可明确自己的盘点范围。在落实责任区域的盘点人时，最好用互换的办法，即商品部 A 的作业人员盘点商品部 B 的作业区域，依次互换，以保证盘点的准确，防止“自盘自报”可能造成的不实情况。

（四）盘点前准备

（1）清理相关商品票据，确保盘点前全部票据均已进入计算机及财务账；清理收缴未缴营业款、备用金及相关票券。

（2）门店管理者在盘点前划分出相关的盘点区域定员图。

（3）对门店所有货架和堆头进行编号，方便盘点后的查询。

（4）清理卖场，对商品陈列进行检查和整理，将商品与其价签一一对应。

（5）将破损、过期、质量有问题的商品和正常商品分开。

（6）空白盘点表抄写一式三联，注明商品的名称、编码（个别没有编码的注明条码）、规格、单位、价格，并统一编号，在空盘点表上注明抄写的货架号或堆头号、抄写人姓名。

（7）将统一编号的盘点表交与各区域的负责人，该区域的负责人再对盘点表页数、品种数进行统计，交与门店负责人。

（8）盘点前门店最高负责人对员工和其他工作人员进行盘点分工、责任以及方法的教育，让门店员工了解盘点的重要性。

（9）对一切盘点所需要的设备进行整理、检查，防止这部分设备在盘点中出现问题。

（五）盘点

（1）初点：第一次进行的商品点数。

（2）复点：第二次进行的商品点数。

（六）盘点结果处理

（1）盘点若产生盈亏，应于盘点后3个工作日内，由部门主管编制《盘点盈亏报告》，报部门经理审核后转财务部。

（2）财务部对《盘点盈亏报告》复核无误后，编制《盘点汇总表》，将《盘点盈亏报告》、《盘点汇总表》报主管经理审批，要求在一个工作日内完成。

（七）重大差异处理

（1）财务部门在接到审批后的《盘点盈亏报告》后，根据问题产生的原因和产生差异的实际情况，完成账务调整工作。

（2）盘点报告编制及后续工作。

（八）调整与结算

盘点结束后，柜组须在规定的日期内进行呆废物料处理申报工作。

（九）奖惩措施

财务部门须将盘点奖罚结果转交综合管理部编制奖罚通告，处罚款项则在责任人当月的工资中予以扣取。

三、盘点前准备

（一）盘点区域的编号

1. 盘点区域

盘点区域就是需要盘点的销售区域和库存区域。盘点区域是为了将零售企业卖场中不需要盘点的部分划分出去，如承租厂商的柜台和生鲜区域等，从而避免盘点区域所要盘点商品的多余或遗漏。

2. 盘点区域编号的原则

为了在盘点前对所有盘点区域内的货架、端架、促销区、仓储货架等进行编号的准确、完整，确保该区域内的商品无一遗漏地进行盘点，应遵循如表5—3所示的原则。

表5—3　　盘点编号原则表

区域		编号原则
陈列区域	正常货架陈列区	专卖中所有货架按顺序进行编号，中间不间断
	促销陈列区	促销陈列区从卖场的一头编起，连续编，不中断，并且方向一致，包括堆头、挂墙、端架等
	冷冻陈列区	冷冻的陈列区指日配部门的冷冻陈列柜、冷藏陈列柜的编号
库存区域	货架库存区	销售区域货架的最上一层，用来存放商品库存的空间，称为货架库存区
	仓库库存区	后仓、冷藏室、冷冻库、周转仓等，所有的仓库连续编号，不中断

（二）建立系统盘点图

1. 系统盘点图建立流程。

系统盘点图建立流程如图5—2所示：

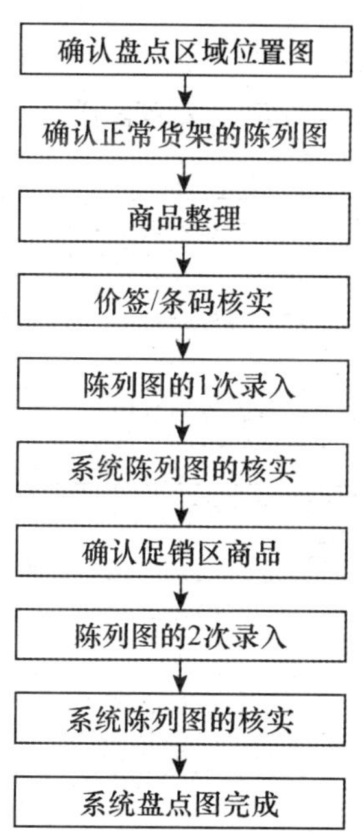

图5—2　系统盘点图建立流程

2. 商品陈列的确认

（1）在输入计算机系统前，要将需要退货的品种、新品种以及需要清仓的品种进行统计，尽量减少输入系统后陈列图的更改。

(2) 陈列的所有商品必须有可以扫描的条码，因为系统的录入是手持终端直接扫描进行录入的。

(3) 商品的每一个陈列位都必须有价格标签。价格标签必须与商品一一对应。

(4) 所有需要盘点的商品可以在不同的位置出现多次，但不能同时拥有一个以上的位置编号。如果某个商品出现横跨货架的陈列，必须进行纠正。

3. 系统盘点图的核实

(1) 系统盘点图输入完毕后，必须列印报告，检查系统输入的盘点区域编号是否正确，有无遗漏。

(2) 核实对应的位置编号下，商品的陈列图是否正确，有无遗漏，包括统一位置下多个陈列位置的输入。

4. 系统盘点图的修正

(1) 系统盘点图录入核实后，原则上不接受任何更改。但是，在实际操作过程中，因各种因素的影响，系统陈列图的更改也是不可避免的。

(2) 尽量不更改陈列图。如必须更改，例如在输入后，某品种余货销完，不再进货，需要补充新商品等情况，则需要作相应的更改。

(3) 陈列图的更改必须经过盘点小组的批准。

(4) 促销区的陈列图输入核实后，不接受任何理由的陈列更改。

(三) 编制盘点表

1. 盘点表编制流程

盘点表编制流程如图 5—3 所示。

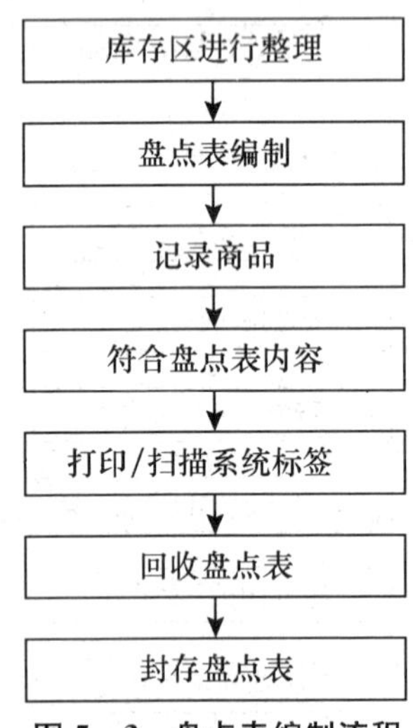

图 5—3　盘点表编制流程

2. 盘点表编制的注意事项

(1) 盘点表一般在库存区盘点的前 3 日进行编制。

(2) 盘点表编制完成的区域，补货必须按位置重新放好。商品可以从库存区向陈列区移动；反之，则不可。

(3) 所有的盘点表必须进行号码编排，并进行登记。

(4) 盘点表必须全部采用系统标签，不得有任何人工书写的品名、条码、货号等。

(5) 盘点表所有的系统标签必须全部经过扫描，是有效标签。

(6) 盘点表商品的编排次序是从左到右、从上到下。

(7) 盘点表要放入盘点袋中。

(8) 在盘点表编制完毕后，必须进行复核。

(四) 管理盘点人员

(1) 零售商场商品部门，除必需的留守人员外，所有人员均应参加年度盘点，包括行政部门等，必须支援商品部（或门店）进行盘点。

(2) 盘点前一个月，各个部门将参加盘点的人员进行排班。原则上盘点前一周取消年假休息，盘点当日应停止任何休假。

(3) 各个部门将参加盘点的人员报盘点小组，并且必须注明哪些是点数人员，哪些是录入人员。

(4) 盘点小组统一对全体盘点人员进行安排，分配好库存区盘点人员、陈列区盘点人员。

(5) 盘点小组在安排盘点日陈列区的人员时，各个分区小组中必须包括本区营运部门的经理、主管、熟练员工，其中经理任本分区内设置的分控制台台长。

(6) 盘点小组在每一个分区小组的人员安排中，必须明确初点录入人员、点数人员，复点录入人员、点数人员等。

(五) 盘点培训

1. 盘点小组的培训计划

盘点小组在成立后，必须制定详细的盘点计划，包括对盘点小组人员的培训、盘点管理层的培训、点数员工的培训和输入员工的培训等。建立培训档案，进行盘点培训的考核，要求所有参加盘点的人员均须通过考核。

2. 盘点表使用的培训

(1) 盘点表是在盘点库存区时使用的。对于所有的库存区域，盘点小组要全部设置盘点表。

(2) 盘点表是编号的。在某一个编号，盘点表的增加必须经过盘点小组的登记审核后才可以进行。

(3) 盘点前到总控制台领取盘点表，盘点完毕后，回归总控制台。

(4) 盘点表必须经过安全部的盘点专员抽查确认后，才能封存，等待输入系统。

(5) 如果需要修改盘点表上的数字，不能用涂改液或圈涂法，必须将原来的数据划掉，重新书写。

(6) 盘点表上只记录商品的品名。因此，盘点表上的数据是该商品在核盘点位置下的所有库存的总数。

(7) 盘点表上的数据只能用蓝色、黑色签字笔或圆珠笔书写，而不能用红笔、铅笔或彩色笔书写。

(8) 盘点人员必须用中文正楷字体在盘点表上签字。

3. 盘点点数的培训

(1) 盘点货架或冷冻柜、冷藏柜时，依序由左而右、由上而下进行。

(2) 盘点的数字书写要清楚，不可潦草；数字写错，要按要求进行涂改。

(3) 在清点时，一定要按销售单位清点，不够一个销售单位的不能记入，应取出归入待处理品堆放处。

(4) 盘点时，顺便查看商品的有效期，过期商品不应点入，应归入待处理品堆放处；对无法查知编号的商品，用红色粘贴纸做标识，报告分控制台进行处理；遇到非本区域的散货，将其送到分控制台，归入散货区的堆放处。

(5) 在复点时，要首先确认需要复点的区域，是否已完成初点的录入，有否遗漏。

(6) 复点需要用不同颜色的自粘贴纸标注，以示区别。

(7) 复点录入使用手持终端时，必须将其初点的数据全部清理完毕后，才能再输入复点数据。

(8) 需要抽点的商品是初点与复点有数量差异的商品、初点或复点中漏点的商品，或初点与复点中位置不正确的商品。

(9) 安全部的检查是选择体积小、单价高、量多或容易点错的商品。

四、盘点过程控制

(一) 陈列区的盘点

陈列区的盘点包括所有陈列区域，包括货架的陈列区域和促销区域。所有陈列区域的陈列商品，均在计算机系统中设置好系统陈列图，系统会帮助盘点人员进行错误纠正。

1. 陈列区盘点技巧

(1) 所有明确标示“不盘点”和贴有“赠品”、“自用品”的物品一律不盘点。

(2) 对于本区域的散货，盘点人员发现后，应将其送往特别区域。

(3) 特别区域的商品，包括当日的顾客退换货以及散货，在特别区域进行盘点。

(4) 盘点人员两人为一组，一人点数，一人录入。采用相应交叉的盘点方法，初点与复点的人员不同；三点的人员与初点、复点的人员不同。

(5) 商品的点数单位与销售单位一致，并且每个陈列位分开点，不进行累加。

(6) 在商品盘点计数后，点数人员将数字书写在小张自粘贴纸上，贴在本商品的价签上。

(7) 录入人员先输入区域编号，扫描商品，再按照小张自粘贴纸上的数字进行录入，不做任何加法动作。在每录入一个数据后，立即将小张自粘贴纸撕毁。

(8) 每次录入完一个位置编号，必须检查是否所有的小张自粘贴纸的数据均已完成，有无遗漏。

(9) 在初点完成后，HHT 交到分控制台，由台长检查初点的完成情况，并将初点 HHT 送到总控制台进行数据输入清空。

(10) 在复点进行后，安全部人员和分控制台台长则进行点数的抽点，记录点数的数据，等待系统确认计数数据后，确定有无差异。

(11) 归入待处理区域的所有商品一律不进行盘点。

2. 陈列区盘点数据处理

陈列区盘点数据处理流程如图 5—4 所示。

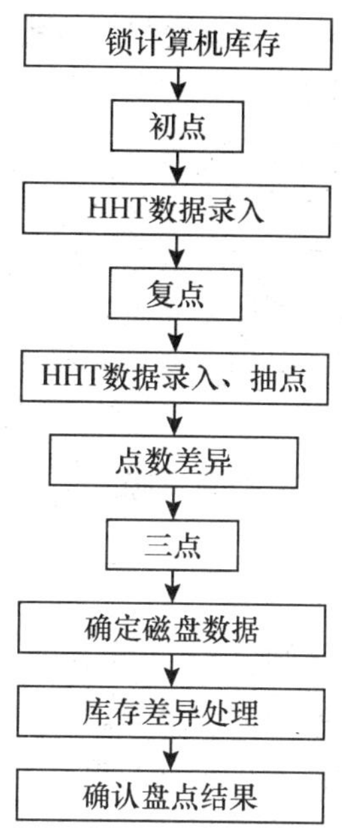

图 5—4 陈列区盘点数据处理流程图

（二）库存区的盘点

1. 库存区盘点要点

(1) 库存区盘点是两人为一组进行盘点。两个人进行点数，如果所点的数字一样，则将此数字登记在盘点表规定的位置上；如果两人的点数不一致，必须重新点数，直至相同。

(2) 所有未拆的原包装箱不用拆箱盘点，所有非原包装箱或已经开封的包装箱必须打开盘点。

(3) 盘点表上的标签只记录该位置商品的品种。因此，盘点表上的数据应该是该商品在该位置下的总数。

(4) 盘点的方向是从左到右，从上到下。

(5) 遇到无标签的商品，到分控制台申请标签，现场盘点计数。遇到有标签无商品的，计数为零，不能不写任何数字。

(6) 库存区的盘点由分控制台的台长负责分配盘点表，每组人员每次只能负责一个编号下的盘点表。在完成一个编号的盘点表后，才能进行下一个编号的盘点表。

(7) 完成的盘点表，可以接受安全部人员的抽查，检验数据是否正确。

(8) 分控制台的人员必须对散货、贵重商品、大量商品进行重点抽点，在人员点数完成后进行抽点。

(9) 冷冻库和冷藏库的盘点，必须关闭制冷设施，人员着防护棉衣进行盘点。

(10) 盘点表的审核，数字的书写应清楚、规范，盘点表的页数应正确。

2. 库存区盘点后处理

(1) 盘点后所有的库存区全部封存，封闭式仓库上锁，开放式的仓库用绳子等封住，并明确标识这是已经盘点的商品。

（2）盘点后所有的资料经过检查，符合完整、清楚、正确的标准，由盘点小组的人员将其封存于文件柜中。

（三）盘点结束

1. 恢复营业

（1）计算机系统进行库存更新后，打开库存数据库。

（2）收货部进行正常的收货和收货录入工作。

（3）陈列区恢复运营的标准，包括撤销分控制台，销毁盘点的编号，清除盘点的垃圾。

（4）库存区取消封库的告示和封库的缠绕膜。

（5）取消店外的盘点布告。

（6）收银员进行上岗前的准备工作。

（7）所有的购物车或购物篮全部归位。

（8）生鲜部门进行营业前的陈列、标价工作。

（9）楼面盘点部门进行正常的补货，所有的铝梯等用具收回规定的位置。

（10）营业广播开始播音，顾客的购物电梯打开。

（11）商场的进出大门打开。

2. 评估盘点工作

在完成盘点工作后，运营指导监督小组以及安全部对本次盘点进行评估和总结，重点是指出不足和吸取经验。

3. 盘点小组结束工作

（1）所有报表、盘点表，除需要提交财务部的之外，须保存至下一年度的盘点后方可销毁。

（2）所有盘点小组的准备盘点过程的资料，进行分类保存，供下一年度进行参考。

（3）所有文具归还行政部门，计算机设备归还计算机中心办公室。

（4）盘点办公室撤销。

（5）盘点小组撤销。

五、盘点后处理

（一）整理资料

（1）商场经理要确认盘点表是否全部回收，盘点表上的“初盘人签名”、“复盘人签名”、“抽盘人签名”栏是否签名。

（2）复印一份盘点表自己保存，原件送至企业财务部门核算。

（3）财务部门在收到盘点表后的5天内提出盘点结果报告。

（4）盘点执行部门要提交盘点执行报告，作为日后改善的参考。

（5）若在营业中盘点，则要在盘点后再读出收银机的“查账”。由于盘点时有些商品可能会被卖出而不能再当做存货，所以要根据下面的公式对存货盘点数字进行调整：

$$存货调整金额=实地盘点金额-\frac{(盘点后营业额-盘点前营业额)}{2}$$

（二）盘盈、盘亏调整与差异处理

（1）总体而言，商品不可能出现盘盈，除非有进货而无进货传票、盘点虚增或计算错误。盘亏则属正常情况，但若超过盘亏率标准，也是异常。

（2）盘亏率若在2.5%以下时，则可进行财务调整；若超过2.5%，则应追查差异原因。

（三）奖惩实施

零售企业店铺在经营一段时间后，盘点个别商品时难免会发生盘盈、盘亏。商品盘亏率的高低可以反映商场从业人员的管理水平和责任感。所以有必要对表现优异者予以奖励，对表现较差者进行处罚。

（四）游离商品的处理

1. 常见情况

盘点后，通常会发生下列情况：

（1）有些商品有品号，但在计算机内无品名或非此品名。发生原因大致有标签编号错误，计算机编号已淘汰但商品仍在贩卖，及套号（厂商利用已核准的编号套用在新商品上）等情况。

（2）有些商品有品名，但无品号。发生原因有：标签脱落又无资料可查，卖场内自行引进商品却未呈报核准及编号等。

2. 处理程序

（1）退回卖场内清查（若盘点单有陈列架编号，则极易寻找），并在2天内反馈信息。

（2）清查后若仍无法找出商品的品名或品号，一方面要列出清单送交采购部门确认，一方面将商品尽量集中，以便处理。

（3）采购部门在接到游离商品的清单后，应逐项确认。若仍无法确认品名或品号，则可退回厂商或售完后不再贩卖；若商品快到期或包装已破旧，则以特卖方式出售，或特价优惠卖给员工；若属于未经允许而引进卖场的商品，则以追究相关责任等方式进行处理。

（五）盘点后的操作流程

盘点后的操作流程如图5—5所示。

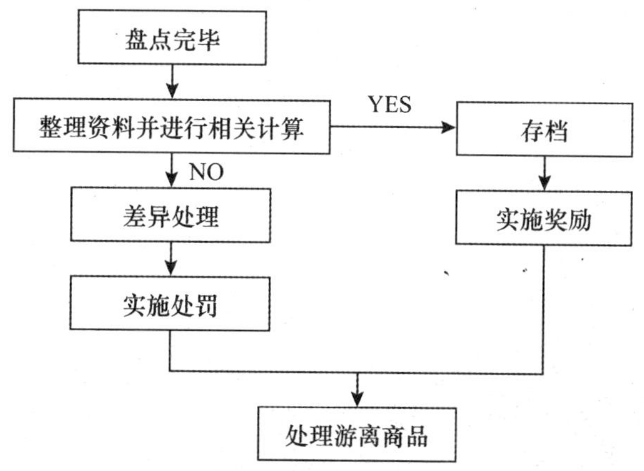

图5—5　盘点后的操作流程图

技能训练

一、实训项目

1. 安排学生到校外实训基地（大型超市或百货商场）进行商品盘点操作实践。
2. 安排学生到校内实训基地（超市）进行每季度的商品盘点操作实践。
3. 组织学生对校内实训基地（超市）的主要经营指标进行核算，并撰写评价报告。

二、达标考核

1. 规定各项目达标的时间。学生应在规定时间内完成项目内容，超时扣分。
2. 制定评分标准。优秀：熟练掌握各种指标的计算公式，计算准确无误；良好：能在规定时间内完成所规定的项目；及格：基本符合达标要求；不及格：未能按要求完成项目训练内容。

思考与练习

1. 商品核算包含哪些内容？
2. 商品核算的主要指标有哪些？如何计算？
3. 商品盘点的流程是什么？
4. 简述毛利、周转率、利润额等主要指标的计算方法。
5. 模拟对一组货架上陈列的饮料商品进行盘点，盘点结束后评价其操作流程和盘点结果是否正确。
6. 如何核算商品盘点表？

第六章

商品陈列技术

知识点

- 掌握商品陈列的原则
- 掌握商品陈列的基本方法

技能点

- 柜台商品陈列的技巧
- 货架商品陈列的技巧
- 展示台商品陈列的技巧

资料导入

酸奶陈列的变化

一位女高中生在一家便利店打工，由于粗心大意，在进行酸奶订货时多打了一个零，使原本每天清晨只需3瓶的酸奶变成了30瓶。按规定这位女高中生必须承担损失，这意味着她一周的打工收入将付之东流，于是她只能想方设法地争取将这些酸奶赶快卖出去。女高中生灵机一动，把装酸奶的冷饮柜移到盒饭销售柜旁边，并制作了一个宣传单，写着“酸奶有助于健康”。令她喜出望外的是，第二天早晨，30瓶酸奶不仅销售一空，而且出现了断货。由此可见，商品陈列对于商品销售的促进作用是十分明显的。

资料来源：陈榴：《超市促销策划手册》，北京，经济科学出版社，2006。

分析：

商品陈列的目的是吸引顾客，激起顾客的购买心理，扩大商品销售量。商品陈列讲究艺术技巧，每一次富有创意的陈列都会起到意想不到的促销效果。本案例表现出商品陈列与促进商品销售之间的密切关系——富有创意的商品陈列会大大促进商品销售量。

商品陈列是展示商场风貌的“门面”，是吸引顾客的“向导”，在表现良好企业形象方面发挥着越来越突出的作用。富有艺术性的商品陈列，不但可以美化商场环境，营造良好的商场氛围，为消费者提供一种享受购物、享受消费的营业场所，而且可以促进商场的商品销售，提高商场经营业绩的。因此，可以说，商品陈列技术是商场服务技术的重要内容之一。

第一节 商品陈列的基本知识

一、商品陈列的定义

商品陈列是指商场为了最大限度地利用有限资源，以商品为主体，运用一定的艺术方法和技巧，借助一定的道具，将商品按销售者的经营思想及要求，有规律地摆设、展示，以方便顾客购买，提高销售效率的重要宣传手段，也是促销的主要形式。

二、商品陈列的作用

商品陈列的具有以下作用。

(一) 推荐商品传播信息

商品陈列可以实现与顾客的视觉沟通，以商品本身为主题传播商品信息，达到推荐、推销商品的目的。

(二) 美化店堂、规范环境

艺术化的商品陈列能够增强卖场环境的艺术表现力，达到美化店堂、营造气氛的作用，并可以活泼而具有特色的商品展示特性，增强商品的吸引力。

(三) 诱导消费、促进销售

商品陈列的目的就是吸引消费者进店选购商品，激发消费者购买欲望，诱导消费，达到促进销售的目的。

(四) 便利选购、提高效率

商品陈列不是随意性的，而是按照顾客的购买规律精心设计的，可以方便顾客识别商品，便利顾客选购，从而提高商品的销售率和经济效益。

三、商品陈列的原则

商品陈列的目的是使顾客进入商场后，清楚地了解到店内有什么样的商品，各种商品在什么地方等。因此，要达到此目的，商品陈列必须遵循一定的基本原则。一般来说，每平方米卖场陈列 11～12 个品种，1 000 平方米的超市要陈列上万种商品，顾客目光停在每种商品上的时间平均不过 0.5 秒，能驻足摸一摸、看一看的商品很少。因此，商品陈列必须追求使顾客在最短的时间内能看到尽可能多的商品。虽然，不同的商场在经营方式上存在着一定差异，在商品陈列上也都表现不同的特点，但无论选择何种陈列形式都必须遵循以下基本原则。

(一) 分区定位的原则

顾客到商场的主要目的，不是去浏览和感受潮流，也不是去享受环境的气氛，而是去购物。因此，要求每一类、每一项商品必须有一个相对固定的陈列位置，货位不要轻易变动。为了使顾客容易辨别陈列商品的所在地，商场必须设置商品配置位置分布图和商品批示牌，以方便顾客准确地找到商品所在的位置。为了使指示牌的提示性更加显著，在设计时可采取不同颜色指明不同商品类的位置，对顾客产生强烈的感观印象，顾客可以完全根据不同颜色的标记来判定各类商品的陈列位置，这样可以大大节省顾客购物时间。商品货位固定不要轻易变更，如果货位发生变更，要及时修改商品配置分布图和商品指示牌。

值得注意的是，在大的商品类货位固定时，货架上的单品存货有必要进行前后轮换，这样可以避免陈旧存货堆积。

(二) 易见易取的原则

易见易取是指商品的陈列位置应方便顾客识别，一目了然。顾客的视力参差不齐，尤其是商场的目标顾客有一些老年人，因此商品陈列必须易见易取，使他们不必花过多的时间去辨别商品的种类、规格及标签等，从而能快速、方便地完成购买选择。

要使商品陈列达到显而易见，商品陈列必须做到：

(1) 贴有价格标签的商品正面要面向顾客，要将商品价格牌规范地摆放在货架相应的位置。

(2) 每一种商品的陈列都保证顾客能辨别并找到，而不会被其他商品挡住。

(3) 不同货架层面陈列的形式应多样化，以达到表现商品的目的，如货架下层的商品不易被顾客看清楚，可以采取倾斜式陈列形式。

商品陈列在做到易见的同时，还必须使顾客方便拿取，让顾客伸手可及，确保顾客在选购时的便利和舒适。调查显示，顾客常常对于他们伸手可及的商品更为偏爱，购买比例较大，同时商品易取可以大大减轻顾客挑选商品时的劳累，也会使他们在商场里停留更多的时间，光顾更多商品部，这样自然会增加购买机会。

(三) 丰满陈列的原则

丰满陈列是指货架和柜台上陈列的商品必须体现出琳琅满目的效果。丰满陈列不仅可以给顾客商品丰富的好印象，还会使人的眼前发亮，产生购买冲动。如果顾客走进一家商场，发现货架和柜台空空如也或摆放混乱，就会大大降低购买兴趣。据美国的心理调查显示：陈列丰富的商场比不丰富的商场销售额平均高出24%。因此，商品陈列的丰富感，会极大地吸引顾客注意力，提高商品销售率。

(四) 先进先出的原则

商品的先进先出属于商品补货问题，因为顾客总是购买靠近自己的前排商品。这一原则要求在进行商品补充陈列时，先把未卖掉的剩余商品在货架中取出来，放进新补充的商品，然后在把先前剩余的商品摆放到新补充商品的前面。这是因为超市中出售的商品都有保质期限，尤其是食品，采用先进先出的补充陈列，可以在一定程度上保证顾客买到新鲜的商品，同时也避免了商品因陈旧堆积，也确保了商场的利益不受损失。

(五) 关联性的原则

关联性是指商品与商品之间有很强的相关性和互补性，即体现出消费者在消费时的连带性。因此在陈列商品时，应将关联性商品陈列在通道的两侧，或陈列在同一通道、同一侧的不同货架上，而不应陈列在同一组双面货架两侧。此外，把不同分类但有互补关系的商品陈列在一起，也体现关联性陈列的原则。这样陈列的目的是使顾客在购买某商品后，也会顺便购买陈列在旁边的其他商品。

(六) 同类商品垂直陈列的原则

垂直陈列是基于人的视线移动规律的考虑。人的视线上下移动方便，而横向移动较为不便，因此同类商品要垂直陈列，避免横向陈列。一方面同类商品垂直陈列可以体现商品的丰富感；另一方面，垂直陈列会使同类商品平均享受到货架上各个不同段位（上段、中段、下段）的销售利益，而不至于产生由于同类商品的横向陈列，而使同一商品或同一品牌商品都处于同一段位上，因而带来销售要么很好、要么很差的现象。同时，也不会由于同类商品的横向陈列而降低其他类别的商品所应享受的货架段位的平均销售利益。

（七）整齐清洁的原则

商品陈列整齐会使顾客产生舒服的感觉，提高商品的吸引力。而商品杂乱无章、随意堆放，会使顾客认为是卖不动的商品，影响顾客的购买情绪，即便是原本打算买也不愿意买。另外，商品的干净、清洁也是体现商场整体环境的一个方面，保持商品的清洁可以使顾客对商场环境产生新鲜的感觉。为此，要在商品陈列中十分注意货架、柜台的清理和清扫，保持商品的清洁整齐。在陈列商品时必须把商品擦拭干净，已上架的商品也要定时进行再擦拭。标签松落的商品要及时修复，弄脏、损坏、变质的商品应及时从货架上清除掉。

第二节　商品陈列的设备与方法

一、商品陈列的设备

商场的商品陈列设备及其组合方式受企业的经营特点制约。

（一）百货商场

1. 衣架

衣架的材料一般有木头和塑料两种。分为单独的裤子衣架、单独的裙子衣架、单独的上衣衣架、组合的外套衣架。裤子衣架一般采用挂式；裙子衣架采用夹式；上衣衣架制作成肩部的曲线形式；组合的外套衣架同时可以挂上衣和下装。

2. 挂衣柜

挂衣柜是衣柜和吊架的组合，可以吊挂西服、领带或袜子等。

3. 壁式陈列柜

壁式陈列柜与墙面相连，用木质材料装修，可以陈列各种商品。

4. 陈列展示台

陈列展示台可以根据销售卖场的具体要求制作，材料的选择有木头、玻璃、金属等，形状可采用方柱形、圆台形等，形式有封闭的和开放的。货品展示台是为了让消费者看得更清楚、拿取方便，商品一般不用包装或采用透明包装。

5. 人台和人体模特

人台和人体模特常用来展示最流行的服装或重点服装。人体模特有两种：一种与真人的形象相同并加上皮肤的颜色和毛发；另一种为白色或灰色，头发造型是雕塑状，应用范围较广。不同品牌的服装会选择与品牌定位相符的人体模特。需要注意的是人台和模特的选择尽量统一，而且摆放时留出一定的空间，排列不要太满。

（二）超市

1. 货架

陈列用的货架以多组可拆卸组合的钢制货架为主，高度以 135 厘米、152 厘米、165 厘米、180 厘米，长度以 90 厘米、120 厘米等为最常用的规格。商场的货架按形状通常分为三种形式：H形货架、HL形货架以及L形货架。H形货架通常用来陈列干货食品、日化用品、家电等，适合可以叠放的盒装商品；HL形货架通常用来陈列百货类商品，如家纺类、五金、文具、玩具、家居用品等商品；L形货架通常用来陈列体积小的百货类商品，如精品类用品、化妆品等。

商场使用哪种规格的货架，应根据该商场设计的理念以及商场的实际情况而定。一般来说，采用较高的货架可以陈列较多品种的商品，但商品的损耗率也较高，此种货架适合大型商场使用；低矮货架则视野良好，无压迫感，可以减少商品的丢失，此种货架适合便利店使用。

2. 端架

在整排货架的最前端及最后端，也就是动线的转弯处所设置的货架即为端架。端架是顾客在商场来回走动经过频率最高的地方，也是最佳的陈列位置。

3. 方形深篮

方形深篮通常用来陈列促销品，包括体积小、耗量大的商品，如袋装小食品、袜子、毛巾、洗衣粉等；或体积大、重量轻的商品，如棉被等。

4. 挂钩

挂钩是用来吊挂商品的，通常用来陈列服装、雨伞、袜子、文具、牙刷、球拍、五金、箱包、袋装小食品等需要吊挂的商品。有很多样式，如不带珠挂钩、带珠挂钩，单线挂钩、双线挂钩，承重挂钩等。

5. 隔物板

隔物板主要是用来区隔两种不相同的商品，避免混淆不清。目前常用的隔物板有两种：一种为塑料隔物板；另一种为不锈钢隔物板。而在长度的选择上，通常货架上段多使用较低且短的隔物板，货架下段则多使用较高且长的隔物板。

6. 栈板

为避免商品直接与地面接触受潮，必须使用栈板垫在最底层。最好使用木制、正方形的栈板，这样便可依场地所需任意组合。

7. 收银台端架

这是设在收银员前面用来陈列货物的货架。

8. 价格卡

价格卡用来标示商品售价并进行定位管理，若零售企业使用EOS（电子自动订货系统）订货，应用价格卡比较方便。价格卡一般用计算机打印，内容包括商品的号码、条码、售价、排面数，常贴于该商品陈列的货架凹槽内。除非商品配置改变，否则价格卡不需移动。价格卡也可采用不同的颜色，以区分存货，使订货、盘点更迅速。

9. 专柜

专柜是指精品区、烟酒区用来陈列贵重商品的玻璃柜。

10. 冷藏柜

冷藏柜是用来陈列需要冷藏食品的冷柜。

11. 冷冻柜

冷冻柜是用来陈列需要冷冻食品的冷柜。

商品陈列不是一成不变的，要经常变化，给消费者常变常新的感觉，不断吸引消费者的注意力，创造最佳销售效果。

二、商品陈列的方法

商品陈列因其所属业态的不同，主要分为封闭式陈列和开放式陈列两种类型。

封闭式陈列是利用柜台的柜面或在柜内陈列商品，开放式陈列是指在货架上或类似货架的物品上开架陈列商品。一般商场以开放式陈列为主，按照商品陈列的具体形式的不同，可以分为以下几种形式。

(一) 货架陈列法

货架陈列法是最基本的开放式陈列方法，这种方法是将商品陈列在固定好的货架上，货架一般高度为 165 厘米或 180 厘米。货架按高低从上至下分为四个段位。这四个段位包括黄金段、上段、中段、下段。四个段位陈列的商品，应根据陈列的要求加以设定。

1. 黄金段

黄金陈列段的高度一般在 90 厘米～120 厘米之间，它位于货架的第二层，是人们最易看到、最易拿取的商品陈列位置，因此是最佳陈列位置。此位置一般用来陈列高利润商品、自有品牌商品、独家代理或经销的商品。该位置最忌讳陈列无利润或低利润的商品，否则，会对商场销售收入和利润带来不必要的损失，影响企业经济利益。

2. 上段

上段即货架的最上层，高度在 120 厘米～160 厘米之间，该段位通常陈列一些推荐商品，或有意培养的商品。该商品经过一定时间后可移至下一层即黄金段。

3. 中段

货架的第三层是中段，其高度约为 50 厘米～85 厘米，此位置一般用来陈列一些低利润商品或为了保证齐全性的商品。也可陈列原来放在上段和黄金段上的已进入衰退期的商品。

4. 下段

货架的最下层为下段，高度一般在离地约 10 厘米～50 厘米。这个位置通常陈列一些体积较大、重量较重、易碎，利润较低但周转相对较快的商品，也可陈列一些顾客认定品牌的商品或消费弹性低的商品。

(二) 集中陈列法

集中陈列法也叫堆头陈列法，这是商品陈列中最常用和使用范围最广的方法，即在卖场开出一个空间或将端架拆除，将同一种商品或 2～3 种商品集中陈列于一个地方，作量化陈列，进行大量同样商品的堆码。这种方法最适合周转快的商品，如节日促销、新品促销等特殊陈列就是以集中陈列为基础的变化形式的陈列方法。

(三) 整齐陈列法

这是按货架的尺寸，确定单个商品的长、宽、高的排面数，将商品整齐地堆积起来以突出商品量感的方法。这是一种非常简洁的陈列方法，整齐陈列的货架一般配置在中央陈列货架的尾端，这种方法适合于商场欲大量推销给顾客的商品及折扣率高的商品，或因季节性需要而购买率高、购买量大的商品，如夏季的清凉饮料、啤酒等。整齐陈列法有时会令顾客感到不易拿取，必要时可做适当变动。运用整齐陈列法一般是作重点、精品展示，以突出卖点。

（四）随机陈列法

这是为了给顾客一种“特卖品即为便宜品”的印象，而在确定的货架上将商品随机堆积的方法。如随便堆放的便宜皮鞋、围巾、过季服装、糖果和小食品等。采用随机陈列法所使用的陈列用具，一般是一种圆形或四角形的网状筐或带有凹槽的货架，另外还要带有表示特价销售的牌子。随机陈列的网筐的配置位置基本上与整齐陈列一样，但也可配置在中央陈列架的走道内，紧贴在其中一侧的货架旁，或者配置在卖场的某个冷落地带，以带动该处陈列商品的销售。

（五）兼用随机陈列法

这是一种同时兼有整齐陈列和随机陈列特点的陈列方法，其功能也同时具备以上两种方法的特点，但是兼用随机陈列架所配置的位置应与整齐陈列一致，而不能像随机陈列架那样有时也配置在中央陈列架的过道内或其他地方。

（六）盘式陈列法

盘式陈列法也叫割箱陈列法，这是将装商品的纸箱底部作盘状切开后留下来，然后以盘为单位堆积上去的方法。这样不仅可以加快商品陈列的速度，而且在一定程度上提示顾客可以整箱购买。有些盘式陈列只在上面一层作盘式陈列，下面的则不打开包装箱而整箱地陈列上去。盘式陈列架的位置可与整齐陈列架一致，也可陈列在进出口处。这种方法适合于陈列饮料、啤酒等商品。

（七）端头陈列法

端头是指双面的中央陈列架的两头，是客流量最大、往返频率最高的地方，顾客可以从三个方向看见陈列在这一位置的商品。端头一般用来陈列要推荐给顾客的新商品、特价品、知名品牌商品及利润高的商品。端头陈列的商品如果是组合商品，则比单件商品更有吸引力。因此，端头陈列应以组合式、关联性强的商品为主。

（八）岛式陈列法

这是在超市的进口处、中部或底部不设置中央陈列架，而配置特殊的展台陈列商品的方法。它可以使顾客从四个方向看到陈列的商品。岛式陈列的用具较多，常用的有冰柜、平台、大型的网状货筐和屋顶架等。这种方法适合于陈列色彩鲜艳、包装精美的特价品、新产品等，岛式陈列的用具不能过高，否则会影响整个卖场的空间视野，也会影响顾客对商品的选购。

（九）窄缝陈列法

这是为了打破中央陈列架定位陈列的单调感，在中央陈列架上撤去几层隔板，只留下底部的隔板形成一个窄长的空间，进行特殊商品的陈列的方法。这种方法适合于陈列新商品或利润高的商品，一般只能是1～2种商品，以突出表现商品的量感，能起到较好的促销效果。

（十）突出陈列法

这是为了打破单调感，吸引顾客进入中央陈列架里，而在中央陈列架的前面将特殊陈列在突出位置的方法。如在此面上作一个突出的台，并在其上面堆积商品，或将中央陈列架下层的隔板做成一个突出的板，然后将商品堆积在此板上。突出陈列不能影响购物通道的畅通，一般适合于陈列新产品、促销商品及廉价商品。

(十一) 悬挂式陈列法

这是将无立体感的扁平或细长形的商品悬挂在固定的或可以转动的装有挂钩的陈列架上的方法。它能使这些本无立体感的商品产生良好的立体感效果，使商品生动形象，从而引起消费者的注意，并能陈列方法所带来的变化。这种方法适合于陈列零售、日用品、文具、儿童玩具及小五金工具等。

第三节 商品陈列的技巧

商场商品陈列是一项具有创意性较强的技术工作。因此，对于卖场作业人员而言，商品陈列技巧的运用尤为重要，在进行商品陈列时，首先要进行商品种类的划分，根据不同种类的商品自身特性，运用相应的陈列技巧进行陈列。下面我们对不同种类的商品进行陈列技巧研究。

一、百货的陈列技巧

这部分商品顾客经常消费，购买频率高，通过一定的陈列技术可以扩大其销售量。在商场中，百货陈列主要采用货架式和柜台陈列。陈列的技巧主要有以下几种。

(一) 分类陈列

在商场内，出售的商品种类很多，主要是利用货架进行陈列，为了使种类繁多的商品具有较强的吸引力，有必要运用陈列技巧——分类陈列。首先要将商品按照顾客购买习惯进行细分市场。例如，瓶装饮料商品可细分为碳酸饮料、果汁饮料、维生素饮料、矿泉水等进行分类陈列；服饰部，则往往配合服装的功能，根据其色彩和款式，以及使用场合等，来进行陈列分类，以便于顾客选购。分类陈列是整个卖场陈列范围最广的部分，凡是陈列在陈列台、货架、吊架、橱柜的商品都属于分类陈列，因此在陈列时特别要注意商品的丰富感与特殊性。

在分类陈列时，应按照经营定位把适应本卖场消费层次和消费特点的主要商品品种陈列出来，并突出有代表性的商品，充分地利用好货架空间与位置。如货架上的内衣陈列，可以按规格进行陈列，即从一般常见的小规格到较大规格依次分类陈列；也可按品种进行陈列。这样既能体现每个规格均有货，又能展示出商品的多样性和丰富感，有利于激发顾客的购买欲望。

分类陈列的主要目的是使商品陈列一目了然，方便顾客选择，不断促进商品销售。因此，商品陈列时应注重强调某一方面的齐全性，杜绝毫无章法的胡乱堆放。如果忽视陈列的效果，则会造成顾客降低对商品档次的认识，最终影响到整个企业的经营效果。

(二) 主题陈列

主题陈列也称展示陈列，即在商品陈列时借助卖场内的特别展示区，运用各种艺术手法、宣传手段和陈列器具，配备适当 POP 广告，突出某一重点商品。

商场中的展示陈列主要是依靠中央区域搭建的临时地堆来实现。展示陈列必须明确打出一个主题，吸引顾客的注意力，使其产生联想和强烈的购买欲望。因此，陈列的商品往往是为了配合某些节日，或主题活动等，新产品或特价促销商品是展示陈列的重点。主题陈列有时可以是一种商品，如某一品牌的食用油等；有时也可以是一类商品，如新型化妆品、工艺小礼品、装饰品等。由于顾客越来越注意视觉、听觉、触觉等各种享受，所以为了吸引大量的顾客，展示陈列的商品应尽量少而精，必须运用各种辅助器具或装饰物来突出商品的特性，而且在商品的色彩、设计、外形等方面要让顾客留下深刻的印象。如果陈列时有店员配以解释、说明，会加大商品的吸引力。

（三）季节商品陈列

在季节变换时，商品陈列应相应变换，随时调整商品的陈列布局。季节商品陈列要永远走在季节变换的前面，例如，尚未到炎热的夏季，短袖衬衫、短裤、裙子都应早早地提上柜台，同时注意商品前景色调的布置，给顾客创造一个清爽的购物环境。一般来说，商场内的商品不可能都是应时应季商品，因此应做到不同商品有不同面积分配和摆放位置。一般应时应季商品应多占卖场面积，并摆放在靠近卖场入口、通道边等显眼的位置上，而淡季商品则适量地陈列，以满足部分顾客的需求。即使是那些没有季节性的商品，也应经常地从商品颜色、大小、式样等方面进行交换陈列。

总之，季节商品陈列主要强调“季节性”，要随着季节的变化而提早调整、及时更换。陈列场所要与周围出售商品的部位、环境相协调。陈列的背景、色调要与陈列商品相一致。

（四）综合配套陈列

综合配套陈列也称视觉化的商品展示。近年来，由于顾客生活水平日益提高，消费习惯也在不断变化。为了能和顾客的生活相结合，商场应在商品陈列表现上运用综合配套陈列法，即强调销售场所是顾客生活的一部分，使商品的内容和展示符合顾客的某种生活方式。例如，有些家电专营店对彩电商品的陈列采用综合配套陈列，陈列效果非常好。在日本及欧美国家的卖场应用综合配套陈列技巧进行商品陈列已经很普遍。综合配套陈列技巧的运用，能增强卖场环境气氛，突出商品的魅力。

二、食品和洗涤用品的陈列技巧

食品是超市卖场的主力商品，应该陈列在卖场主通道两侧或商场的主要位置，这些位置通常是顾客必然经过的地方。洗涤用品是顾客日常生活的必需品，即使陈列在卖场通道的末端，顾客也愿意前往选购，这样反而会吸引顾客进入到卖场的最里面。

食品和洗涤用品的陈列有以下技巧：

（1）主力商品与辅助商品搭配陈列。

（2）食品与非食品（装食品的器皿、包装等）搭配陈列。

（3）购买频率高的商品与购买频率低的商品搭配陈列。

（4）单价高的商品与单价低的商品搭配陈列。

（5）女士商品与男士商品搭配陈列。

（6）一般商品与儿童商品搭配陈列。

三、日配品的陈列技巧

（一）基本要求

日配品的陈列方法主要有冷藏柜陈列和集中陈列。如袋装奶周转快，顾客购买率较高，就应该运用集中陈列法，将其交叉重叠堆放起来。

日配品陈列的基本要求应体现在先进先出、定期检查、客观清理三个方面。按照商品进入卖场的时间顺序，控制好日配品的品质。

（二）陈列技巧

1. 量贩廉价的陈列技巧

量贩廉价陈列的目的是让顾客可从多种商品中选择，使其有满足感、季节感、新鲜感。就日配品而言，应尽量做到突出陈列或多层次陈列。

2. 提高店内销量的陈列技巧

采取商品关联性陈列是极好的方法，如比萨饼和奶酪、辣酱在一起陈列。

3. 与他店差别化的陈列技巧

与他店差别化的陈列的目的是避免商品在价格上的竞争。

4. 配合全店促销主题的陈列技巧

由各部门提供专区进行主题式促销陈列，如节日促销。

四、果菜的陈列技巧

果菜又称蔬果，指蔬菜与水果，是超市最主要的商品之一，体现着现代超市经营的特色。一般而言，果菜部门的营业额约占超市整体营业额的8%～20%。在超级市场里，果菜的品种一般在50～100种之间，随季节而变化。顾客可从中挑选购买自己所喜好的品种。因此，果菜的陈列必须根据其形状、大小、规格而采取不同的陈列技巧，以展示出果菜的美感，以吸引顾客购买。

（一）基本要求

1. 符合商品分类的要求

果菜陈列可分为蔬菜区域和水果区域。蔬菜区域可以分为叶菜区域、果菜区域等，其中果菜区域又可分为瓜类、豆荚、根茎等；水果区域又可分为热带水果、瓜类、大宗水果等。

2. 符合质检要求

果菜在销售区域进行陈列之前，必须进行质检程序，确保所有货架上的商品符合优良品质的标准，体现出果菜经营的“新鲜”宗旨。在营业期间，对销售区域上陈列的商品也要进行质检，一旦发现腐烂变质的蔬菜、水果等，要及时处理。

3. 符合色彩丰满的要求

果菜的色彩丰富、鲜艳，陈列时应注意颜色的适当组合和搭配，应充分体现出果菜的丰富和新鲜，既能给顾客赏心悦目的新鲜感，又能较好地促销所陈列的商品，这一点是蔬果陈列的技巧所在。

4. 符合清洁卫生的要求

清洁卫生主要是指水果、蔬菜应干净整洁，无泥土、杂草等。一般水果在采摘后都已经进行了处理，部分大宗产品的水果处理不彻底的，要进行处理后再陈列。蔬菜主要是通过净菜的推广和蔬菜的自行加工过程来保证其整洁。同时，还要加强陈列区域、设备、器具的清洁卫生。

（二）陈列技巧

1. 圆积型陈列

圆积型陈列主要用来陈列圆形的水果和蔬菜。如苹果、柚子、葡萄等水果以及西红柿、茄子等蔬菜。陈列方法的步骤是：首先要排底面最下层的前面部分，接下来排边面，然后才排中央面第一层的部分，第二层要排在第一层商品与商品之间，接下来再排第三层、第四层。

2. 圆排型陈列

在并排或堆积圆形的蔬菜和水果时，可用隔物板等来支撑邻接的商品，将容易松垮的圆形叠成不容易松垮的形态。这是陈列体积较大的果菜的方式，如冬瓜、椰子、西瓜等。具体陈列方法是：先排好底面的第一层前面的部分，然后再继续排。因为有隔物板固定边面，所以商品与商品之间不要留有空隙。

3. 茎排型陈列

茎排型陈列是用来陈列葱、芹菜等长形蔬菜的一种形式，将这些果菜朝一定的方向排列时，边面的地方就会形成一条直线。茎排型的陈列方法是：决定了果蔬的根或叶子的排列方向后，就可以整齐紧密地堆起来。堆的时候要注意让商品互相重叠。边面的部分若摆得整齐，商品就可保持一定的长度。

4. 交错型陈列

交错型陈列适用于陈列长度较长，但厚度不一的果菜，摆放时要根叶相对，交错陈列。其陈列的方法是：一层根（较粗的部分）、一层叶（较细的部分）地交互堆积。如每一层中的两列都以相同的方向来排列，所陈列出来的效果将会相当完美。

5. 格子型陈列

格子型陈列是陈列白萝卜、胡萝卜等尖形蔬菜的一种形式，因为彼此交错层叠成类似格子的陈列，被称为格子型陈列。其陈列方法是：先决定好第一层商品的排列方向，然后陈列底面的部分，接着排前面和边面的部分；排第二层的商品时，要与第一层的商品保持直角，形成格子状。陈列胡萝卜时，要将根或叶子的部分保持一定的方向，并互相堆积成格子状或“井”字状。

6. 段积型陈列与阶梯型陈列

段积型陈列与阶梯型陈列的差别在于，阶梯型陈列要用阶梯形的货架，而段积型陈列则依靠商品自身的摆放而成形。段积型陈列类似于积木，顶部到底部的线条呈阶梯状的形式。阶梯型陈列的陈列方法是：决定好前面和底面后，接着排中央面的部分，作好第一层的陈列；陈列第二层的商品时，要比第一层的商品后退约 1 个或 1.2 个商品的距离，从前面的部分陈列起（随着商品软硬程度的不同，第二层以上的位置也会随着改变）。

五、肉类的陈列技巧

肉类品种很多，一般人食用的肉类主要有猪肉、牛肉及鸡肉等。人们对肉类的喜爱会随着国情与供需的不同而有相当大的差异。

（一）基本要求

（1）陈列面不要超越装载线，以免堵塞回风口而影响展示柜的冷气对流。

（2）商品的标示要面向顾客，使顾客容易了解其包装日期、单价、总价及重量。

（3）每一种类要以分隔板间隔，以使顾客明确。

（4）牛、羊、猪、鸡、鸭肉等商品要分类陈列于各自的区域，系列产品要陈列在一起。

（5）展示柜的照明应用相适宜的灯管，来凸显肉色。

(6) 关联性产品不妨在柜前另立架陈列，如烤肉酱、黑胡椒等。

(7) 体积大且重的肉类要置于下层，以使顾客易选、易拿、易看。

(二) 陈列技巧

1. 禽类商品陈列技巧

家禽类的单品有30余种，以3米的展示柜而言，其底层以陈列体积大、较重的全鸡及全鸭为主，如全土鸡、半土鸡、乌骨鸡、全仿土鸡、半肉鸡、土生鸭等单品；第二层则以切块或切半的鸡、鸭为主，如土鸡八块、土鸡大腿、肉鸡八块、肉鸡大腿、鸡腿排、乌骨半鸡、乌骨八块、土生鸭八块及1/4土生鸭等单品；第三层则陈列小部位肉品，如棒棒腿、翅小腿、三节翅、二节翅、鸡里脊、鸡胸肉、鸡胸骨、鸡丁、鸭翅、火鸡腿、火鸡翅及鸡肉丝等单品；最上层则陈列包装量小的内脏为主，如鸡肝、鸡脑、鸡肠、鸡脚、鸭掌、鸭心、鸭腕、鸭肠、鸭血等单品。

2. 猪肉商品陈列技巧

猪肉经商品化处理后的单品有40余种，在陈列时要突出面，陈列面须比家禽类的陈列面宽。一般采用3.6米长的展示柜来陈列较能促进其销售。其中猪肉火锅片及五花肉片属于火锅类，为了满足顾客购买的方便，在陈列时与牛肉火锅片及羊肉火锅片并排陈列较为合适，其他的单品则宜依陈列原则来摆设。底层陈列龙骨、大骨、小骨、猪肉丝、猪小排、前腿红烧肉块、后腿红烧肉块等项单品；第二层陈列前腿肉、前腿赤肉、后腿肉、后腿赤肉、后腿猪排、后腿赤肉片、五花肉片、五花扣肉、五花肉、猪肉丁等项单品；第三层则陈列猪脚、蹄膀、小里脊、小里脊切半、小里脊切块、里脊肉、里脊肉片、里脊猪排、猪耳等项单品；最上层则陈列猪内脏类，如猪肝、猪血、猪心、猪腰、猪腰子、猪肚、猪大肠、猪小肠、粉肠、大肠头、猪舌等项单品。

3. 牛、羊肉类商品陈列技巧

牛、羊肉的价格一般比其他肉类高，随着人们生活品质日渐提高，消费趋势日趋多样化，牛、羊肉的需求量已明显提高，经营企业应把握机会，作好牛、羊肉商品的陈列，以吸引更多的消费者购买。以1.8米长的展示柜为例，其下层可摆设火锅类的肉片，如牛肉火锅片、羊肉火锅片等项单品；第二层则陈列红烧类的红烧牛腩块、红烧里脊、红烧牛肋块、长条牛腩、羊腱块、红烧羊腩块、带骨羊肉块等项单品；第三层则陈列牛排类，如纽约牛排、沙朗牛排、丁骨牛排、腓力牛排、薄片牛排等项单品；第四层则陈列牛腩、牛尾、毛肚、牛筋、牛腱肉、羊肉丝、牛肉丝等项单品。

六、针织品的陈列技巧

对于针织品的陈列，应以展示针织品的色泽、花样、质地为主。由于针织品的用途不同，规格各异。因此，在陈列时要根据不同商品的自身特性采取有针对性的陈列。

(一) 手帕陈列

手帕富有极强的装饰性，除可以运用支架陈列以展示其花样全貌外，还可以适当运用特殊技法，折叠成花束点缀陈列，或者做一个手帕花篮摆起来。

(二) 毛巾、枕巾陈列

一般运用支架陈列，以展示其花样、品种和规格。

（三）浴巾、沙发巾、毛巾被陈列

因规格较大，在橱窗中陈列时可折叠，以缩小其体积。但在折叠时要做到折纹整齐、线条流畅、弧线自如、手法巧妙，以充分显示其使用舒适的柔软感。

（四）头巾、围巾陈列

头巾、围巾陈列时一定要表现其花样、展示其质感。手法可采用吊挂、折叠等。

（五）袜子陈列

从花形上看，袜子分为全花、面花、袜筒边花；从原料上看，有线袜、棉袜、丝袜、尼龙袜等。陈列时要注意展示花色和质地，可用支架、托板、脚部模型的吊挂等方式布置。

（六）床单、被面、台布陈列

适宜采用摊开和折叠相结合的方法陈列。要注意展示花形，便于顾客比较。折叠时要整齐，起首、结尾要美观、自然。

（七）毛毯陈列

毛毯属于高档商品，陈列时要注意表现其弹性强、易复位的质量特点。同时也应以摊开和折叠相结合，宜陈列在柜台中的显要位置。

七、服装的陈列技巧

服装的品种繁多，各有差异。既有男装与女装之分，又有裤装与衣装之分；既有内衣与外衣之分，又有棉衣与单衣之分。所以在陈列时要注意做好商品分类，注意时令，在陈列时一般可以利用模型的各种姿态——坐、立、行、舞蹈、游戏、运动等生动活泼的姿态去陈列和布置。为了达到服装陈列的效果，陈列人员平时要注意观察人们在生活中各种习惯动态，并在此基础上进行必要的艺术加工。陈列服装之前，要将服装展开、烫平，有的还要进行折叠加工，以使陈列的商品简洁生动、形象美观，又能展示其质地、式样、花型的特征。

八、鞋帽的陈列技巧

鞋类的品种繁多，陈列时要以展示式样、质地、规格、工艺为主。鞋类商品可供挑选性强，在陈列时要充分考虑这个特点。例如，用支架将鞋一正一反地陈列，鞋底和鞋面都可展示出来。也可用立体陈列箱、吊挂、脚部模型排列陈列，便于顾客挑选比较。陈列鞋类商品时，要以展示商品为主，切不可片面追求动态的逼真而本末倒置。陈列前，要把商品整理好，系好鞋带，鞋内要用纸或布等填塞饱满，以准确展示商品的式样。帽类的品种也较多，陈列时可用支架吊挂陈列。

技能训练

一、实训项目

1. 组织学生到大型百货商场、超市及家电专营店考察商品陈列方式，并撰写评价报告。

2. 安排学生到校内实训室进行商品柜台陈列操作训练。分组进行柜台陈列，指定不同品牌30个品种的护肤霜、香水及洗面奶进行陈列训练。要求商品陈列位置合理，易见易取，方便参观选购；陈列丰满，排面协调，形成系列；主力商品突出，重点明确；商品色彩和谐。

3. 安排学生到校内实训室进行商品货架陈列操作训练。分组进行货架陈列，指定不同品牌20个品种的饮料或小家电进行陈列训练。要求商品陈列位置合理，易见易取，方便参观选购；陈列丰满，排面协调，形成系列；主力商品突出，重点明确；商品色彩和谐。

4. 安排学生到校内实训室进行商品展示台陈列操作训练。分组进行节日促销展台陈列，指定不同品牌3个品种的促销品进行陈列训练。要求商品陈列位置合理，易见易取，方便参观选购；陈列丰满，排面协调，形成系列；主力商品突出，重点明确；商品色彩和谐。

二、达标考核

1. 规定各项目达标的时间。学生应在规定时间内完成项目内容，超时扣分。

2. 制定评分标准。优秀：熟练掌握各种方式的陈列技巧，陈列美观新颖；良好：能在规定时间内完成规定项目，但缺少新颖性；及格：基本符合达标要求，但某些陈列方式欠规范；不及格：未能按要求完成项目训练内容。

思考与练习

1. 商品陈列的基本原则有哪些？
2. 商品陈列的基本方法有哪些？
3. 商场商品陈列的主要工具有哪些？
4. 百货的陈列技巧有哪些？
5. 食品和洗涤用品的陈列技巧有哪些？
6. 针织品的陈列技巧有哪些？
7. 果菜的陈列技巧有哪些？
8. 日配品的陈列技巧有哪些？
9. 肉类的陈列技巧有哪些？
10. 服装的陈列技巧有哪些？
11. 鞋帽的陈列技巧有哪些？

第七章

商场服务礼仪艺术

知识点

- 掌握服务礼仪的原则基本要求
- 掌握原服务规范

技能点

- 营业人员站姿、走姿训练
- 营业人员手势、表情的训练

资料导入

中国空姐的微笑

一次，在上海飞往广州的飞机上，有两位外国女郎金发碧眼、衣着华丽。可刚上飞机她们就皱起眉头，掩着鼻子直嚷机舱里有怪味。一位空姐微笑着走来，请她们原谅，并递上一瓶香水。她们把香水扔到了角落里，接着又是一连串的刁难。空姐虽然觉得自尊受到伤害，仍笑脸相待，一一满足她们的要求。当空姐给她们送来可乐时，她们还没喝，就说可乐有问题，甚至将可乐泼到空姐身上。空姐强忍这种极端无礼的行为对自身人格的侮辱，再次把可乐递过去。微笑着、不亢不卑地说："小姐，这可乐是贵国的原装产品，也许贵国这家公司的可乐都是有问题的。我很乐意效劳，将这瓶可乐连同你们的芳名及在美国的地址寄给这家公司，我想他们肯定会登门道歉并将此事在贵国的报纸上大加渲染的。"

两个女郎目瞪口呆，那位了不起的空姐还是面带微笑地将其他饮料送给她们。事后这两位女郎留了一封信，信中自责太苛刻、太过分，而中国空姐的服务和微笑是世界一流、无可挑剔的。

资料来源：零售服务培训教材案例。

分析：

中国空姐面对两位外国女郎的极端无礼的行为，展示了良好的职业素养和规范的服务礼仪。她用优质的服务、真诚的微笑感动着顾客，赢得了顾客的满意，提高了企业的美誉度。

商场不但是商品交易的场所，也是社会精神文明的窗口，商场营业人员的服务礼仪既是自身修养和职业道德的体现，又是企业文化和形象的具体显现。

随着社会物质文明的发展，顾客的精神需求也越来越明确、越来越高。现代企业的竞争，已不仅仅是产品本身的竞争、硬件设施的竞争，更是员工素质的竞争、优质服务的竞争。

良好的礼仪修养与服务技能可以帮助工作人员以自己专业、得体、有礼、有节的形象以及交流技巧，给客户留下良好的第一印象，并可以提高销售成功率、客户满意度与企业美誉度。

第一节 服务礼仪的原则与要求

商场营业人员服务礼仪的原则与要求是受其职业性质决定的。服务性企业的营业人员必须为顾客提供优质的服务，用较好的服务礼仪接待好每一位顾客。

一、服务礼仪的原则

商场营业人员需要用服务礼仪的原则来指导和规范自己的行为，做好服务工作。具体包括以下原则。

(一) 自律原则

对待个人的要求，是礼仪的基础和出发点。最重要的就是自我要求、自我约束、自我控制、自我对照、自我反省，这就是所谓的自律原则。如果商场营业人员对自己的礼仪没有要求，只挑剔顾客，就无法与顾客有良好的沟通，也无法实现营业活动。

(二) 敬人原则

商场营业人员在与顾客的交互活动中，不仅要互谦互让、互尊互敬、友好相待、和睦共处，更要将对顾客的重视、恭敬、友好放在第一位。

(三) 宽容原则

商场营业人员既要严于律己，也要宽以待客。要多容忍、体凉、理解顾客，不可咄咄逼人，要允许顾客有个人行动和独立判断的自由。

(四) 平等原则

商场营业人员对任何顾客都必须一视同仁，不能对不同的顾客厚此薄彼、区别对待。

(五) 从俗原则

由于国情、民族、文化背景等的不同，商场营业人员在与顾客的交往中，实际存在着“十里不同风，百里不同俗”的现象。营业人员对这一客观现实要有正确的认识，要了解不同民族、不同国家的习俗，尊重其忌讳。

(六) 真诚原则

真诚就是要求商场营业人员在服务中务必诚实无欺，言行一致，表示出对顾客的诚心与友好，才能更好地被顾客所理解和接受。

(七) 适度原则

在热情周到地为顾客服务时，商场营业人员还要注意把握分寸、得体适度。过了头或者做得不到位，都不能正确地表达敬人之意。

二、服务礼仪的要求

（一）健康的身体

商场营业人员是商场的一线服务者，每天都要与各种各样的顾客打交道，每个时期都有不同的促销活动要完成，需要有充沛的体力和精力，所以健康的身体是重要的保证。

（二）恰当的仪表和装束

恰当的仪表和装束不仅对顾客而且对商场营业人员自身都会产生良好的效果，恰当的衣着打扮既能增强自信心，又有助于商场的营销，因此衣着恰当的标准应该是尽力接近顾客的审美水平，接近每次促销活动的主题，反映服务行业的职业要求。

（三）彬彬有礼

（1）彬彬有礼的服务就是在销售过程中讲礼貌，对顾客用尊称，表示尊重；在销售商品时，要言之以礼，心平气和，尊重别人的选择权利。

（2）礼貌涉及许多方面，如在神态、语言、动作等方面都可以显示出礼貌。

（3）一个商场营业员如果能够从语言、举止、服装、风度等方面讲究礼仪，就会增加个人魅力，带给别人愉快和信任，并能赢得别人的尊重。

（四）善于交谈

在很多情况下，销售是通过与顾客交谈来进行的，所以掌握说话的艺术是一项业务性的要求。销售的核心是说服，所以它比仪表、装束还重要。优秀的商场营业员往往都会认真仔细地总结出一套交谈的技巧，以便更容易地达成销售目标。

（五）举止得体

人的举止可以表现出他的内心世界，表现出一个人的精神面貌和情感。如恭敬的举止表现出对别人的尊重和礼貌、敏捷的动作表现出殷勤和快乐等。所以，在服务活动中举止得体十分重要。

（六）待人热情

（1）待人热情是指营业人员在接待服务对象时，要有热烈的情感。对营业人员来说，是否待人热情直接关系到商场的形象及其经济效益。

（2）待人热情还是职业活动的需要，是与人交往的首要条件。因此，营业人员在服务是应做到微笑迎客、亲切友好、主动热情。

第二节 服务礼仪的规范

一、仪容仪表规范

仪表，是人的外表，一般来说包括人的容貌、服饰和姿态等方面。仪容是指人的容貌，是仪表的重要组成部分。仪容仪表是一个人的精神面貌、内在素质的外在体现。一个人的仪容仪表往往与其生活情调、思想修养、道德品质和文明程度密切相关。商场营业人员对外代表企业的形象，良好的仪容仪表不仅能让顾客感到愉快，提高购物兴致，而且能使营业人员自己更自信。

（一）仪容规范

（1）讲究个人卫生，树立整洁利落形象。个人卫生是商场向顾客提供优质服务的基础和前提，个人卫生也是良好的仪容所必须具备的基本要求。整洁、卫生是树立良好的个人形象的首要条件。

（2）头发应修剪、梳理整齐，保持干净，禁止梳奇异发型。发型大方是个人礼仪的最基本要求。作为商场营业人员，乌黑亮丽的发质、端庄文雅的发型，能给顾客产生美的感觉，并反映出商场营业人员的精神风貌和健康状况。

（3）男营业员不能留长发（以发角不盖过耳背及衣领为度），禁止剃光头；女营业员留长发应以发带或发卡束住。为了确保头发的整洁，商场营业人员必须自觉地对自己的头发进行清洗、修剪和梳理，以保持头发整洁，没有头屑，没有异味。

（4）面容是人的仪表之首，商场营业人员的美容化妆不仅是自身仪表美的需要，也是满足顾客审美享受的需要。男营业员不宜化妆，应该每天修面剃须，不留小胡子、大鬓角，整洁大方。女营业员提倡化淡妆，不能浓妆艳抹。女营业员脸颊部位的化妆应使面部的两颊泛出微微的红晕，产生健康美丽的效果；眼妆应与脸形和五官比例匀称、协调一致；嘴唇是人五官中显眼的部位，是人身上最富有表情的器官，嘴唇的化妆主要是涂口红（唇膏），口红以红色为主，不准用深褐色、银色等异色。

（5）指甲应修剪整齐，保持清洁，不得留长指甲，不准涂指甲油（化妆柜台营业员因工作需要可除外）。食品柜、生鲜熟食区、快餐厅员工不得涂指甲油。

（6）营业员上班前不宜吃葱、蒜等有异味的食物，不喝含酒精的饮料，保证口腔清洁。

（二）仪表规范

（1）商场营业员着装应整洁、大方；服装颜色力求稳重，不得有破洞；纽扣须扣好，不应有掉扣；不能挽起衣袖；工作制服有统一规范要求，不能随意修改；要注意领子和袖口上的洁净，注意保持制服整体的挺括。

（2）营业人员上班必须着工装。工装外不得着其他服装，工装内不得露出衣服下摆。非因工作需要，不得在商场、办公场所以外着工装。上班时间不宜着短裤、短裙（膝上10厘米以上）及无袖、露背、露胸的服装。

（3）鞋也是着装的一部分。在工作岗位上穿黑色或咖啡色皮鞋，禁止穿运动鞋、拖鞋、草编鞋等。男营业员的袜子颜色应跟鞋子色彩和谐，不要穿白色线袜或露出鞋帮的有破洞的袜子。女营业员应穿与肤色相近的丝袜。

（4）工作牌是商场营业员个人形象的重要组成部分之一。无论是哪一个具体部门的商场营业员，上班时间必须佩戴工牌，工牌应端正佩戴在左胸前适当位置。非因工作需要不能在卖场、办公场所以外佩戴工牌。要对工牌认真爱护，保证其完好无损。

（5）快餐厅、面包房及生鲜熟食区服务员上班时间必须戴帽，并将头发束入帽内。其他人员非因工作需要上班时间禁止戴帽。

二、行为举止规范

优美的仪态让人不仅在心理上感觉舒服，而且在精神上也得到一种享受。

人的基本体态有站、坐、走三种姿势，优美的站、坐、走姿势，能展现人的动态美和静态美，同时也是一个人良好气质与风度的展现，在商场服务中尤为重要。

(一) 站姿

1. 基本站姿

(1) 站正，双腿并拢立直，两脚跟相靠，脚尖分开成“V”形，开度一般为45°～60°，身体重心落在两脚中间。

(2) 胸要微挺，腹部自然地收缩，髋部上提，挺直背脊。

(3) 双肩舒展、齐平，双臂自然下垂（也可在背后交叉或体前交叉），虎口向前，手指自然弯曲，中指贴裤缝。

(4) 头正，颈直，双眼平视前方，嘴微闭，面带微笑。

2. 服务站姿

商场营业人员在工作中的站姿通常有以下几种：

(1) 腹前握指式站姿。

1) 站姿一：在基本站姿的基础上，两手握于腹前，右手在上，握住左手手指部位，两手交叉，轻点在衣扣垂直线上。

2) 站姿二：对商场女营业员而言，在基本站姿的基础上，两脚尖略展开，右脚在前，将右脚跟靠于左脚内侧前端，两手握指交于腹前，身体重心可在两脚上，也可在一只脚上，以通过两脚重心的转移减轻疲劳。对商场男营业员而言，在基本站姿的基础上，左脚向左横迈一步，两脚之间距离不得超过肩宽，两脚分开平行站立，两手握指于腹前，身体重心在两脚上，身体直立，注意不要挺腹或后仰。

(2) 后背握指式站姿。

在基本站姿的基础上，两臂后摆，两手在身后相握，右手握住左手手指部位，左手在上，置于髋骨处，两臂肘关节自然内收。

(3) 单臂后背式站姿。

1) 左臂后背式站姿：在基本站姿的基础上，左脚前移，将脚跟靠于右脚内侧中间位置，两脚尖展开90°，成左丁字步，左手后背，右手自然下垂，身体重心在两脚上。

2) 右臂后背式站姿：在基本站姿的基础上，右脚前移，将脚跟靠于右脚内侧中间位置，两脚尖展开90°，成右丁字步，右手后背，左手自然下垂，身体重心在两脚上。

(二) 坐姿

1. 基本坐姿

坐立时，头正，颈直，双目平视前方或正视对方，嘴微闭，面带微笑。身体自然坐直，挺胸收腹，腰背挺直。双腿并拢，小腿与地面垂直，双膝和双脚跟并拢。双肩放松下沉，双臂自然弯曲内收，双手呈握指式，右手在上，手指自然弯曲，放在腹前双腿上或座位扶手上。

端坐时间过长会使人感觉疲劳，这时可变换为侧坐。无论哪一种坐姿，都应娴熟自如，切忌弯腰驼背，含胸挺腹，前俯后仰，摇腿跷脚，双膝分开，跷二郎腿。入座与起座时应舒缓、自然大方，动作不可过猛。

2. 常见坐姿

(1) 双腿垂直式坐姿。

这种坐姿是正式场合最基本的坐姿。有时根据情况，上体可稍稍前倾。它给人以诚恳、认真的印象。

（2）开膝合手式坐姿。

在基本坐姿的基础上，双脚向外平移，两脚间距离不得超过肩宽，两小腿垂直于地面，两膝分开，两手合握于腹前。此坐姿仅适于男营业员。

（3）前伸式坐姿。

在基本坐姿的基础上，女营业员左脚向前伸出，小腿与地面的夹角不小于45°，左脚跟抬起，右脚内侧脚弓部靠于左脚跟处，全脚着地，脚尖不可上翘。男士双脚前伸并拢，小腿与地面的夹角不得小于45°。

3. 坐姿要求

（1）坐姿中双腿双脚的摆放很重要，双臂双手的摆放也不可忽视。若椅子有扶手，女营业员可将双手重叠或呈握指式放于扶手上；也可将一手臂放在扶手上，掌心朝下，另一手臂横放于双腿上，不要把双手放在扶手上。男营业员则可双手掌心向下放在扶手上。若前有桌子，也可将两臂弯曲，双手相握放在桌子上。无论哪种坐姿，都要求上体挺直，双肩放松，不可弯腰驼背、耸肩含胸。身体不可东倒西歪、前俯后仰，或倒、靠、趴在椅背、扶手、桌面上，或半躺半坐。

（2）双脚双腿不可过于伸出，也不可过于外展。交叉的脚也不可分得太开或上跷，交叠在上的脚和腿也不可上跷或把一小腿搭架在另一大腿上形成“十”字形。不可不停地抖动或晃动脚和腿；也不可将脚和腿放在椅子或沙发的扶手上，或者放在桌子或茶几上。

（3）女营业员双膝始终要相靠，不可分开。双臂不可交叉抱于胸前。手不可抱小腿、抱膝盖、置于臀部下、摊放在桌子上、扳弄手指、摆弄其他东西、抠鼻子、掏耳朵等。

（三）走姿

1. 基本走姿

优美的走姿具有动态美，它要求稳健、轻盈、大方、有节奏感。走姿的基本规范是：

（1）头正，颈直，下颌微收，目光平视前方（约4米处），面带笑容。

（2）挺胸收腹，直腰，背脊挺直，提臀，上体稍向前。

（3）双肩平齐下沉，双臂放松伸直，手指自然弯曲。摆动两臂时，以肩关节为轴，上臂带动前臂呈直线前后摆动，摆幅（手臂与躯干的夹角）不得超过30°。前摆时，肘关节略曲，前臂不要向上甩动。

（4）提臀，用大腿带动小腿向前迈步，脚尖略微分开，脚跟先触地，身体重心落在前脚掌上。前脚落地和后脚离地时，膝盖须伸直。

（5）步位直。步位即脚落地时的位置。女营业员行走时，两脚内侧着地的轨迹要在一条直线上。男营业员行走时，两脚内侧着地的轨迹在两条直线上。

（6）步幅适度。步幅，即跨步时两脚之间的距离，是前脚跟与后脚尖之间的距离，通常步幅是1～1.5个脚长。

（7）步速平稳。行走的速度应当保持均衡，不要忽快忽慢。一般步速标准为女营业员每分钟108～120步，男营业员为每分钟108～110步。

（8）行走时切忌弯腰驼背，摇头晃脑，探颈前窜，大摇大摆，步子太大或太碎，脚蹭地面，脚尖向内形成“内八字”步或脚尖向外形成“外八字”步。

2. 变向走姿

(1) 后退步。

与顾客告别时，应当先后退两三步，再转身离去。退步时脚轻擦地面，步幅要小，先转身后转头。

(2) 引导步。

引导步是商场营业人员走在前面给顾客带路时的步态。引导时要尽可能走在顾客左侧，整个身体半转向顾客，与顾客保持两步的距离。遇到上下楼梯、拐弯、进门时，要伸出左手示意，并提示请顾客上楼、进门等。

(3) 前行转身步。

在前行中要拐弯时，要在距所转方向远侧的一只脚落地后，立即以该脚掌为轴，转过全身，然后迈出另一脚。换言之，向左拐，要右脚在前时转身；向右拐，要左脚在前时转身。

(四) 手势

手势是仪态的重要组成部分，是通过手和手指活动来传递信息的体态语言。它不仅能对口头语言起到加强、补充、解释等辅助作用，而且还能表达有些口头语言所无法表达的内容和情绪。因此，规范、恰当、适度的手势，有助于增强表情达意的效果，并给人一种优雅、含蓄、礼貌的感觉。

1. 基本手势

规范的手势应当是手掌自然伸直，掌心向内或向上，手指并拢，拇指自然稍稍分开，手腕伸直，使手与小臂成直线，肘关节自然弯曲，大小臂的弯曲以140°为宜。

在做手势时，要讲究柔美、流畅，做到欲上先下、欲左先右，避免僵硬死板。同时，要配合眼神、表情和其他姿态，使手势更显协调大方。

2. 常用服务手势

(1) 引导手势。

引导，即为顾客指示行进方向，也就是指路。引导顾客时，应先轻声地说“您请”，然后采取直臂式指路。在指示方向时，上体微前倾，面带微笑，身体侧向对方，眼睛看着所指目标方向，并兼顾对方是否看清或意会到目标，直到对方表示清楚了，再放下手臂。

(2)“请”的手势。

“请”的手势是商场营业人员运用得最多的手势之一。“请”根据场景的不同，有着不同的语义，如“这边请”、“请跟我来”等。

表示“请”的手势是：五指伸直并拢，掌心斜向上方，手掌与地面呈45°，腕关节伸直，手与前臂成直线，整个手臂略弯曲，弯曲弧度以140°为宜。做动作时，应以肘关节为轴，上臂带动前臂。由体侧自下而上将手臂抬起，到腰部并与身体正面成45°时停止。头部和上身微向伸出手的一侧倾斜，另一手下垂或背在背后，面向顾客，面带微笑，目视对方，表示出对对方的尊重、欢迎。

(五) 蹲姿

商场营业人员有时会有捡掉在地上的东西，或取放在低处的物品的动作，如果不注意蹲姿，可能会显得非常不雅观，也不礼貌，而采取优美的下蹲姿势就要雅观得多。常见的下蹲基本规范要求如下。

1. 高低式蹲姿

下蹲时左脚在前，全脚着地，右脚稍后，脚掌着地，后跟提起，右膝低于左膝，臀部向下，身体基本上由右腿支撑。女营业员下蹲时两腿要靠紧，男营业员两腿间可有适当距离。

2. 交叉式蹲姿

下蹲前右脚置于左脚前侧，使右腿从前面与左腿交叉。下蹲时右小腿垂直于地面，右脚全脚着地。蹲下后左脚跟抬起，脚掌着地，两腿前后靠紧，合力支撑身体，臀部向下，上身稍前倾。

需要注意的是下蹲时，无论采取哪种蹲姿，都应掌握好身体重心，避免出现在顾客面前滑倒的尴尬局面。

（六）表情

1. 眼神

眼睛是心灵的窗口，它能如实地反映人的内心感情，如实地反映人的思维活动。一个良好的交际形象，目光应是坦然、和善、热情、乐观的。与人交往的时候，冷漠、狡黠、傲慢、贪婪的目光都是不适宜的，也是不会被他人所接受的，只能使别人在内心产生抵触情绪；左顾右盼、挤眉弄眼、用白眼或斜眼看人，也都是不礼貌的。对不同的对象，眼神能够传递不同的信息。在交际中，眼神的表现应为：

（1）对初次见面的顾客，应微微点头，行注目礼，表示出尊敬和礼貌。

（2）在集体场合开始发言讲话时，要用目光扫视全场，表示“请予注意”。

2. 微笑

（1）微笑反映出职业道德。

微笑服务实际上就是商场营业人员有较高的礼貌修养的表现。只有商场营业人员对自己从事的职业有了肯定的认识，从心灵深处具有微笑服务的意识，在服务的过程中对其从事的职业有较深刻的情感和情绪体验，认识到微笑服务的意义和作用，才能以强烈的责任感和饱满的热情，全身心地投入到工作中去，自觉地为顾客提供微笑服务。

（2）微笑是良好服务态度的重要外在表现形式。

微笑是服务态度中最基本的标准，它能使人时刻保持良好的工作情绪，以提供周到细致的服务。

商场营业人员只有充分理解顾客对自己的信任之后，才能产生一种同情心、责任感，才能为顾客着想，才能对顾客多一分理解和体谅，从而才能有一种发自内心的、心甘情愿的服务意识，主动为顾客提供微笑优质服务。只有这样，“微笑＋舒适＝一流的服务”的状态才能自然地表现出来。

（3）微笑会使顾客感到亲切。

微笑能迅速地缩小彼此间的心理距离，使对方感到亲切。创造出和谐、融洽、互爱的良好氛围，在交流与沟通中起着润滑剂的作用。有分寸的微笑，再配上优雅的举止，对于表达自己的主张，争取他人的合作，会起到不可估量的积极作用。

（4）微笑服务的准则。

1）要主动迎客，热情问候，做到“三声”：来有迎声、问有答声、走有送声。

2）要举止文雅，情绪饱满，面带笑容，热情待客。

3）要讲究礼仪，使用文明礼貌用语。表述清晰规范，声音温和有礼。

4）要态度和蔼，尊重顾客及迅速响应顾客需求。

5）要真诚友好、细致体贴地为顾客提供优质服务。

6）不准态度生硬。

7）不准使用服务禁语待客。

8）不准有对客不敬的言谈举止。

9）不准与顾客、同事争吵顶撞。

（七）迎宾

接待礼仪最重要的是态度亲切，以诚待人。商场营业人员只要看到顾客来，眼睛一定要放亮，并注意眼、耳、口并用的礼貌。

（1）面带微笑，使进来的顾客感觉亲切且受到欢迎。当顾客进来时，商场营业人员要立刻走上前迎接，表示尊重顾客，要亲切地说“欢迎光临”。

（2）在传送商品给顾客时应双手接递以示尊重。如果无法以双手奉物，也要尽量以右手呈送表示礼貌，因为很多国家视左手为不洁的象征。

（3）引导人员时，应走在顾客的左或右前方为其指引，切不可在顾客后方以声音指示方向及路线，走路速度不要太快或太慢，必须配合顾客的脚步将顾客引导至正确位置。

（4）不论客户是何种身份，都应视其为贵宾而诚挚款待，不要厚此薄彼，以怀疑的眼光看人或打量别人，不能用外观穿着来作为是否隆重接待的依据。

（八）接待

（1）说话口齿清晰、音量适中，最好用标准普通话，但若顾客讲方言（如闽南话、客家话），在可能的范围内应配合顾客的方便，以增进相互沟通的效果。

（2）要有先来后到的次序观念。先来的顾客应先给予服务，对晚到的顾客应亲切有礼地请他稍候片刻，不能置之不理，或先招呼后来的顾客，而怠慢先来的人。

（3）在营业场所十分忙碌，人手又不够的情况下，当接待等候多时的顾客时，应先向对方道歉，表示招待不周恳请谅解，不宜气急败坏地敷衍了事。

（4）亲切地招待顾客到店内参观，并让他随意自由地选择，最好不要刻意地左右顾客的意向，或在一旁唠叨不停。应有礼貌地告诉顾客：“若有需要服务的地方，请叫我一声。”

（5）如有必要应主动为顾客提供帮助，若顾客带着大包小包的东西时，可告诉他物品寄存处或可以暂时放置的地方。下雨天可帮助顾客收伞并代为保管。

（6）顾客有疑问时，应以专业、愉悦的态度为顾客解答，不宜有不耐烦的表情或者一问三不知。细心的商场营业人员可适时观察出顾客的心态及需要，提供好意见，且能对商品作简短而清楚的介绍，说明商品特征、内容、成分及用途，以帮助顾客选择。

（7）不要忽略陪在顾客身旁的友人，应一视同仁一起招呼，或许也能引起他们的购买欲望。

（8）与顾客交谈宜用询问、商量的口吻，不应用强迫或威胁的口气要顾客非买不可，那会让人感觉不悦。当顾客试用或试穿完后，宜先询问顾客是否满意，而非只一味称赞商品的优越性。

（9）商场营业人员在商品成交后也应注意服务品质，结账后要将商品包装好，双手奉给顾客，并且欢迎其再次光临。

（10）即使顾客不买任何东西，也要对其保持一贯亲切、热诚的态度，并感谢其光临，这样才能留给顾客良好的印象。

（11）要擅长主动倾听意见，虚心地听取抱怨，才能知道顾客真正需要什么。

（12）当顾客提出意见时，营业员要用自己的语言再重复一遍所听到的要求，让顾客觉得自己的问题已被注意而且感到会得到帮助。

技能训练

一、实训项目

1. 模拟角色扮演。将女生分成两组，采取一对一形式，互化营业员职业妆，时间15分钟，由教师和学生分别打分。

2. 角色演练。由学生扮演营业员，教师指定学生找出扮演者仪容仪表的不规范之处。

3. 情景创设，角色演练。在教室里模拟商场的情景，安排学生扮演营业员，演练营业员的站姿、走姿、手势，以及迎接顾客。

二、达标考核

1. 规定各项目达标的时间。学生应在规定时间内完成项目内容，超时扣分。

2. 制定评分标准。优秀：表现娴熟优美，自然大方；良好：能在规定时间内完成规定项目；及格：基本符合达标要求；不及格：未能按要求完成项目训练内容。

思考与练习

1. 营业人员服务礼仪的原则是什么？
2. 营业人员仪容仪表的规范有哪些？
3. 营业人员如何做到微笑服务？
4. 营业人员的“引导”和“请”的手势如何表达？
5. 试制定一份提高自身礼仪修养的详细计划。

第八章

商场服务接待艺术

知识点

- 认识顾客的购买心理过程
- 掌握顾客购买动机的类型
- 掌握介绍与展示商品的基本方法
- 掌握启迪与劝说顾客的艺术

技能点

- 从顾客表情判断顾客的类型
- 把握与顾客打招呼的时机
- 转化拒绝购买态度的方法的运用

资料导入

真情打动顾客

几位客人来到某酒店商场购物，在茶叶专柜前看了看标价，便议论道："这儿东西贵，我们还是到外面去买吧！"这时，服务员走上前，关切地说："先生们去外边买茶叶一定要去大型商场，因为市场上以次充好的茶叶很多，很难辨别。"客人立即止步问道："哪家商场比较好，茶叶又怎么进行选择呢？"于是服务员便告诉客人如何区分茶叶好坏，又介绍了本商场特级龙井的特点，并向客人说明买得称心、买得放心是最重要的。几位客人听了服务员的介绍，都爽快地买了几盒茶叶。

资料来源：深圳人人乐总部通用培训教材案例。

分析：

接待顾客应讲究技巧，要揣摩顾客的购买心理，通过顾客的一言一行，判断顾客的心理反应，抓住机会转化顾客购买心理，促成交易。这位服务员在接待顾客的过程中，表现出高超的接待技巧。

接待服务，是营业员的工作职责。营业员为了完成交易，必须要满足顾客的需要和要求。顾客来到商场不仅需要购买到称心如意的商品，还需要获得周到的接待和服务，以得到物质与精神上的满足。因此，营业员必须掌握好商场服务接待艺术，使服务接待的每一个环节都富有艺术性，通过富有艺术性接待工作，在顾客心中树立良好的服务人员形象和企业形象，赢得商场信誉。

第一节　顾客购买动机分析

商场营业员服务水平集中表现在接待顾客过程中，商场营业员在接待顾客过程中展现出来的娴熟的基本功，不单单反映出其所具备的个人修养和业务技能，还表现出对消费者购买心理的分析能力。优秀的营业员在接待顾客时会根据顾客的购买动机与购买商品的心理变化过程，适时地提供服务。因此，提高商场服务接待艺术水平的前提之一是营业员要了解和掌握顾客购买商品的动机与购买商品的心理变化过程。

一、顾客购买动机的概念

顾客购买商品的动机是指顾客作出购物选择的支配思想。顾客是由单个购买者组成的，这些购买者来自不同的地方，具有不同的背景，有着不同的兴趣和价值观。当顾客在买东西时，营业员必须知道是什么因素在影响着顾客，而影响顾客的因素就是“动机”，影响顾客选择某种商品的因素叫做“购买动机”。购买动机取决于顾客的要求和需要。了解顾客的购买动机对营业员是非常重要的，因为营业员要帮助顾客作出明智的购物选择。比如，一个顾客想买一台热水器，他的需求是耐用和安全。如果营业员总是强调价格低廉，那就大错特错了，因为顾客可能会感到耐用和安全的优点被低价格抵消了。顾客购买什么是由自己决定的，而不是由营业员决定的，因为顾客购买商品的主要原因是某种商品能够给他们带来的更大的利益。

购买动机在每一笔交易中都存在，顾客的购买动机最终决定着顾客买什么东西。尽管顾客的购买动机是千变万化、不易掌握的，但营业员仍需了解顾客的购买动机。

二、顾客购买动机的类型

(一) 经济型

一般而然，所有的顾客都想买到既实用又便宜的商品。尽管商场的商品琳琅满目，但几乎所有顾客都会对那些经久耐用、价格低廉的商品感兴趣，他们想使自己的货币实现较高的价值。有的顾客可能喜欢买小型汽车，因为这样的汽车比较经济，便于停放；有的顾客更喜欢购买耐用的洗衣机。实用、省钱，这就是这类顾客最基本的、最主要的购买动机。

(二) 健康型

购买商品以维持身体健康是顾客又一重要的购买动机。假如一个顾客年老体弱或久病在身，这种愿望就会更加强烈。目前，市面上有许多商品可以用来提高顾客的健康水平，如保健品、健身器材、预防性药品和防寒产品等。所有的人都希望健康地生活，顾客在购买商品时也必然要考虑到健康和保健的因素。因此，有利于健康也是顾客的一个重要的购买动机。

（三）舒适和方便型

人们都喜欢舒服，所以也希望购买的商品使用起来能舒适一些、方便一些，因此，舒适和方便是形成购买动机的重要因素。当一个顾客说“这把椅子确实很舒服”时，所表达的实际意思是：“我喜欢这把椅子，当我在上面休息时会感到很舒服。”

然而，一种商品对某个顾客来说用起来很舒服，对另一个顾客来说不一定如此。舒适是一种个人的喜爱，“空调让我在天气炎热时感到很舒适”；“这双鞋我穿起来很合适”；“这辆汽车的后排座空间很大，足以伸开双腿”；“这件衣服我穿上正好”；“我喜欢那张结实的床垫”；“这副塑料框架的眼镜戴上很舒服”。在以上这几句话里，每句话都表示一个人对一种物品的感觉，如果换一个人，可能就会有另外的感觉。但每个人都喜欢舒适，这是共同的。

追求方便是又一种强有力的购买动机，人们都希望买来的东西便于操作、稳定可靠。制造商也不断改进方法以生产出便于使用、节约时间的产品。

（四）安全和防护型

人们都希望有一种安全感，希望在遇到可能的伤害时能够进行有效的防护。不管是为了自身的安全，还是出于对别人进行防备的考虑，这种要求安全和防护的心理在购买商品时也是一个重要因素。顾客在了解一种商品信息时，一般都希望了解这种产品的安全可靠程度，如果感觉此商品是不安全的，交易就会告吹。如果一个商场经常销售不安全的商品，就会败坏自身的信誉。因此，安全和防护也是顾客的一个重要的购买动机。

（五）喜好型

喜好是一种带有感情色彩的购买动机。越来越多顾客购买商品是为了满足对另一个人感情上的需要。例如，父母买一台彩电，不单是以家庭娱乐的形式赠与全家的一种礼物，同时也是为了体现对所有家庭成员的爱的感情需要。

在很多情况下，顾客不愿意暴露自己的喜好，这就需要营业员进行仔细观察，认真倾听，揣摩顾客的心理，不能忽视这种重要的购买动机。

（六）声誉和认可型

一种产品的声誉能对顾客产生很大的影响，它能刺激顾客的购买欲望。有的顾客购买一幅名画家的油画，就是因为他认为通过对这幅油画的收藏能够提高自己的身价，因为只此一幅，大多数人不可能拥有这样的油画。

认可是一种要求大家承认的愿望。每个人都希望别人注意到自己，都希望获得别人的尊重。流行服装、艺术珍品、家具摆设、珠宝饰物和奢侈品的销售都是为了满足顾客希望得到认可的心理。这些商品还能够帮助顾客获得成功的感觉和满足其赶时髦的心理。

尽管许多顾客不愿公开承认这些购买动机，但它几乎存在于每一次具体购买活动中。

（七）多样化和消遣型

大多数人都希望自己的日常生活丰富多彩。生活多样化和消遣也是一个人恢复体力和精神的一种手段，它为人们的生活增添乐趣。例如，为了消遣和娱乐，一个人会购买帐篷、睡袋、野营物品等，以便在野营中度过愉快的周末；另一个人也许会购买一架钢琴，参加有关钢琴知识的讲座，以使生活变得丰富多彩。

现在有许多种商品和服务可以满足顾客生活多样化与消遣的需要，包括旅行设备、运动器材、野营设施、照相机、服装、娱乐活动等。

三、影响顾客购买行为的购买心理

（一）求实心理

求实心理是指顾客购买商品是为了追求商品的使用价值。具有这种购买心理的顾客在选购商品时不过分强调商品的美观，而是注重商品的质量、实用性和耐用性。具有这种购买心理的顾客最为普遍。

（二）求美心理

求美心理是指顾客在选购商品时不以使用价值为购买原则，而是注重商品的品格和个性，强调商品的艺术美。具有这种心理的人不仅关注商品的价格、质量、服务，同时也关注商品的包装、款式、颜色等。存在这类心理的顾客主要是年轻女性。

（三）求名心理

求名心理是指顾客在选购商品时，特别重视商品的名气，商品要名贵，牌子要响亮，以此来显示自己的地位或表现自己的能力。该类顾客大部分是城市青年男女。

（四）求新心理

求新心理是指顾客在选购商品时尤其注重商品的款式和当下的流行样式，对于商品是否经久耐用、价格是否合理，不太考虑。该类顾客大部分是青少年和儿童，他们的显著特点就是对什么东西都好奇，凡是新奇有趣的东西都能对其产生强烈的诱惑。

四、顾客购买商品的心理活动过程

顾客在购买商品时的心理活动过程是复杂的，一方面是因为顾客的心理反应是不同的；另一方面，在购买商品的不同阶段，购买心理也随客观环境、服务状况的变化发生着改变。因此，营业员接待的步骤与方式必须适应顾客购买的心理过程，才能取得令人满意的服务效果。一般来说，顾客在购买商品时的心理过程，可以分为如下八个阶段。

（一）注视商品阶段

顾客需要购买商品时，总是根据购买目的有选择地去了解商品，或注意观看店内橱窗中所陈列的商品，或把注意力集中在自己中意的商品上反复观看。

（二）产生兴趣阶段

当顾客发现了某个目标商品的存在，并通过初步的观察了解后，往往会对它产生兴趣，并进一步对商品加以分析，以自己的主观感受对商品的各个因素，包括式样、色彩、价格、包装等，作出初步的评判。

（三）功能联想阶段

顾客对商品产生兴趣并获得初步印象以后，还会通过联想这种扩展性思维活动，把商品和自己的实际生活联想起来，深入认识目标商品能为自己带来的物质与心理效益。

（四）欲望拥有阶段

功能联想的发展与结果，使顾客从中得到启发，从而激起为满足需要而拥有目标商品的购买欲望。然而，顾客一般希望寻找到更符合理想的同类商品。因此顾客即使有强烈的购买欲望，但并非都立即采取购买行动，往往还是继续对商品进行思索、比较与评价。

(五) 比较评价阶段

当顾客对某种商品产生购买欲望后，通常还运用比较这种评判性思维方式，对可供选择的同类商品从各方面进行细致的鉴别。在这个阶段里，顾客不仅把目标商品与陈列在柜台里的其他商品比较，还通过回忆把目标商品与曾经看过或使用过的同类商品进行比较，从而对商品作出评价。

(六) 确立信心阶段

通过各种比较后，顾客确信目标商品适合自己的各种欲求，因而对商品产生信任感。当然这种信任感还来自于他对商场或制造厂商的信赖，来自于受有关诱发需求的提示物的影响以及营业员高明的劝说技巧。

(七) 采取行动阶段

对商品的信任感，是顾客购买行为的主要激励力量。顾客对目标商品确立信心后往往就执行购买决定，向营业员表达对商品的态度，开始进行商品成交的实际行动。

(八) 购后体验阶段

商品成交后，顾客总会有各种各样的心理感受。或认为购买的商品很适合自己的需要而产生满足感，或由于商店的环境与营业员的优质服务而产生满足感。当然，顾客对商品的满足程度，还取决于他的需求得到满足的程度，即使用商品时所得到的满足感。

上述顾客购买活动的心理变化过程，是就选购比较复杂的、选择性强的或高档耐用商品的购买行为而言的。如果比较简单的、经常性的购买行为，就不一定有这么细致的变化阶段。同时，由于顾客在性别、年龄、文化程度、知识经验、购买习惯、个性特征等方面的差异，其购买心理过程也会有所差异，有些顾客会跳过若干个阶段，而有些顾客则会一再重复某个阶段。

根据顾客购买活动的心理变化过程，营业员必须采取相应的步骤和方法做好接待工作，特别是使接待服务的各个环节富有艺术性，以促进顾客心理变化阶段的发展。例如，在顾客注视商品阶段与产生兴趣的阶段中，必须注重售前待机与接近顾客的艺术；在顾客功能联想与欲望拥有的阶段中，必须注重介绍与展示商品的艺术；在顾客比较评价与确立信心的阶段中，必须注重启迪与劝说顾客的艺术；在顾客采取行动与购后体验的阶段中，必须注重商品成交的艺术。只有这样才能获得商品销售的最佳效果。

第二节 接待顾客的艺术

一、售前待机的要求

顾客对营业员的服务要求，首先就是能给以主动热情的接待。营业员在顾客临柜之前与临柜之后，以怎样的姿势、神情、态度、语言去欢迎与接待顾客，是决定商品销售的第一步。所以，售前待机和接近顾客是售货艺术的一个重要方面。

售前待机，就是等待顾客临柜的准备阶段。在此阶段，营业员必须随时做好迎接顾客的准备，抓住接待顾客的最好时机。

营业员售前待机要取得预期效果，应该符合如下要求。

（一）站在易于接近顾客的位置上

在售前待机时，营业员站在合适的位置上等待顾客的到来，随时提供最佳服务，这是十分重要的。所谓合适的位置，一般指既能照顾自己负责的橱柜，又易于观察与接近顾客的位置。当然，如采取敞开售货形式，营业员所站的位置就难以固定了，但也应在其所管的范围内选择一个易于照顾所有顾客的位置。

营业员基本固定的站位，不仅是管理商品和接近顾客的需要，还会给顾客以规范、舒适的感觉。

（二）有良好的姿势与态度

营业员售前待机的姿势，要求自然、端正。一般站在离柜台一个拳头的地方，两脚平踩地面，自然分开，身体站正，两手轻握放在身前或柜台上。营业员售前待机的态度，应诚恳、和蔼。比如，自然的微笑就能表达对顾客的热情与欢迎。

正确的待机姿势与态度是礼貌待客的重要表现，也是招徕顾客的因素之一。如果待机姿势不好，如倚靠柜台、倚柱子、背向顾客、低头沉思、聚堆聊天、吃东西、看书报、剪指甲等，不但会令顾客反感，还会有可能失去顾客。

（三）时刻以接待顾客为中心

如果一时没有顾客入店或临柜，营业员也不能站在那里无所事事，把精神松懈下来，必要时可以做一些与顾客初步接触的准备，也可以做一些检查、整理、补充和包装商品的工作。但是，这些工作都只能利用接待顾客的空隙来做，不能因此而忽略接待顾客这个最主要的职责。只要一发现有顾客临柜，就应马上中止这些营业行为的辅助工作，进入“临战状态”，随时准备迎接顾客。绝对不能以任何借口怠慢顾客，更不能用类似“你没看见我正在忙着吗”等失礼的话来顶撞顾客的询问。如果那样，必然会使顾客感觉不快，还会导致买卖告吹。

二、接近顾客的时机与判断顾客的方法

（一）接近顾客的时机

营业员对顾客主动热情的接待，必须抓住最佳的接近时机，才能获得较好的效果。如果不注意顾客的言行举止，识别顾客的进店意图，过早地接触顾客，往往会给一些敏感的顾客以压迫感；过晚接触顾客，给顾客带来怠慢、冷淡的感觉，甚至引起其反感。

（二）判断顾客的方法

商业行业有句老话“进门三相”，意思是说，顾客进店时，营业员就要一相顾客的神态，判断其是随便观赏还是有意买商品的；二相顾客的穿着打扮，判断其身份、职业以及支付能力；三相顾客的注意力，揣摩其购买心理，包括其需要、兴趣、情绪等。营业员必须通过“三相”抓住顾客进店与临柜一瞬间，听其言、观其行、察其意，对顾客进行初步判断。

1. 从顾客的表情判断其目的

进店的顾客大体有三种类型：一是有购买目的的；二是无固定目标的；三是来参观浏览的。一般来说，顾客来店的目的不同，表情差异很大。带着既定购买目的进店的顾客，目光集中，不东张西望，直奔某个柜台；有的则表情着急，来去匆匆。没有固定目的的顾客，进店时而像参观，时而又像要买商品，看商品往往比较细致、广泛。进店浏览的顾

客，进店后姗姗而走，左顾右盼，目光不集中。

2. 从顾客的衣着和举止判断其职业

当然，光凭顾客的衣着来断定一个人的职业是不够的，但是一个人的穿戴，往往与其职业特点相符。随着人民生活的提高，衣着也必然发生变化。但无论如何发展，由于职业上的差异，衣着总是有所不同的。不同职业的顾客有着不同的经济条件、生活习惯，从而也有着不同的购买（支付）能力和消费倾向。

3. 从顾客挑选商品中分析其性格特征

俗话说，百人吃百味。每一个人的性格气质不同，其购买行为的表现也就不同。气质是人典型的、稳定的心理特点。心理学界把人的气质分为多血质、胆汁质、黏液质和抑郁质四种类型。不同气质类型的顾客在购买活动中有不同的表现。比如，购买行为表现为表情丰富、行动迅速、情绪激动、脾气暴躁，特别当营业员接待稍有不慎或言语不当，就会引起其激烈反应的顾客，一般属于胆汁质型；购买行为表现为变化缓慢、言行谨慎，在挑选商品时千思百虑，往往要求营业员反复调换，给人以一丝不苟的印象的顾客，一般属于抑郁质的气质类型；购买行为表现为反应灵敏、活泼好动、热情奔放，挑选商品时，拿一个即可，但有时却很快改变主意的顾客，一般属于多血质的气质类型；购买行为表现为情绪稳定、不外露、反应迟钝，挑选商品时，喜欢自己独立进行，沉默寡言，动作不多，很有耐性，在不得已的情况下才询问营业员的顾客，一般属于黏液质的气质类型。

营业员要接待好顾客，弄清顾客是偏向哪种气质类型的人，是十分必要的。但是，要想一接触顾客就立即做到这一点也是比较困难的。因为在日常生活中，一般在一个人身上会存在两种或两种以上的混合气质类型。如某个顾客在买菜时，表现得像黏液质的人；而当他在购买热门商品时，表现得又像一个胆汁质的人。因此，在实践中要迅速判断出每个顾客属于哪种气质类型，或属哪类混合气质类型的人，就要求营业员有较高的识别能力和丰富的接待经验。

三、掌握时机打招呼

和顾客打招呼，主动接近顾客，是接待的开始。如果迎客成功，售货就成功一半。打招呼的语言虽不多，但掌握好打招呼的时机却不易，招呼早了会使顾客怀疑你拉客推销；招呼晚了，顾客又觉得你不热情，甚至会打消购买的念头。从顾客购买活动的心理变化阶段来说，接近顾客的最佳时机应该是在其产生兴趣与功能联想两个阶段之间，在这之前与之后，都不是适当的接近时机。因为顾客在产生兴趣之前，仍处于注视商品阶段。如果营业员在此时迫不及待地去接触打招呼，就会干扰顾客对商品的注意，影响其选购商品的情绪，甚至因妨碍其自由自在地观看而使其产生某种紧张心理。但顾客在功能联想阶段之后就进入欲望拥有阶段了。如果营业员此时才接近打招呼，不少顾客会感觉不受重视而大为不快。由于顾客的心理是相当复杂的，每个营业员不可能完全准确地摸透顾客的心理变化状态。所以，掌握接近打招呼的时机。一般只能从顾客的行动与态度来判断，由此掌握接近顾客的最佳时机。比如，当顾客有下列的表现时，是接近打招呼的适当时机。

（一）目不转睛地盯着某个商品

一般来说，顾客长时间盯着某个商品，说明他对商品发生兴趣，并已经产生或正在产生购买动机，这时营业员应该主动打招呼，并主动地介绍这种商品。

（二）用手模商品

顾客用手摸商品时，营业员应主动打招呼。但顾客摸的方法与程度不同，其心理也不一样。比如，细摸细看、对比着摸、随便摸摸或一摸即放，都反映了不同的心理，营业员应根据实际情况，灵活掌握打招呼的时机。

（三）抬起头将视线从商品转向营业员

顾客抬起头来，想要和营业员说话，这时营业员应主动过去打招呼。

（四）停住脚步

顾客看到自己需要的或感兴趣的商品的时候，会立即停步，这时营业员要不失时机主动与顾客打招呼。

（五）寻找商品

在现实的商品交易活动中，只要营业员留心观察，就会发现接近顾客的时机是很多的。比如，顾客与其同伴边指商品边谈论的时候，顾客把拿在手上的商品摆在柜台上的时候，顾客与营业员的目光相接触的时候，都是接近的良机。

当然，接近顾客的时机，还应考虑顾客性别、年龄、职业、态度、个性等方面的不同特点。比如，在一般情况下，男性顾客较之女性顾客，中年顾客较之青少年顾客，不大容易产生紧张心理，售货员与其早些接近，一般不会引起顾客情绪的变化。同时，也要考虑商品的特点与价值，如特殊商品、耐用消费品或价值较高的商品，顾客需要多花些时间察看与思索，不宜早接近；日用品、速购品或价值较低的商品，顾客购买的频率较高，一般已有习惯的购买行为，可相对早些接近。

第三节　介绍与展示商品的艺术

营业员要激发顾客对商品的兴趣，使商品给顾客留下较深刻的印象，从而更好地为顾客服务，一个重要的工作环节就是向顾客介绍与展示商品。由于顾客一般都比较缺乏商品知识，而他们又相信商店和营业员是熟悉商品知识的行家，所以营业员对商品的介绍与展示是影响顾客购买动机的一种重要因素，是决定成交的重要环节。

一、介绍与展示商品的基本要求

介绍与展示商品总的要求是：方法要得当、语言要简明、态度要诚恳。做到既要全面介绍，又要突出重点；既要实事求是，又要突出特点；既要做好商品的宣传，又要尊重顾客的不同爱好。具体的要求如下。

（一）实事求是

实事求是地介绍商品是商业企业诚信的表现，也是介绍商品的基本要求。实事求是地介绍商品，就是要做到不夸大商品的优点，也不隐瞒商品的缺点。

（二）有针对性

要根据影响顾客购买商品的特点，有的放矢地进行介绍。有的顾客缺乏必要的商品知识，挑选商品时抓不住要领；有的顾客注意商品的质量；有的顾客强调商品的花色；有的顾客注重商品的价格。因此，营业员在介绍与展示商品时，要在与顾客的对话过程中，体会其对商品最关心的是什么，做到因人而异，针对顾客的特点详尽地介绍商品知识。同时，在推荐商品时，在质量与性能方面应从低级向高级逐步推荐。因为在一般情况下，顾客都是说："还有再好点的吗?"而不是说："还有差点的吗?"

（三）语言要准确鲜明

营业员介绍商品的语言表达是相当重要的。一般要求简明扼要、具体、准确；不要啰嗦、抽象、模棱两可。例如："这玩具可以帮助您的孩子提高智力"，"这糖是用花生做的，又香又甜"。

（四）不能把自己的观点强加于人

营业员介绍商品，是为顾客参谋，为顾客服务，而不能左右顾客。特别是对国外顾客和少数民族顾客，更要尊重他们的风俗习惯、宗教信仰，否则，会引起顾客的不满。

（五）介绍商品应与展示商品相结合

营业员在介绍商品的同时，应注意运用高超的展示方法，做好示范动作。还可以让顾客亲自试看、试听、试用、试穿、试戴，使顾客更好地了解商品的性能和质量。

二、介绍与展示商品的方法

（一）强调商品特点

在介绍与展示商品中，强调商品的特点，就是对商品的用法、式样、性能、质量、价格等方面，用简单明了的语言介绍出来，要着重介绍商品最能打动顾客购买心理的部分。介绍商品特点，要注意使用的对象：是男人用还是女人用；是小孩用还是大人用；是一人用还是多人用。要注意使用商品的时间：是夏天用还是冬天用；是雨天用还是晴天用；是早上用还是晚上用。要注意商品使用的地点：是在家里用还是上班用；是野外用还是室内用；是在城市用还是在农村用。要注意使用的目的：是顾客自己享受还是让别人享受；是为了美化生活还是为了生活的必需；是为了工作还是为了娱乐。总之，要根据使用商品的不同对象、不同时间、不同地点、不同目的，抓住其主要特点，有重点地进行介绍。比如：有的顾客购买商品是为了显示经济能力或购买能力的，营业员接待这些顾客时，就可以不必过于强调商品的性能、效果，而是要强调商品的式样、质量，特别是要强调其品牌与这种商品的时髦性和紧俏性，必要时还可以与顾客身上高级品比较，赞美几句，这样顾客就会很快下定购买的决心。

（二）针对顾客购买过程变化阶段

顾客购买商品总有一个变化阶段，营业员就应该根据其不同的变化阶段，采取不同的介绍与展示商品的方法。当顾客临近柜台，但没有特地指出想要购买的商品时，营业员要一边微笑一边亲切地招呼，观察顾客的反应，注意顾客的动作和表情，掌握适当的时机再介绍商品的性能。

当顾客指名要某种商品时，营业员要立刻应诺并面带笑容地将顾客指定的商品取出，礼貌地递给顾客，但不必过急地作介绍。

当顾客手拿商品观看时，营业员要趁机将自己所掌握的商品知识，恰当地从商品的原材料、设计、样式、性能及用途等角度向顾客介绍其优越性，并根据顾客的反应，揣摩其心理状态后，再作进一步介绍。

当顾客希望营业员帮助其挑选商品，并表露出需要帮助的意思时，比如，当顾客接过商品后不立即表态要购买，而是露出为难的样子；顾客手中拿着商品，同时又在左盼右顾；顾客拿着两种不同的商品，显露一种犹豫的表情。营业员就应分析顾客在考虑什么，是商品质量不对路，还是花色不称心，还是价格太高。营业员作出判断后，可挑选两三种合适的商品拿给顾客看，并针对顾客的不同情况，比较全面、概括又恰当地介绍商品的特点，使顾客产生信任感。顾客选定其中某种商品时，营业员再重点介绍，帮助其下购买的决心。

当顾客对商品仍不满意时，营业员可再选出同类型的不同商品，递给顾客看，并揣摩顾客对先前所看的商品不满意的原因，有针对性地介绍。如顾客对先前推荐的商品是因其质量而不太满意时，营业员应着重从原料、制作过程、工艺等方面介绍其质量；如果是嫌其价高时，营业员应与同类商品作比较；当推荐的商品未能满足顾客的要求时，或顾客需要的商品商店无货时，营业员应以抱歉的心情请求顾客原谅，并试图向顾客推荐同类的商品或代用品。

当顾客已决定购买某一种商品并感到满意时，营业员还可向其推荐一些有关联的商品。如某顾客购买了一件短外套，营业员就可及时介绍同一花样的裤子，以引起购买动机，扩大销售。

(三) 不同性质商品的介绍与展示方法

1. 名牌产品

各种名牌产品，都有其独特风格，其中有的是历史悠久的传统名牌产品；有的是名师制作，工艺高超；有的是用料精细，质量优良。因此在介绍与展示名牌产品时一定要突出其特点，着重介绍其质量、产地、特点、信誉，必要时还可介绍其悠久的历史或特殊的制作工艺，从而吸引顾客，激发其慕名而购的动机。例如，介绍茅台酒时，除了介绍其香气柔和幽雅，郁而不猛，敞杯不饮酒香持久不散，饮后空杯留香不绝的特点外，还要突出介绍其在 1915—1916 年的巴拿马万国博览会上所取得的盛誉。

2. 工艺品、装饰品

任何工艺品、装饰品，往往都独树一帜，别具风格。在介绍这些商品时要着重介绍其风格特点、艺术价值。如石湾美术陶瓷，应着重介绍它是在“石湾公仔”的基础上发展起来的。所绘各种鸟兽人物，形态惟妙惟肖，栩栩如生，格调朴素凝重，具有艺术欣赏价值。如用于装饰的花瓶、塑料花，应从其造型、式样、花式图案方面进行介绍。

3. 有特殊效能商品

对有特殊效能商品的介绍应从其成分、结构讲起，再转到其效能。例如，对某儿童饼干的介绍，应先讲其成分（结构）是由优质面粉加入蛋、奶、维生素以及适量的优质钙而成，因而其（特点）具有营养丰富、容易消化与帮助儿童牙齿和骨骼生长的作用。又如，对某种塑料杯的介绍，要先讲其主要构成原料及辅助填料制成，因而耐酸、耐碱、无毒无味，经着色后，其外观和手感如同瓷器，又比瓷器抗摔性好等特点。再如，对某日用化妆品的介绍，要先讲它是用高级脂肪酸、甘油等原料和药物配制而成，因而具有抑制面部皮脂溢出和收敛、消炎、杀菌的作用，经常使用，对粉刺有一定疗效。

4. 日常用品、食品

要从好处讲起，再转到商品的特性，突出其优点。例如，介绍某一类型的衬衫，要先讲这种衬衫穿起来很舒服，夏天透气性好，冬天保温性好，因为它是用纯棉制造的。又如，介绍某厂产的拖鞋，要讲这种拖鞋不仅式样美观大方，而且穿着也很舒适，因为鞋底是用泡沫塑料制作的。

5. 连带商品

有些商品与其他商品之间在用途上是有关联的。如电动玩具与电池，枕套与枕巾、枕芯，香烟与打火机，烟丝与烟斗、烟纸，皮鞋与鞋油，面包与奶油、果酱等。由于有的顾客在买商品时，一时没有想到这类有关联的商品，这就需要有人提醒。因此，当营业员与顾客成交某一种商品后，要不失时机地向顾客推荐关联的商品，从而引起其购买兴趣和需求。但介绍连带商品时，语言要婉转亲切，要善于根据顾客言谈中的心理状态，有的放矢地进行商品介绍。有些商品之间虽有关联，但消费者不一定都需要。如有的顾客买了枕套，但不一定要枕芯；买了蚊帐，但不一定需要蚊帐钩。特别是副食品之间关联性很广，关系密切，如顾客购买了一条鱼，要用什么配料，就要看顾客做什么菜色。如要肉丝蒸鱼，就要购买瘦肉；如要做五柳塘鱼，就要购买五柳菜和醋、糖等配料。因此介绍连带商品要有的放矢，态度不要勉强，要顺从顾客的心意，问一问“还需要些什么”，使人感到服务周到。

6. 代用商品

每个商场虽备有经营目录，但由于种种原因不能完全满足每个顾客的需要。当顾客提出要购买某一种商品而商店暂时没有时，营业员应热情地向顾客介绍某种可以代用的商品，以满足其需要。是否介绍代用品效果是截然不同的。例如，有位顾客到店要求买一包奶油饼干，如果营业员回答：“对不起，奶油饼干已售完。不过现有一种草莓饼干，质量也不错。”这时顾客可能说：“好，拿来给我看看。”营业员就要有礼貌地将草莓饼干递给顾客看，并扼要地介绍这种饼干的特点，还可与奶油饼干做些类比，从而诱导顾客改变原来的主意而买这种饼干。

营业员向顾客介绍代用品，可以考虑以下途径：某产地的商品缺货时，介绍另一产地的同类商品；某规格的商品缺货时，介绍可以通用的另一规格的商品；某种花色的商品缺货时，介绍另一种近似花色的商品；某种有特别用途的商品缺货时，介绍另一种用途相同的商品；某种特定的商品缺货时，可以介绍由该商品经加工、改制后的另一种商品；某种整件商品缺货时，可以介绍用零件装配成套的商品。

7. 新产品

新产品开始上市时，需要被顾客了解和接受。因此，除运用广告宣传外，还要靠营业员在售货过程中积极向顾客推荐，才能打开销路，占领市场。如有的新产品是在老产品的基础上改进而成的，这就要把新老产品作比较；有的新产品是从国外引进并加以改进的，这就要把我国产品与外国产品对比进行介绍；有的产品是创新的，就要介绍其特点，使消费者接受这种新产品。

介绍新产品的目的在于引导消费，使顾客的购物目标发生变化，促进新产品打入市场。

8. 滞销商品

某些商品滞销，一般是因季节、消费习惯、消费者需要、地域差异、生活水平等变化原因而造成的，也有的因商品残次、质量下降所致。但由于顾客的消费水平不一，爱好各异，只要注意分析顾客的心理变化，有针对性地做好推荐工作，就有可能变滞销为平销。

在介绍滞销商品时，一定要实事求是，既要介绍其长处，又要介绍其短处，绝不能“能过海就是神仙”。应说明虽式样过时，但仍很实用；虽包装较差，但质量完好；虽商品有缺陷，但仍有使用价值；虽出口不对路，但适合国内销售。还要向顾客讲清楚原价多少，处理价是多少。

9．进口商品

介绍进口商品应将其商标、主要部件和使用说明译成中文交给顾客，并着重介绍其使用和保养方法。

第四节 启迪与劝说顾客的艺术

一般情况下，营业员通过介绍展示商品后，会使顾客对商品的质量有一个良好的印象，由此而产生购买欲望。但顾客往往存在购买需要与动机不符而引起的心理冲突，因此不一定立即采取购买行动。所以，营业员必须细致观察顾客的反应，根据顾客的购买心理特点，揣摩顾客的心理活动状态，进一步揭示商品满足顾客心理需要的功能。积极做一些有助于顾客扩大对商品的良好印象的启迪、劝说工作，从而有力地增强顾客对商品的倾向性，增强购买欲望。

一、顾客的购买心理特点

营业员要做好启迪、劝说顾客的工作，必须事先把握顾客的购买心理特点，这是因为顾客的心理特点是有明显差异的。营业员只有抓住顾客各自不同的心理特点进行启迪、劝说，才能符合顾客的购买心理要求，才可能促进销售。

（一）不同性别的顾客的购买心理特点

一般来说，男人在家庭生活中操持家务不如妇女那样精细、周到；到商店购买商品时，目的很明确；在选购商品时，力图不显得小气和吹毛求疵，不愿花更多的时间去挑选商品，买了就走。同时，由于他们对商品不甚了解，因而希望营业员能协助挑选商品，甚至把打算买的商品，委托营业员代为挑选。有的男人往往是在妻子的“逼迫”下走进商店，在选购商品时，总让妻子去挑选，自己却站在一旁漫不经心地等待着。也有的男人，尽管平日不太管理家务，但在购买大型、贵重的商品时，往往以家长、权威的身份发表意见，而这个意见，常常又起决定性作用。妇女一般主持家务，对市场行情比较了解。在购买日常生活用品时，有较大的决定权。她们的购买动机，容易受市场环境气氛的影响，容易受旁人的议论所左右。在选购商品时十分耐心，对感兴趣的商品，喜欢问个究竟。购买后喜欢评论商品，如果买得合心意，常常向亲友推荐。相反，如果买了不合心意的商品，又会感到非常后悔，并告诫别人不要再买这种商品。因而争取一个忠实的女性顾客，就会获得其周围许多人作为潜在顾客。

（二）不同年龄的顾客的购买心理特点

少年儿童单独到商店，往往是受成人指派来实现既定购买目的的，但也具有自己独特的购买心理特点。少年儿童购买心理往往容易变化，对某一种商品，时而喜欢，时而不喜欢，容易受他人的影响，别人喜欢的，自己也喜欢；别人不喜欢的，自己也不喜欢。也比较容易冲动，情绪往往表露于外。针对少年儿童的购买心理，运用直观形象，诱发其购买兴趣，促进其购买行为。做好少年儿童购买的接待工作尤为重要，对儿童顾客的启迪、劝说，要注意语气和蔼亲切，注意符合孩子的心理特点。

青年人追求时尚新颖。选购商品时，冲动性购买多于计划性购买，看见了一种商品只要满意，有用没用都要买。他们喜爱表现自我，对商品知识较熟悉，他们把自己的个性鲜明地表现在生活的各方面上。因此，对青年顾客的启迪、劝说工作，应注意气氛欢快，增强交谈的亲切气氛，适当地、客气地讲些流行话、诙谐话，给人以热情、活泼的感觉。

还应注意青年情侣和青年夫妇购买商品时的心理，除反映青年期的一般心理特征外，还反映爱情、新婚、新家庭的心理特征。男青年给姑娘买东西，既是为了取悦对方，表达自己的爱慕之情，也是想把姑娘打扮得更合自己的心意；女青年给男青年买东西也是如此。因此，其购买商品挑选性很强，往往要反复考虑，难下决心。青年情侣组织新家庭，是其一生中第一个消费高峰。但不同爱好的青年，消费心理也不一样。有的注重物质生活，有的注重精神生活。但一般都要求商品新颖、美观、寓意良好、配套适合、有感情象征。

中年人在消费上往往偏于保守，节俭消费心理比较明显，购买商品注重传统性和习惯性，他们有丰富的商品知识、消费经验、购买经验。因此购买商品时非常细心，对不同商品的规格、质量、性能、价格反复作比较，直至满意时才下决心购买。营业员在启迪、劝说这类顾客时，要特别耐心，不要炫耀自己的学识，不要与顾客争论，不要插嘴。

老年人阅历广、辈分高，思想一般较为保守，并有很强的自尊感。他们总是喜欢回头看，留恋过去，习惯性很强，相信名牌“老字号”，对原有的嗜好和兴趣不易改变。老年人一般行动迟缓，顾虑心重，易于激动。因此，营业员要根据老年人的心理特征，既要热情，又要耐心，摸准其购买意图，更好地做好启迪、劝说工作。

（三）特殊顾客的购买心理特点

生理上有缺陷、残疾的顾客更需要温暖和照顾，营业员在接待这些顾客的时候，要给予更多的关怀和热情。说话要特别慎重，语言稍有不当就会使他们伤心。对有特殊要求的顾客，要尽量设法满足他们的要求，一时不能满足的，要把他们需要的商品进行登记，做好及时补货。

二、启迪与劝说顾客的方法

营业员掌握了不同顾客的购买心理特点及其购买需求后，就能有的放矢地、巧妙地运用启迪、劝说的方法，促进商品成交。通常，营业员可以采取以下的一些方法提高启迪、劝说顾客的艺术。

（一）让顾客增加对商品的认识

营业员要尽量提供商品的有关资料，如说明商品的原材料、使用方法、保管方法、修理方法等，让顾客自己在心中作个评估，满足顾客的求知欲望，增强顾客对商品的信心。

（二）让顾客实际体验商品的好处

营业员尽可能鼓励顾客试用目标商品，体验商品的好处。如鼓励顾客摸一摸布料，体验布料的手感是否满意；鼓励顾客穿上样品服装，看看是否舒服，等等。由此加强商品对顾客各种感觉器官的刺激，满足顾客对商品实际使用效果的深入了解。

（三）让顾客对商品产生有益的联想

营业员可以根据不同的顾客，从商品的品名、商标、包装、造型和价格等方面，适当揭示某些迎合顾客购买心理需要的有关寓意或象征，提示顾客在商品消费或使用时能获得的乐趣和满足某种心愿，以丰富顾客对商品各方面的联想，使之产生消费或使用商品而获得心理满足的美好憧憬，满足顾客向往美好事物的心理欲望。

（四）让顾客对商品有更多的选择余地

营业员应该向顾客提供更多选择的余地，包括说明自己所介绍的商品与其他同类商品的不同之处，给予顾客较多的思考机会，满足顾客反复权衡商品各种利弊因素的心理需要。

营业员在向顾客进行启迪、劝说时，不仅要注意根据顾客不同的心理需要与心理特点运用不同的方法，还应注意所说的语句、语调以及相应的表情、动作。比如：语句必须精练、准确，充满诚实感；语调要自然、温和，充满亲切感；表情要真挚、文雅，充满自信感；动作要舒展、大方，充满优美感。

潜在的顾客，不等于现实的顾客。能否把潜在的顾客转化为现实顾客，促成购买行为，这与每个营业员掌握启迪、劝说的艺术有很大关系。我们知道，顾客的购买心理是复杂的。是可能随时变化的，有些顾客由于出自这样或那样的考虑，由于这种或那种原因，购买商品往往有所犹豫，并通过外在形式表现出来：或慢慢踱方步；或挑了又挑，拣来拣去，下不了决心；或离开了柜台，又返回柜台，有恋恋不舍之意；或凝视商品，若有所思，买与不买，犹豫不决。如果这时候营业员不能正确分析其心理活动，寻出其原因所在，并采取适当的劝说方法，顾客就很有可能放弃购买，中断购买过程。但如能掌握其心理活动，有针对性地打消顾客的顾虑，巧妙地抓住顾客决定购买的一瞬间，以负责的态度帮助顾客下定决心，促使其购买态度的转化，就可能促成商品交易。比如，当顾客迟迟下不了购买决心时，要体察顾客对这种商品想知道些什么，在作充分说明之后，再加上一句推荐的话，使顾客下决心购买。当顾客挑拣商品时，看看这，又看看那，挑挑这个，又挑挑那个，看样子想买但又拿不定主意时，营业员则应分析有可能是因为品种太多，使顾客眼花缭乱，不知选择哪一个好，由此进一步了解顾客的情况，如年龄、职业、爱好等，有针对性地进行劝说，帮助顾客下决心购买。但要注意不能先报价格，以免引起顾客反感和误会。当顾客对廉价商品的质量表示不放心时，营业员应及时对这种商品的质量予以解释，说明这种商品是以什么为原料，经何种方法制作而成的，质量也不错，可谓价廉物美。如果是削价处理商品，则应实事求是地说明削价原因，并着重说明质量未变，仍有使用价值。当顾客觉得商品价格偏高，营业员不能一开始以“不贵”来回答顾客的意见，而要多做解释工作，可以从商品的材料、设计、花色、性能等方面说明价格和价值是相符的，价格高正是体现了优质优价，帮助顾客消除疑虑心理，达到成交的目的。

营业员对于多位顾客的启迪、劝说，更应注意富有艺术性。比如，当一男一女两位顾客一起来购买商品时，营业员要首先从他们的言谈举止中辨别这是一对未婚的情侣，还是已婚的青年夫妇，或是同事、同学。如果是属前两种类型时，应着重做好女方工作。因为实践证明，在做青年情侣生意中，多数是男方尊重女方的意见，女方喜欢的商品，成交率往往比较高。但当女方喜爱，而男方流露不那么愉快的表情时，这时营业员要注意劝说的方式，掌握好谈话的分寸，要针对男方的心理活动，做好转化工作，促使成交，更不能引起男方提出不买的借口。如果这一男一女是同事、同学关系，就要分辨谁是买主，谁是参谋，多做参谋工作，以促使其成交。当一群男女老少一起来购物时，营业员要从他们的言行中判断他们是否是一家人。如确认其是一家人，则要从其挑选的商品中分辨在购买过程中谁是影响者，谁是决策者，谁是购买者，谁是使用者。一般来说父母是购买者和决策者，子女是使用者和影响者，要多做影响者、使用者的启迪、劝说工作，因为一家人来商场购物，儿女的意见多为父母所采纳。当结伴而来的顾客到商店选购商品时，人多议论多，他们会百般挑剔，说这也不合适，那也不合适。对此，营业员要从交谈中分辨谁是买主，谁是伴随，在一群“参谋”中，谁是熟悉商品的行家，谁是权威。营业员要看准并抓住这个权威性的参谋者，特别注意尊重他的意见，利用其对买主施加影响。当顾客选定了某种商品，向营业员征询意见时，营业员要抱着促进顾客下决心的诚意肯定顾客的选择，也可以说几句赞美的话，坚定顾客的购买信心。

第五节 商品成交的艺术

商品成交，就是顾客的购买信心已经确立，把购买决定变成购买的现实行动。商品交易的达成，有时是顾客主动提出来的，但更多时候则是营业员抓住成交的时机促成的。所以，营业员要掌握成交的艺术，除了要掌握成交阶段中所需的操作技术外，还必须掌握促成成交的时机。

一、商品成交的时机

在营业员进行启迪、劝说工作后，顾客一般就会对该商品产生一种信赖感，但并不一定立即决定购买。那么，在顾客还没有主动表达成交愿望前，营业员要把握机会来促成交易，一般应从顾客的以下表现来考虑。

（一）顾客谈话焦点集中在某个商品上

顾客在比较评价阶段时，营业员一般提供多种同类商品以供顾客选择。当顾客后来把注意力集中到某个商品上，把话题对准这个商品反复询问时，就说明顾客对这个商品发生兴趣。因此，在顾客问完各种问题后停止发问，平静地考虑是否购买的时候，营业员就应抓住这个成交的机会。

（二）顾客微笑点头并注意价格

在营业员介绍商品后，顾客边看商品边微笑点头，并询问商品的价格，这表示顾客对该商品感到满意，基本决定购买。因此，营业员应不失时机地促进交易。

（三）顾客关心商品的售后服务

顾客经过对某个商品的比较评价后，向营业员询问商品的售后服务措施，如“能否送货上门”、“有零配件供应吗”、“商品出了毛病是否包修”等，就说明顾客已有决定购买的意思了，营业员要趁热打铁，促进购买行动。

顾客决定购买的言行举止是多种多样的，营业员还必须考虑不同顾客的购买行为，去掌握成交的机会。也要注意，一旦找到成交机会以后，有的顾客还可能不够坚定，营业员绝不应改变自己的劝说观点，甚至随之动摇，而应继续积极地增强自己的影响力，用自己对商品的信心巩固顾客购买决心。

二、商品成交操作技巧

商品成交虽然是柜台接待服务的尾声部分，但如果做得不好，往往会前功尽弃，妨碍购买行为的完成，甚至给顾客留下不良的印象，使之产生成见，影响以后的购买。所以，应以温和的态度和高超的操作技巧去完成，使顾客满足购买的欲望，并影响其购后体验的倾向与程度，树立商场和营业员的良好形象。

顾客选定商品决定购买以后，营业员首先应该表示谢意，对其明智的选择给予恰当的赞许、夸奖，增添顾客的满足感以及达成交易带给双方的喜悦，然后进行计价、收款和商品包装等工作。

计价、收款、找零是商品成交的重要环节，必须严肃认真、清楚准确。营业员应把计算货款的结果明确地告诉顾客；顾客付款后，营业员也要把收款数额说一遍，如果顾客有疑问便立即加以证实；营业员将余款交给顾客时，也应把顾客应付款、实收款与余款说一遍，让顾客确认，并注意尽可能让顾客有充裕的时间把余额计算一遍。

计价收款一定要采取谨慎的态度，以免出现纠纷。尤其对老年顾客，更应细致耐心，速度不要太快，甚至要让其反复确认。这不仅是为了避免发生不愉快事件，还为了适应老年顾客的生理条件与心理要求，给予其入微的体贴。

包装商品也是商品成交的一个重要环节。包装商品一般要求安全牢固、整齐美观、便于携带。营业员在包装商品之前，首先要对商品检查一遍。如发现破损或沾污，应另取商品给顾客重选，以表示对顾客负责。同时，还应主动征求顾客对商品包装的要求，采取符合携带习惯、使用习惯、购买目的和某种心理需要的包装方法。包装商品时，要注意轻放，不错包、不漏包，尽可能在顾客在场的情况下作业，使其放心。营业员把包装好的商品递交顾客时，也应注意稳重慎重、亲切文雅，并关照注意事项。

商品成交后，顾客购买活动的心理变化阶段已发展到购后体验阶段了，营业员应继续以饱满的热情、感谢的心情送客，说一些感谢光顾与欢迎再次惠顾的话语，自始至终使顾客感受到营业员的亲切服务，为后续销售奠定良好基础。

第六节　转化拒绝购买态度的艺术

柜台接待或交易活动不可能每次都是成功的，由于顾客拒绝购买而中断接待过程，不能达成交易的现象经常发生。因此，当顾客拒绝购买时，营业员是被动、消极地处理，还是主动、积极地处理，对于服务效果有着直接的影响。能正确分析顾客拒绝购买的心理原因，充分考虑与照顾顾客特殊的情感和需求，根据其心理活动状态，采取适当的处置方法，提高说服能力，就有可能促进顾客购买态度的转化，挽回接待过程中断的“危机”，变拒绝购买为实现购买。即使不能促成立即的转化，也会使顾客在轻松愉快的气氛中离去，并对商场留下服务优良的心理印象，为其延期实现购买打下良好的心理基础。反之，不做好顾客拒绝购买的思想准备，缺乏对其心理的掌握，采取简单的处置，甚至片面地认为顾客只看不买或过于挑剔，而有意或无意地流露出不满的情绪，甚至采取不客气、不礼貌的态度，不但无助于拒绝购买态度的转化，还可能损害营业员与商场的形象，失去潜在顾客。所以，作为营业员做好拒绝购买态度的转化工作，是体现柜台接待服务艺术水平的一个重要标志。

顾客拒绝购买态度的产生原因，一是外界的刺激因素，如商品品质、环境气氛、销售方式等；二是内在的刺激因素，如个性心理特征、心理要求、购买动机、情感意志等。一般是内外刺激因素共同作用的结果。但在多种刺激因素之中，商品品质的影响力是最主要的，因为顾客一般都是对商品有好印象才购买的。所以，顾客拒绝购买的心理原因，主要就是对某种商品缺乏信心，即对商品产生的不信任或不太信任的态度。

在现实的购买活动中，顾客拒绝购买态度一般有三种，即一般拒绝购买态度、真正拒绝购买态度和隐蔽拒绝购买态度。对于不同的拒绝购买态度，营业员应采取不同的转化方法。

一、转化一般拒绝购买态度的方法

一般拒绝购买态度，是由于顾客对商品注意的指向性不集中，没有建立稳定的见解，或觉得商品的某种因素不合心意，甚至产生怀疑而形成的。但这种拒绝购买并非是经过深思熟虑的最后决定，而是一种随意性很强的初步决定。因此，营业员应该多向顾客灌输商品知识，提高商品的吸引力，改变顾客对商品的心理印象，克服顾客对商品的疑虑，由此确立购买信心，促使其购买态度的转化。

二、转化真正拒绝购买态度的方法

真正拒绝购买态度，是由于顾客对某种商品根本没有需求，或商品的某些方面与其心理要求相差太远，或顾客对商品产生偏见、不信任而形成的。它一般是顾客经过思考后的最后决定。

对于真正拒绝购买态度的转化，要转变其态度的方向是相当困难的，大多只能在减弱强度方面努力。所以，营业员应尽快避开其主要问题，转移其注意目标，及时引导顾客的注意力，有目的地转向同类商品或代用品，根据其需要，交谈其感兴趣的话题。由此减轻顾客在购物中的压迫感或其他心理负担，打破因顾客拒绝购买而造成的僵局，留给顾客良好的印象，诱发顾客购买其他商品的积极情绪。

三、转化隐蔽拒绝购买态度的方法

隐蔽拒绝购买态度，是由于顾客出于各种心理需要，不愿把拒绝购买的真实原因说出来而形成的。顾客隐蔽拒绝购买理由，往往受自尊心理需要和社会心理需要的影响较大。比如，因商品价格高于自己的支付能力而拒绝购买，有的顾客出于自尊心理需要，就把这真实原因隐蔽起来，而制造一些其他理由拒绝购买。

对于隐蔽拒绝购买态度的转化，应注意尊重顾客的心理需要，切勿有意或无意地揭露其真实原因，更不宜与其争论不休。可以运用顾客易于理解的说服方法，强化商品的物理性能与心理功能，提高顾客购买信心。营业员做好顾客拒绝购买态度的转化，不管是使其转变拒绝购买态度的方向，还是使其转变拒绝购买态度的强度，都对商品销售有重要意义，也是售货艺术的一个重要方面。成功的转化，将为企业带来更好的经济效益和信誉。

商场服务接待的实践证明，顾客的购买行为类型是多种多样的，引起顾客购买情绪变化、发展的因素也是数不胜数的，因此营业人员必须具体地判断某个顾客的个性特征，充分考虑顾客心理状态的一般规律，采取不同的接待方法，才能出色地完成接待工作。

技能训练

一、实训项目

1. 现场情景模拟训练。将学生分成两组，一组学生扮演顾客，一组学生扮演营业员，将教室布置成卖场销售服装或家居商品。训练内容：分析顾客购买动机的类型；售前待机的准备；如何接近顾客。教师和学生分别打分，并进行点评。

2. 角色演练。选择食品或酒类，进行商品展示、介绍。训练内容：把握展示和介绍的时机；连带商品的介绍（由扮演顾客的学生提出购买某品牌商品，柜台无货，扮演营业员的学生如何介绍）。教师和学生分别打分，并进行点评。

3. 情景创设，角色演练。一组学生扮演顾客，模拟购买某商品时的犹豫状态，另一组学生扮演营业员进行服务。主要训练与考查学生扮演营业员角色的应变能力和启迪、劝说能力。

二、达标考核

1. 规定各项目达标的时间。学生应在规定时间内完成项目内容，超时扣分。

2. 制定评分标准。优秀：表现接待娴熟，自然大方；良好：能在规定时间内完成规定项目；及格：基本符合达标要求；不及格：未能按要求完成项目训练内容。

思考与练习

1. 顾客在购买过程中的心理变化一般可分为哪几个阶段？
2. 为什么说掌握购买心理过程是提高柜台接待艺术的前提？
3. 拒绝购买一般可分为哪几种类型？
4. 为什么说转化拒绝购买态度体现了营业人员的售货艺术水平？
5. 介绍与展示商品的基本要求是什么？
6. 怎样才能最有效地介绍与展示商品？
7. 不同年龄的顾客一般有哪些购买心理特点？
8. 如何提高启迪与劝说顾客的艺术？
9. 怎样才能把握好时机促成交易？
10. 怎样从顾客表情判断顾客的类型？
11. 与顾客打招呼的时机如何把握？
12. 转化拒绝购买态度的方法有哪些？

第九章

商场服务语言艺术

知识点

- 掌握商场服务语言运用的要求
- 掌握商场服务语言表达的技巧
- 掌握商场服务礼貌用语的运用

技能点

- 商场服务语言表达技巧的培养
- 商场服务礼貌用语运用能力的训练

资料导入

营业员的巧言点拨

有一天，一位客人来到上海绣品的商店，他是为好友前来购买绣花被面的。面对五彩缤纷的绣花被面，他被其中一条绣有一对白头翁的被面吸引了。但又显得有点犹豫，目光盯住这一对白头翁，自言自语地说："这鸟的姿态很好，就是嘴巴尖了一点，以后夫妻要吵嘴。"营业员察觉后，笑眯眯地向他介绍道："您看见了吗？这鸟的头上发白，表明以后夫妻白头偕老，它们的嘴巴伸得长，是在说悄悄话，是相亲相爱的表示。"这位顾客听了，连说："有道理。"高高兴兴地为朋友买下了这条绣花被面。

资料来源：宣兆美：《零售服务技能训练课程》，广州，广东经济出版社，2005。

分析：

本案例告诉我们，营业员巧妙的语言可以引发顾客的联想，容易引起顾客的购买欲望。向顾客介绍商品时，零售服务人员的巧言点拨，还可以消除顾客的某种疑虑，会使顾客产生良好的印象。可见巧言在服务中十分重要。巧言点拨，贵在一个"巧"字。它要求零售服务人员不仅能察言观色，洞察顾客的心理和要求，而且对自己所经营的商品的知识有全面的掌握，这样才能令顾客信服。

零售商场营业人员每天要接待数以百计的顾客，这项服务性工作都是依靠语言来与顾客沟通的。营业人员的服务语言是否热情、礼貌、准确、得体，将直接体现商场的形象，同时也影响顾客的满意程度。由此，零售企业必须加强对营业人员服务语言的管理，以提高商场服务水平。

第一节　商场服务语言艺术的基本知识

商场服务语言是营业人员进行接待服务的重要工具，讲究服务语言艺术是做好服务工作的必要条件。运用好服务语言艺术，可以在顾客心中留下好感，取得顾客的信任；可以招徕顾客，扩大商品销售；可以扩大影响，提高商场信誉；可以增进友谊，建立良好关系。因此，必须加强商场服务语言训练，提高服务语言艺术。

一、商场服务语言的内涵

概括地说，商场服务语言艺术的内涵就是指商场营业员在接待顾客，与顾客沟通时要使用文明礼貌的服务语言。要做到和气、文雅、谦逊。

（一）和气

在接待顾客时，要态度热情，尊重对方，和颜悦色，心平气和，不声色俱厉，不挖苦讽刺，不侮辱谩骂，不怠慢顾客。

（二）文雅

在接待顾客时，要态度亲切，文质彬彬，说话讲究方式，言词生动、形象，比喻恰当，给顾客以深刻的印象。

（三）谦逊

就是在接待顾客时，要谦和礼让，友好而不傲慢。

二、商场服务语言的原则

（一）言辞礼貌

不使用粗俗语言和方言土语。商场营业人员在使用服务语言时首先要充分尊重顾客的人格和习惯，避免使用命令式口吻。对顾客语言上的失礼，不仅可能导致一次交易的失败，还会使商场形象受到损害。粗俗的市井语言会令顾客不愉快，让顾客对商场营业人员的整体素质产生怀疑，进而也会影响商场形象。

（二）注意语言顺序和逻辑

即突出重点和要点。思维混乱、语无伦次，必将导致顾客不知所云，无所适从，所以商场营业人员必须把握好说话的条理性、层次性，清晰、准确地向顾客表达自己的意思；同时与顾客的谈话时间不宜过长，应抓住谈话重点，以引起顾客的注意和兴趣，不需要无谓的铺垫，不讲多余的话。

（三）诚实守信

不欺骗顾客，不夸大其词。这是要求商场营业人员在向顾客传递商品信息时要客观真实。因为任何商品都不是十全十美的，营业人员在销售中的职责就是向顾客陈明商品的利弊优劣，为顾客购买提供准确可靠的依据。仅靠欺骗顾客有可能获利一时，但失去的信誉将难以挽回。

（四）谈话方式因人而异

在经营活动中，商场营业人员不能只是机械地回答问题，而应根据顾客的兴趣、爱好、知识水平、职业特点、年龄方面的不同，选取相应的表达内容和表达形式，学会巧说话。这就要求商场营业人员要努力提高自己的语言应变能力，注意培养语言表达的随机性和灵活性。

（五）措辞准确，表达灵活

在交谈中，如果词不达意、前言不搭后语，很容易被人误解，达不到交际的目的。在语言的措辞上，要针对不同的对象、不同的性别和年龄、不同的场合灵活地使用不同的词汇，以利于沟通和理解，从而避免矛盾的产生或使矛盾得到缓解。因此，表达思想感情时，应做到口音标准、吐字清晰，说出的词句应符合规范，避免使用似是而非的语言。另外，应去掉过多的口头语，以免语句割断。还有，语句停顿要准确，思路要清晰，谈话要缓急有度，从而使交流过程畅通无阻。

在交谈中，灵活地使用谦谨语和委婉语是沟通思想感情、使交际活动顺利进行的有效手段。谦谨语是谦虚、友善的语言，它能充分表明对对方的尊重。谦谨语常常是以征询式、商量式的语气表达的。委婉语是用好听的、含蓄的、缓和的词语来替代对方有可能忌讳的词语，以婉转的表达方式来提示双方都明白但又不必点明的事物。

（六）语言生动，机智幽默

生动的语言能使气氛活跃、感情融洽。在服务接待中要创造出一种和谐的信息交流的气氛，就需要随机应变，凭借机智抛开或消除障碍。幽默是一种艺术，常被用于化解尴尬场面和增强语言的感染力。幽默中含有理解，幽默产生的诙谐情趣能使人感到轻松愉快，让人们在笑意中领悟真正的含义。

（七）举止文雅，姿态得体

在服务接待过程中，谈话与举止相辅相成。一个具有良好修养和高雅气质的人，他优秀的内在素质会通过仪态、举止显示出来。

在交谈中，要有得体的表情配合，适当的手势辅助。手舞足蹈、举止轻狂，或者唾液四溅等，都是极不礼貌的行为，所以，在服务接待中，不应当有无意义的体态或举动，以免给人以轻浮失礼之感。

三、商场服务语言的要求

（一）词汇运用的要求

营业人员在接待服务中用词要准确、得体、生动，含义要清楚。同一个意思的话，选择用词不同，产生的效果就大不一样。例如，顾客临近柜台时，有的营业员说：“你要点什么？”顾客就会说：“我要的东西多啦，你给吗？”显然“要”字用得不恰当。说者无意，听者有心，这就引起顾客的不满。

正确选择恰当用语，首先要分清不同对象。商场接待的顾客有各种年龄，甚至不同时代的人，为了使营业员与顾客之间保持和睦关系，使用准确的措词和说法是十分必要的。接待长辈、同辈、晚辈时应分别用不同称呼，这样可以使对方感到亲切。其次要选择与环境相适合的语言。如在坏天气里，可以对顾客说：“在雨（雪、大风）中您特意光临，实在感谢。”再次要选用恰当的比喻语句。例如，对高瘦个子的顾客只能说其“苗条”，而不能说成“瘦子”；对矮胖顾客只能说其“健壮”，而不能说成“肥佬”、“胖子”；对皮肤黑的顾客，只能说其“肤色健康”，而不能说成“黑鬼”，等等。此外，要选用顺乎当地习惯的词句。有的词句，在甲地为昵称，在乙地可能是骂人。如“小鬼”一词，北方与广东的解释就不一样。

正确选择恰当用语，还要注意不要讲顾客无法理解的话，甚至莫名其妙的话，否则就不能打动顾客的心，因为顾客不会因听不懂而去请教你，只有快快而去。

（二）语调运用的要求

语调是语言艺术的一个重要内容。语调升降起落的变化包含着许多语言因素。表达语调变化的因素，也就是说话时声音高低、轻重、快慢、抑扬顿挫等。音调的控制也是一种语言艺术，在服务接待中十分重要。因为同一个词、同一句话，音调不同，表达的意思也不同。如“你不要买”这句话，如说升调，就是表示怀疑；如说降调，就显得有气无力，不郑重其事；如说高音，就显得严肃，表示命令、指使；如说平音，就显得一般陈述的意思。营业员说话时更要注意控制音调，尽可能使语调柔和一些。营业员音量适中，顾客听起来不会刺耳，甚至会使顾客感到语言很有魅力；相反，效果就不一样。试想，如果用低声念“祝词”，慷慨激昂地念“悼词”，显然是与那种场合的气氛不协调的。比如，来店顾客询问的商品正好缺货时，营业员会有三种或更多的语气回答，一种是高声、短促地回答“没有”；一种是轻声柔和地回答“没有”；还有一种是带有抱歉的语气回答“暂时缺货，请您过两天再来看看”，或“太对不起您了，现在刚好没有货，预计过几天就进货。如果来得及，货一到马上和您联系，请告诉我您的联系方式”。这三种回答语调不同，产生的效果也不一样。第一种回答，使人感到有出气和抱怨的情绪，会有找麻烦，甚至有敌意的感觉，顾客会因此而中断购买。第二种回答，会使顾客感到营业员比较和气，虽无敌意和不满，但有冷淡的感觉，与顾客纯属一种买卖关系。第三种回答，会使顾客感到营业员态度诚恳热情，服务周到，“买卖不成仁义在”。又如，当顾客提出某些合理要求时，营业员爽快回答“好”或懒洋洋回答“好”，回答的语调不同，效果也不同。前者使人感到热情，后者则使人感到勉强、为难。语调的运用，可以根据顾客多寡而适当掌握。顾客多时，语调应高些、重些，速度放慢点；顾客少时，语调可以低些、轻些。

（三）语气运用的要求

语气就是说话的口气。营业员说话，用商量的口气和友善的态度，才会使顾客感到欣慰，才能真正体现顾客与营业员的平等、友好、和谐的关系。相反，营业员说话的语气不好，会引起顾客的反感，甚至因此而引起矛盾纠纷，影响商场的信誉。

营业员接待顾客语气运用的基本要求是：

（1）要注意不能用“施舍”的语气，如说“你买不买？不买就算了”；“不买就走，别妨碍别人”等。

（2）要注意不能用责备的口气，如说“别乱拨动，坏了可要赔偿呀”。

（3）要注意即使顾客提出的要求办不到，也不能使用不友善的语气。例如，有个顾客走到卖丝棉被的柜台前说：“我想看看这棉被里面的丝棉是什么样的。”营业员如果轻蔑地回答：“不行，还没听说过有拆开被看丝棉的！”这就会使顾客很窘迫。

总之，营业员接待顾客时语言必须符合规范。

第二节 商场服务语言的沟通与表达

商场服务语言不仅是传递信息的工具，也是体现服务水平的艺术。商场营业人员服务语言运用的好坏，直接影响着工作业绩和商场的形象，也直接影响着顾客对商品和服务的满意程度。

一、商场服务语言沟通规范

（一）创造良好的沟通氛围

商场营业人员同顾客的沟通处在一定的环境和氛围之中，沟通气氛和谐与否，会直接影响沟通的效果。创造一个愉快融洽的沟通气氛，对于营业人员而言，必须形成一定的规范。

1. 积极创造沟通环境

创造一个舒适、安静、整洁的环境，对沟通氛围的形成是有益的。一般情况下，商场营业人员要主动、积极地适应环境，以便在与顾客沟通时掌握主动权。

2. 寒暄要热情、大方

沟通一般是从问候与寒暄开始的。成功的寒暄，可以迅速缩短商场营业人员与顾客之间的感情距离，调节气氛、增进交流、促成交易顺利达成。为此，营业人员在与顾客沟通时要热情。

3. 距离要适中

一般情况下，营业人员与顾客沟通的距离不宜过近，但也不宜过远。盲目接近，会使顾客心理上感到压抑或局促不安，影响顾客的购买情绪；距离过远，顾客会感到怠慢和不受尊重。沟通距离在120～210厘米之间为宜，这样的距离最适合营业人员与顾客的交流。

（二）选择恰当的沟通内容

沟通是信息双向流动的过程，商场营业人员选择沟通话题与内容的最基本标准，就是要引起顾客的兴趣。因此，商场营业人员对沟通内容的选择要符合以下规范。

1. 避免以自我为话题中心

沟通时最忌讳一方自以为是、夸夸其谈、炫耀自己，完全忽视他人。如果听者始终找不到机会参与谈话，心理上就会产生抵触情绪，沟通便会中止。为了促进沟通，在沟通时应尽量以顾客开口为主，借此了解顾客，挖掘顾客的需求点。

2. 谈论顾客感兴趣的内容

在沟通中，应随时注意顾客的反应，观察顾客的表情、体态，判断其对沟通的关注程度，并经常征询顾客的意见，给予顾客谈话的机会。如果一旦发现顾客对话题不感兴趣，应立即停住并转移话题，调整沟通的内容和方式。

3. 以友好为原则

在沟通中，顾客与营业人员可能会因对问题的不同看法而引发争论。作为商场营业人员，应时时谨记：顾客就是上帝。一旦争执起来，如果顾客无礼，商场营业人员不要以牙还牙、出言不逊、恶语伤人，也不要旁敲侧击、冷嘲热讽，应宽容克制，尽可能地好言相劝，再寻找新的话题。

（三）掌握倾听的艺术

沟通不仅是要讲，而且也需要听。商场营业人员善于听顾客发言，是一种沟通艺术。营业人员在倾听时，有以下具体规范。

1. 专注

在听顾客说话时，应该目视对方，以示专心。语言只传达了部分信息，要真正了解对方，还应注意顾客的神态、表情、姿态以及声调、语气等非语言符号的变化，以便全面、准确地了解顾客的目的及意图。

2. 会心

在沟通时，商场营业人员如果面无表情、目不转睛地盯着顾客，会使顾客怀疑自己的仪表或讲话有什么不妥之处而深感不安。因此，营业人员要根据情况，适当地点头、微笑、做手势或适时插入一点提问，以表示自己在注意倾听，形成心理上的某种默契，使沟通更为顺畅。

3. 虚心

不要随便打断顾客的发言，即使不同意对方的观点，也要让对方讲完。在发现顾客因某一问题表述不清楚而感到拘束、不安时，商场营业人员可以作简短插话，为顾客“解围”，以引导顾客继续讲下去。

4. 耐心

沟通时，有的顾客会由于年龄或习惯因素，出现语言比较啰嗦的现象，作为商场营业人员，应当控制自己的情绪，不要表露出厌烦，也不可打断对方的发言而插话，否则是一种不礼貌的表现。遇到这种情况，最好控制沟通时间，巧妙转换话题。

二、商场服务语言表达技巧

（一）少用否定句，多用肯定句

否定句与肯定句意义恰好相反，使用时要格外注意场合，不能随便乱用。如果商场营业人员懂得语言表达技巧，能运用得巧妙，用肯定句代替简单的否定句，不仅如实回答了顾客的问题，而且还为顾客提供了参考意见，收到更好的效果。比如：

顾客：“这种衣服还有黑色的吗？”

营业员：“没有。”

这是否定句，顾客听了一定会说：“那就算了吧。”然后转身离去。而如果营业员换个方式回答，顾客可能就会有不同的反应。比如：

营业员回答：“真抱歉，黑色的进货少，已经卖完了，不过，我觉得红色和白色与您的气质更相称，您不妨试一试。”

这种肯定的语言不仅避免了生硬地回答问题，还会使顾客对其他商品产生兴趣。

（二）采用先贬后褒法

商场营业人员在介绍商品时，要实事求是，但对商品优缺点的介绍要有侧重。比如：

“这个商品价格虽然稍微贵了点，但质量很好。”

“这个商品质量虽然很好，但价格稍微贵了点。”

这两句话除了顺序颠倒外，内容、语调都没有变化，但却让人产生截然不同的感觉。

第二句的重点放在“价钱高”上。因此，顾客可能会产生两种感觉：其一，这商品尽管质量很好，但也不值那么多；其二，这位营业人员小看人，觉得自己买不起这么贵的东西。而第一句的重点放在“质量好”上，所以顾客就会觉得正因为商品质量好，才值那么多钱。

因此，在向顾客推荐商品时，应该先提商品的缺点，然后再详细介绍商品的优点，也就是先贬后褒。这样，在顾客头脑中就会对商品的优点留有更深刻的印象，从而促进购买的达成。

（三）多用“是……但是……”的说法

在回答顾客异议时，要以转折关系的复句来强调商品的优点，说服顾客。这是一个被广泛应用的方法，非常简单，也非常有效。一方面营业人员表示同意顾客的意见，另一方面又解释了顾客产生意见的原因及顾客看法的片面性，让顾客心情愉快地改变对商品的误解。比如，顾客说：“我一直想买一棵紫罗兰，但听说开花很难，我朋友家的就从来没开过。”营业员回答：“是的，您说得很对，很多人的紫罗兰开不了花。但是，如果您按照规定的要求去做，它肯定会开花的。这个说明书将告诉您怎样照管紫罗兰，请按照上面的要求精心管理，如果仍然不开花，您可以把紫罗兰退回来。”在这一段对话中，营业人员不仅客观地同意了顾客的说法，同时又做了很好的解释，打消了顾客的顾虑，并且还借此机会将产品说明书推荐给了顾客。

（四）不用命令式的口气，要用请求式的口气

命令式与请求式是完全不同的两种口气。命令式的语句是单方面的，设有征求对方的意见，就勉强别人按照自己的意见去办；请求式的语句，是尊重对方的意见，请求别人去做。运用的语句不同，效果也截然不同。比如，有个顾客在晚上到某一商场正赶上闭店，营业人员说：“别进去了，下班了。”顾客听了就会很反感。营业人员这种用命令式的语气让人很难接受。如果换成“对不起，商场已经闭店了，请您明天再来好吗？”语句表达就很好，这样使用请求的语句，对顾客表示了歉意，也向顾客提出了请求，顾客就很容易于接受。

请求式的语句，一般有三种说法：

一是肯定句，如：“请你稍微等一等。”

二是征询句，如：“你能稍微等一等吗？”

三是征询疑问句，如：“我马上到仓库提货，你能等一会吗？”

一般说来，征询句比肯定句更能打动顾客的心，尤其是征询疑问句，更能体现营业人员对顾客的负责和尊重。因此，营业人员要学会运用请求式的语句。

（五）控制语速，善于使用停顿

商场营业人员在沟通工作时，一般有以下几种需要停顿的情况：

（1）连续介绍几种商品时，中间停顿时间要长些，让顾客选择前后几种商品时，有充分的思考时间。

（2）在介绍产品名称时，为了加深顾客对产品名称的印象，也可有短暂的停顿。

（3）在回答顾客问题之前有短暂的停顿。在顾客说完之后，营业人员最好不要马上作答，这个短暂的停顿可以给自己一个充分理解顾客意思的机会，理出头绪，选择更恰当的方式回答顾客。

第三节　商场服务礼貌用语的运用

商场服务礼貌用语的运用，一方面体现着商场营业人员的自身修养，另一方面也反映出商场的风貌。服务礼貌用语主要包括称呼用语、问候用语、答谢用语、致歉用语、请求用语、赞美用语和服务接待用语等。

一、称呼用语

在日常社交场台和其他场合，首先需要考虑的是怎样得体地去称呼别人，来表示出对他人的尊重。称呼语随说话者之间关系的不同而变化。一般来说，称呼别人时态度要热情、谦恭有礼，用语要确切、亲切、真切，称呼时要主动、适当和大方。

称呼语主要包括尊称和泛称，尊称是指对客人尊敬的称呼，泛称是指对人的一般称呼。具体说，称呼的用语主要有敬称、谦称、美称、婉称等。

（一）敬称

1. 人称敬称

通常人称敬称有“您”、“您老”、“您老人家”等词，多用于对尊长、同辈的称呼，这些都表明说话者的客气与谦恭。

2. 职业称谓

在比较正式的场合，习惯于用职业称谓，带有尊重对方职业和劳动之意，也暗示谈话与职业相关。此类称谓通常有“师傅”、“医生”、“老师”等。具体称呼时，在这些表示职业的称谓前冠以姓氏。

3. 职务称谓

对职务显赫者、专业技术人员，在各种交际场所流行职务（职称）称谓，如“老板”、“主任”、“经理”、“工程师”、“教授”等，并在前面冠以姓氏。

4. 通称

对一般成年男子称“先生”，对已婚女子称“夫人”，对未婚或不明婚姻情况的女子称“小姐”或“女士”，这些称呼也可冠以姓氏或职务。

（二）谦称

敬称是尊人，谦称则是抑己，是表示对他人尊重的自谦词。

1. 谦称自己

谦称自己最常用的就是“我”、“我们”。

2. 谦称自己的家属

称呼比自己辈分高的或年岁大的亲属时，前面冠以“家”字，如“家父”、“家母”等；同辈冠以“愚”字，如“愚兄”、“愚弟”；小辈冠以“小”字，如“小儿”、“小女”等。

（三）美称

多用于书面语，常以“贤”来构成，如“贤弟”、“贤侄”等。美称对方的子女可用“公子”、“千金”。

（四）婉称

一般用“阁下”尊称长者、有一定职务者。

在人际交往中，应记住别人的名字。给人起绰号，不论公开或私下称呼，都是不礼貌的行为。友人、恋人、夫妻间的昵称，在正式场合不宜称呼。

二、问候用语

问候语，多用于相识者见面时互相致意，或者用于交谈的导入阶段。它可以打破双方的界限，缩短距离，是人际关系发生、发展的起点。现在比较通用的问候语有“您好”、“您早”、“早上好”、“下午好”、“晚上好”、“早安”、“见到您很高兴”等。

对熟悉的顾客可以适当地寒暄。寒暄语类似问候语，语意内容相对来说更为具体。它经常是针对对方或环境作为交谈的开始，如“雨下得真大啊”、“很高兴认识您”、“今天天气不错”、“您气色很好”、“您是哪里人”等。

三、答谢用语

当接受他人的帮助或恩惠而表示口头上的谢意时，会使对方感到自己的行为价值已被认可和承认，继而产生一种自豪感，为自己的行为与道德情操而感到骄傲。

表达谢意必须心诚、清晰。“谢谢”是最简单、最直接的答谢语。说“谢谢”时，应当有明确的称呼，通过称呼被谢人的姓名，使道谢增强针对性。如果要谢的是几个人，最好是向他们一一道谢。在道谢中，应目视对方，面带微笑，目光诚恳。如果对方对道谢感到茫然，应当解释道谢的原因。为避免语言单调和谢意表达不深刻，可以根据具体情况适当地赞美和解释。

四、致歉用语

在日常生活或工作中，如果自己的言行给他人带来麻烦和不便，或者在交往中言行举止有所失礼，应当立即向对方表示愧疚之情，并请求宽恕，这就涉及致歉语“很抱歉”、“给您添麻烦了”、“请别介意”、“不好意思”、“实在过意不去”等。

运用致歉语，首先，应当发自内心，抱有诚意。一旦出现过失，无论事情大小，都应从内心真正承认自己确实错了，并产生自责与愧疚之心。在致歉时，应语调缓和、目光真诚，迅速、及时地表达歉意，切忌致歉时敷衍了事或者口服心不服，虚伪致歉，那只会加深双方之间的不和谐与裂痕。其次，应当注意致歉适度、适时。致歉的目的是让人明白歉疚之意，从心里谅解和宽恕自己。因此，致歉时应注意对方的反应，不可过分夸张，以免使人感到有失诚恳而不被人接受；也不可废话连篇或重复，以免引起更大的不快。

五、请求用语

在生活或工作中，在向他人请求、拜托时，礼貌用语的作用显得尤其重要。

(1) 应当明白求助者与受求者之间的尊卑关系。求人帮忙，要恰当使用敬语，以对方尊贵，自己则态度谦卑，言辞恭敬。常用词语有“劳驾”、“拜托”、“请多关照”、“请您费心”等。

(2) 应意识到因为自己的请求往往会给对方增加麻烦，使对方有所付出。因此，在请求以前应先致歉，如“对不起，请问……”、“很抱歉，拜托您了”等。请求时，语气应谦恭，不可用命令或支配的语气，也不可强词请求，更不可因为遭到拒绝而态度突变。

(3) 应考虑受求助者的情况。有时有的事是受求者确实无法办到的，答应则自身陷于困境，不答应又可能伤害求助者的情面，往往处于两难境地。因此，求助者应尽量采用迂回和委婉的表达方式，避免直来直去地提出请求，以给双方都留有余地。

六、赞美用语

赞美是一种能引起对方好感的方式，它能创造出一种热情友好、积极肯定的交往气氛。赞美对方应注意做到以下几点。

(一) 真心实意

赞美别人应发自内心，要真心实意、诚恳坦白，不能言不由衷或人云亦云。赞美要明确具体，符合实际。

(二) 因人而异

赞美女性时多用“漂亮”、“年轻”、“活泼”、“有气质”等词，赞美男性时多用“有魄力”、“有才华”、“有风度”、“有前途”、“有主见”、“精干”等词；对年长者应赞美他的健康、学识、经验、精力、成就等，对同辈人可赞美他的精力、才干、业绩、风度等。

(三) 注意场合

赞美要考虑时间、地点、环境。一般情况下，在有多人在场时赞美对方，对于拉近与对方的关系十分重要。

(四) 选择角度

赞美要避免无的放矢，不能把缺点当优点恭维。赞美时，不要夸奖对方已被人多次赞美的、明显的优点，而要赞美其尚缺乏自信之处。要赞美对方那些不为别人所知，但却颇为自得的事。

七、服务用语

商场营业人员在对客服务的过程中，常用的服务用语有以下几种。

(一) 一般招呼用语

最常用的招呼用语有：

(1)“早上好!”

(2)“先生您好!”

(3)“小姐您好!”

(4)“小朋友好!”

(5)“欢迎光临!”

(6)“请随意挑选!”

(二) 顾客进店时的招呼用语

当顾客进店后，营业员应立即接待，主动打招呼。

(1)“您好！您需要些什么?”

(2)“先生(小姐),您需要什么?我拿给您看。”

(3)“欢迎光临,请随意参观选购。”

(三)介绍商品时的招呼用语

当顾客长时间凝视某一种商品时,营业员可凑过去,说:

(1)“先生/小姐,您想看看××(他/她所凝视的商品)吗?我拿给您。”

(2)“先生/小姐,××(他/她所凝视的商品)是新产品,请您看看说明,挺适合您的。”

(3)“先生/小姐,这商品是名牌货,得过金奖。您看看吧,不买没关系。”

(四)顾客挑选商品时的招呼用语

当顾客细摸、细看某一种商品时,营业员自然地凑过去,说:

(1)“先生/小姐,您想买××(他/她所摸、比的商品)吗?我帮您选,好吗?”

(2)“先生/小姐,这商品的性能(质地、规格、特点)是……”

(五)随机向顾客介绍商品时的招呼用语

当顾客将视线从商品转向营业员时,营业员要及时打招呼:

(1)“先生/小姐,您需要哪一种商品?我帮您拿。”

(2)“先生/小姐,有什么事我能帮您吗?”

(3)“需要我帮忙吗?”

(4)“请问需要哪种商品?”

(六)向顾客介绍商品时的用语

当顾客突然停住脚步仔细观察商品时,营业员应从顾客所观察的商品入手,带诱导性地说:

(1)“先生/小姐,这是××(地方或工厂)的新产品,它的优点是……”

(2)“这是国内名牌产品,做工精细,价格便宜,一直很受顾客欢迎。”

(3)“这种商品耐低温而不耐高温,使用时请注意。”

(4)“对不起,您要买的商品已卖完了,这是相近似的商品,您看看是否合适?”

(七)顾客选购商品时的用语

(1)“别着急,您慢慢挑选吧。”

(2)“您仔细看看,不合适的话,我再给您拿。”

(3)“我帮您选,好吗?”

(4)“这种商品价格虽然高了点,但质量很好,很多人都喜欢买它。”

(5)“您还要看别的商品吗?”

(6)“需要什么款式的,我给您拿。”

(7)“这种颜色好吗?我再给您拿其他颜色的,您看怎样?”

(八)当顾客犹豫不决时的用语

(1)“这种货虽然价格偏高一些,但美观实用,很有地方特色,您买一个回去,一定会受喜欢。我再给您拿价格低一点的看看,好吗?”

(2)“这种商品在质量上绝对没问题,我们实行‘三包’。如果质量上出了问题,可以来换。您先买回去和家人商量商量,不合适时再退换。”

(九)答询用语

(1)“真不巧,您问的商品我们刚卖完,近期不会有。请您到其他商场看看。”

(2)“这种商品过两天会有，请您抽空来看看。”

(3)“这种商品暂时缺货，请留下姓名及联系地址或电话，一有货马上通知您。好吗?”

(十) 道别用语

(1)“不用谢，这是我们应该做的。”

(2)“我们的工作还做得很不够，请多提意见。”

(3)“小朋友，路上小心，注意车辆，再见!”

(4)“谢谢您对我们工作的支持。”

(5)“欢迎您再次光临。”

(6)“多谢您的惠顾，慢走。”

(十一) 其他用语

1. 退换商品时的用语

(1)“好，我帮您换一下，您看换哪一个好呢?”

(2)“很对不起，由于我们工作的疏忽给您添了麻烦。”

(3)“对不起，按国家有关规定，已售出的食品若不是因为质量问题，是不能退换的。”

(4)“实在对不起，您这种商品已经使用过了，不属于质量问题，不能再卖给其他顾客了，实在不可以给您退换。”

(5)“这鞋已超过了包退包换期，按规定我们只能为您维修，请原谅。”

(6)“对不起，这是商品质量问题，我们可以负责退换。”

2. 临闭店时的用语

(1)“别着急，还有点时间，请慢慢挑选。”

(2)“欢迎您明天再来。”

(3)“再见（明天见）。”

八、常见的服务情景与服务语言要求

常见的服务情景与服务语言要求如表 9—1 所示。

表 9—1　　常见的服务情景与服务语言求

情景	语言要求
迎客	“欢迎”、“您好”、“欢迎您的光临”、“有什么可以帮助您的吗”
对他人表示感谢时	“谢谢”、“谢谢您”、“谢谢您的帮忙”
接受顾客的吩咐时	“听明白了”、“看清楚了，请您放心”
不能立即接待顾客时	“请您稍候”、“麻烦你等一下”、“我马上就来”
让顾客等候时	“让您久等了”、“对不起，让您等候多时了”
打扰或给顾客带来麻烦时	“对不起”、“实在对不起”、“打扰您了”、“给您添麻烦了”
表示歉意时	“很抱歉”、“实在很抱歉”
当顾客致谢时	“请别客气”、“不用客气”、“很高兴为您服务”、“这是我应该做的”
当顾客致歉时	“没有什么”、“没有关系”、“算不了什么”
当听不清楚顾客问话时	“很对不起，我没听清，请重复一遍好吗”
送客时	“再见，一路平安”、“再见，欢迎您下次再来”
当要打断顾客谈话时	“对不起，我可以占用一下您的时间吗”、“对不起，耽搁您的时间了”

九、不同情景下语言的运用

不同情景下的语言要求不同，如表 9—2 所示。

表 9—2　　不同情景下的语言要求

种类	情景	语言要求
接待顾客时	顾客进店时	“欢迎光临”、“谢谢光顾”
	不能立刻招呼客人时	“对不起，请您稍候”、“好，我马上去！请您稍候，一会见”
	让顾客等候时	“对不起，让您久等了”、“抱歉，让您久等了”、“不好意思，让您久等了”
介绍商品时	拿商品给顾客看时	“是这个吗？请您看一看”
	评价商品时	“我觉得这个比较好”
收款时	收款中	“谢谢您，共收您××元，找您××元”
	收款后	“这是××元，请稍候”
	找钱时	“让您久等了，找您××元”
	当顾客指责货款算错时	“实在抱歉，我立即帮您查一下，请您稍候”
	已确定没有算错时	“让您久等了，刚刚我们算过，收了××元没有错，能否请您再查一下”
	找错钱时	“让您久等了，实在对不起，是我们算错了，请您原谅”
送客时	顾客离店时	“谢谢您”、“请多多光临，谢谢”
请教顾客时	问顾客姓名时	“对不起，请问贵姓大名？”、“对不起，请问是哪一位？”
	问顾客住址时	“对不起，请问府上何处？”、“对不起，请您留下您的住址好吗？”
换商品时	替顾客换有问题商品时	“实在抱歉，马上为您换”
	顾客想换另一种商品时	“没问题，请问您要哪一种商品？”
向顾客道歉时	工作失误给顾客造成麻烦时	“实在抱歉，给您添了这么多麻烦”

技能训练

一、实训项目

在教室模拟商场场景，由一组学生扮演顾客，另一组学生扮演营业员，演练营业员在接待顾客服务过程中各种用语的运用。包括常用服务语言、招呼用语、介绍商品用语、答询用语、收款找零用语、道歉用语、解释用语、调解用语、道别用语的运用。

二、达标考核

1. 规定各项目达标的时间。学生应在规定时间内完成项目内容，超时扣分。

2. 制定评分标准。优秀：熟练掌握各种服务语言，语言运用流畅自如、亲和平实；良好：能在规定时间内完成规定项目；及格：基本符合达标要求；不及格：未能按要求完成项目训练内容。

思考与练习

1. 商场服务语言运用的要求是什么?
2. 怎样掌握商场服务语言表达的技巧?
3. 商场服务礼貌用语有哪些内容?
4. 商场服务语言表达的技巧模拟考核。
5. 商场服务礼貌用语运用能力的测试。

第十章

顾客异议的处理与冲突的预防和排除

知识点

- 掌握顾客异议与冲突产生的原因
- 掌握顾客异议的类型和处理方法
- 掌握处理异议操作流程

技能点

- 处理顾客投诉技巧的训练

资料导入

关于××炉具燃爆引发的顾客投诉

2001 年 7 月在惠州××购物广场，顾客华某购买了一台价值 1 100 元的××双盘式煤气炉。不久后的某日，华某母亲在厨房做饭时煤气炉发生爆炸，炉具表面的玻璃钢全部炸裂，喷出的火焰不仅烧伤了华母的头部，而且全身多处大面积烧伤（当时是夏天，华母身穿遇火易燃的薄丝面料衣服）。事故发生后，华某马上把母亲送入医院，并让家人用照相机、摄影机对事故现场进行了拍摄，随后华某打电话到××商场顾客服务中心投诉，要求商场对事故发生做出合理解释并对伤者予以 20 万元的经济赔偿。

商场顾客服务中心接到投诉电话后，马上与××炉具的厂家取得联系，迅速协同厂家代表去医院看望，与此同时又立刻通知市有关质量监督部门、××厂家技术部门前往出事地点进行现场鉴定与调查。

在医院，商场负责处理此事故的工作人员一边安抚伤者家属，一边通过伤者的口述对事故的整个过程进行了全面详细的了解，并做了笔录，且让伤者家属确认后在笔录上签了字。与此同时，市质量检查监督局及××炉具技术人员对火灾现场也进行了检查与鉴定，并由市质量检查监督局出具了有效的质检报告，在报告中对引发事故的责任做了明确的划分。通过质检报告得知：由惠州××购物广场销售的价值 1 100 元××煤气炉并无质量问题，引发该起事故的主要原因是顾客华某的母亲在使用炉具前没有仔细看该产品的使用说明书，操作不当造成。事发当天，华母用××煤气炉烧开水，由于开水温度过高而在取壶时将壶整个打翻，壶里的开水大量地泼洒到正在燃烧的左侧炉面和右侧的未打开的炉面上，由于左、右侧炉面一个处于开启状态，一个处于冷却状态，在大量开水喷溅时煤气炉里面受热不均匀而引发了煤气炉爆炸。

由于商场工作人员及时通知相关质量检查部门对事故现场进行了检查鉴定，并对鉴定结果出具了有效的质检报告，明确了该事故并非产品质量问题，因此对华某提出的要求20万元的赔偿可以不予接受。出于对商场消费者和××炉具消费者——伤者本人及家属的慰问和人道主义的关怀与帮助，经商场和××炉具最后协商决定，由××炉具厂家提供3 000元的慰问金（但需声明不是赔偿金）给予伤者及其家属协助治疗。

资料来源：深圳人人乐总部通用培训教材案例。

分析：

1. 面对这一突发的顾客投诉事件的处理，惠州××购物广场负责人在紧急的情况下进行了迅速而冷静的处理，具体步骤如下：

(1) 接到顾客投诉电话后保持冷静，先倾听事情的经过，倾听完毕马上打电话通知厂家与商场相关负责人去医院探望伤者，做好伤者及其家属的安抚工作，避免事情传播扩大而造成负面影响。

(2) 待伤者及其家属情绪稍趋平稳后，请伤者家属出示在商场购买该商品的销售小票，核实确认伤者使用的产品确系该商场出售的商品。

(3) 迅速通知当地权威质量检查部门和厂家技术部门去事故现场进行实地考察鉴定，了解事发原因。

(4) 在医院探望伤者的过程中听取事故现场目击者对事故发生的详细讲解并及时做好笔录，记录完毕后请伤者家属确认并亲自签字。

(5) 及时听取质量检查部门的现场鉴定反馈，对事故原因的调查迅速了解，并让质量检查部门在现场检测后出具有效的质检报告，明确事故责任人。

(6) 根据事情的轻重缓急，与厂家协商达成共识，给予伤者一定的慰问金。

2. 在这起顾客投诉事件的处理过程中值得我们借鉴与学习的是：

(1) 对于突发事件的投诉处理首先要学会冷静倾听，在倾听的过程中一方面了解事情的紧急程度及大致出事原因（千万不要由于事件的急迫慌了手脚，轻易地做出盲目的承诺与答复）；另一方面在倾听的同时可以冷静思考需要马上进行的处理步骤。

(2) 对投诉人及时进行安抚，避免因事情进一步扩大而引发的负面影响。

(3) 及时明确事故的紧迫性，对于顾客提出的任何要求先不做盲目答复和反应，马上通知相关部门或机构出面解决与协助，请权威检查机构调查事故原因并出具有效书面报告，分析事故的起因、明确事故责任人。

(4) 根据有效调查报告明确事故的责任人并将报告结果告知投诉者，再根据报告结果确定处理方案。

商场是服务的窗口，是商品交易的场所。营业人员每天都要接待各种各样的顾客，由于顾客在性格、情绪状态和文化修养等方面存在着诸多的差异，加之营业人员在服务过程中方式和方法不当等原因，时常会出现顾客异议，甚至导致营业员与顾客之间发生矛盾和冲突。这些现象的发生不但会使顾客产生不满情绪，也会给商店的声誉带来不良的影响。因此，每个营业人员必须改善服务态度和服务质量，防止顾客异议的出现，避免冲突的发生。一旦问题出现，要采取措施，防止事态的发展，化解矛盾，排除冲突，挽回影响。

第一节 顾客与营业员的冲突

顾客在购买商品过程中所产生的异议较为复杂，营业员与顾客发生冲突的原因也是多种多样。为避免问题的出现，商场营业人员必须要认识顾客异议与冲突产生的原因。

一、冲突产生的原因

商场营业人员与顾客发生冲突的原因概括说主要有两大原因，既有主观原因也有客观原因。

（一）主观原因

1. 直接利益的需要

顾客购买商品，不仅要求能买到称心如意的商品，而且要求得到热情、周到的服务。在这一点上，多数营业员能满足顾客要求。但有些营业人员由于片面追求营业额、追求利润，而只考虑个人业绩，忽视顾客利益。例如，为了把滞销商品推销出去，减少损失，以次充好蒙骗顾客，顾客回店要求退货时，营业员又以种种理由拒绝退货，这就会产生冲突；有的顾客因排队等候时间长，急于结算，就催促营业人员，并说一些过激语言，营业人员不能接受，会产生冲突；还有少数顾客在购物过程中，提出了某些过高的甚至是无理的要求，当这种要求得不到满足，就把不满转移到营业员身上，侮辱其人格，营业员蒙受委屈后，往往采取防护性反击，于是产生冲突。由此可见，利益上的针对性，特别是有可能给某一方造成经济损失的利害冲突，是导致冲突的直接原因。

2. 气质、性格的不合

顾客到商店不光是购买商品，有时也为了参观浏览，顾客有买与不买的权利，也有选择营业员的权利，而营业员只有接待好每一个顾客的义务。一些营业员由于没有树立良好的职业道德，对于那些只看不买或在本柜台看在相邻的柜台买同类商品的顾客，采取指桑骂槐和恶语伤人方式侮辱顾客，顾客会采取对抗措施，这样会导致冲突的产生。

冲突的发生与顾客、营业员的性格、气质有关。在交易过程中，顾客与营业员的个体性格和气质是在形成各种独特的购买行为与服务行为中起核心作用的心理特征。如在性格方面，偏向外倾型的顾客或营业员，一般比较热情活泼、喜欢交际，言行、表情倾向外露；偏向内倾型的顾客或营业员，一般就沉默寡言，动作反应缓慢，面部表情变化不大，表情不外露。因此，如果顾客与营业员间的性格迥然不同，就往往容易产生冲突。又如，由于营业员与顾客在气质类型的偏向不同，也会因各自不同特性的言谈举止、反应速度和精神状态，而产生某种摩擦。一般来说，一些偏重胆汁质型气质的营业员，动作利索，反应灵敏，但往往会惹是生非，与顾客争吵；偏重黏液质型气质的营业员，虽然沉着镇静，但他那种动作迟缓和无动于衷的表情，往往也会激起顾客的不满意。同样，偏重胆汁质型气质的顾客也往往因营业员接待稍有不慎，言语稍有不当，就很容易发火，甚至恣意挑衅，挑起事端，这种气质的顾客，有的常以主人姿态出现，来苛求营业员，引起矛盾激化；偏重黏液质型气质的顾客那种翻来覆去不紧不慢挑选商品的动作，往往也会使营业员等得不耐烦，甚至会惹怒营业员，时常会发生冲突。

3. 精神状态

情绪是人的心理反应，是对客观对象的一种态度。一般说来营业员与顾客在交易活动中有以下四种精神状态：

（1）情绪好与积极性高相结合。

人处在这种精神状态时，常常是热情很高、爱和人交往。顾客处在这种状态下，购买动机很快确定，购物兴致很高，成交速度较快。营业员处在这种状态下，热情高、态度和蔼，工作效率也高。如果营业员和顾客同处在这一精神状态中，就不会发生冲突，而会促成交易的顺利进行。

（2）情绪好与积极性低相结合。

人处在这种精神状态时，表现得精力不足、动作缓慢、缺乏上进心，但心绪平稳，态度温和。顾客处在这种状态时，购买商品时很细心、谨慎，无所苛求甚至不慌不忙，不计较营业员的态度。营业员处于这种状态时，接待顾客缺乏主动性，不够热情，不爱说话，但殷勤适度，能做到讲究礼貌，有问有答。

（3）情绪坏和积极性低相结合。

人处在这种精神状态时，表现得沉默孤僻、对人淡漠、漫不经心、疲疲沓沓。顾客处在这种精神状态时，购物兴趣不浓，看看这、看看那，随意挑拣商品。营业员处于这种状态时，对顾客不热情，爱理不理，纪律松弛，懒洋洋、慢吞吞，顾客买与不买无所谓。

（4）情绪坏与积极性高相结合。

人处在这种精神状态时，其表现的特点是易动怒，态度粗暴，爱吹毛求疵、挑衅、发泄怨恨。不论顾客还是营业员，处在这种精神状态下，往往会失去理智，分不清正确与错误，易于冲动，最容易导致冲突的发生。

上述四种营业员与顾客的精神状态对交易活动的影响，可产生如表10—1所示的结果。

表10—1　　营业员与顾客的精神状态对交易活动的影响

营业员与顾客的精神状态	对交易活动的影响
情绪好＋积极性高	成交机会多，冲突甚少
情绪好＋积极性低	成交机会较多，冲突可能性不大
情绪坏＋积极性低	成交机会不多，冲突可能性大
情绪坏＋积极性高	成交机会较少，冲突可能性较大

4. 营业员业务素质不高

如果一个营业员业务不熟悉，商品知识不丰富，操作技术不熟练，计算不准确快捷，接待方法不适当，不仅会影响到服务质量，而且往往会导致冲突。顾客来店不仅是为了购物，而且还要求在精神上得到某种满足，包括对商品知识，特别是对商品的使用和养护知识、成分和营养知识的求知欲。一个业务生疏的营业员，不可能满足顾客这些需要。如当顾客提出问题，营业员却一无所知或答非所问；包扎商品不美观，不牢固；结算不准确，速度又慢。遇到这样的营业员，顾客免不了产生不满情绪，甚至会提出尖锐的批评。这时，如果营业员不虚心，反而同顾客顶撞起来，冲突就不可避免了。

（二）客观原因

营业员与顾客发生冲突，还有客观上的原因。通常在客观上可能引起冲突的原因有如下几方面。

1. 顾客多、营业忙，营业员应接不暇

在这种情况下，往往秩序比较乱。有的顾客因某种原因要求优先购买，也有个别顾客不遵守公共秩序抢先购买。而营业员一时照顾不过来。冲突往往一触即发。

2. 商品暂时供不应求

如有些商场搞促销活动，特卖品备货不充足时，长时间等待且又没有买到商品的顾客产生不满，容易导致冲突发生。

3. 商场营业结束

商场营业将要结束时，营业员需要做结算等工作，而顾客此时又急于挑选商品不愿离店，这种情况下，往往会发生冲突。

4. 营业员对顾客的个性作出错误判断

顾客与营业员在柜台交易中的交际关系，是偶然的、短暂的、交易性的接触，它与在工作单位或在家里完全不同。因为在工作单位、在家里，人与人的关系是逐渐形成的，并带有相对的稳定性，互相间彼此了解，能根据对方的个性特点进行交际活动。而在柜台接待中营业员与顾客素不相识，在短暂的接触中也不能相互了解，这就给接待工作带来了困难，很容易因对对方的个性作出错误的判断而闹出笑话，或引起不快，乃至发生冲突。

可见，营业员与顾客在交易过程中发生的冲突，既有主观原因也有客观原因。但一般的冲突都包含两种原因，只不过有的冲突是主观原因多些，有的冲突是客观原因多些而已。冲突使营业员与顾客的关系极不协调，不仅会破坏交易气氛与买卖成交，还会影响顾客以后的购买态度，给商场带来经济上和信誉上的损失。因此，作为商场营业人员，必须有意识地消除可能导致冲突的客观因素与主观因素，做好服务工作，创造良好的购买气氛。避免与防止冲突的发生和扩大。

二、冲突的表现

营业员与顾客的冲突通常可以表现在如下几方面。

（一）交易态度

交易态度是引起冲突的根源，冲突的发生往往也能反映交易态度。交易态度包括营业员态度与顾客态度。如有的营业员态度傲慢，对顾客不亲切、不热情，语言粗俗，举止不礼貌，不遵守劳动纪律，工作时聚众聊天、看书报、干私活、吃东西、怠慢顾客，工作不负责任，问而不答，一问即烦，不说明理由让顾客长时间等候，对只看不买的顾客要态度，不虚心听取群众批评意见。或者有的顾客态度不文明、语言粗俗等，这都有可能导致冲突。

（二）商品要求

商品是顾客最关心的对象，由商品因素引起的冲突也不在少数，很多冲突都反映出顾客对商品的各种要求。比如商店出售的商品数量不足、质量不好、价格不合理等，都有可能导致冲突。

(三) 服务质量

顾客进行购买活动，不仅要求获得称心如意的商品，还要求有优良的服务质量。所以有不少冲突是反映在顾客对营业员服务质量要求上的。比如，有的营业员缺乏商品知识，业务技术水平不高，商品包扎不牢，不便携带，商品价格计算不准或不按时交货、送货等等，都有可能导致冲突。

第二节 顾客异议的类型与处理

在商场交易活动中，由于交易活动的复杂性，经常会出现顾客异议，为了提高营业人员的服务质量，树立商场的形象。营业人员要认识顾客异议的类型，掌握处理顾客异议的方法。

一、顾客异议的类型

一般来说顾客异议主要有以下几种，营业人员要掌握有针对性的处理方法。

(一) 顾客被怠慢的异议

这里所说的“怠慢”，主要是指在顾客多、业务繁忙的情况下，顾客总希望自己能先买到商品，而商场服务人员又不可能同时接待为数众多的顾客。这样，就会使顾客产生被怠慢的感觉。

在这种情况下，营业人员要尽可能做到“接一、顾二、招呼三”，即接待第一个顾客的同时，询问第二个顾客需要买点什么，顺便招呼第三个顾客。

(二) 顾客不耐烦情绪的异议

过度催促也会引起顾客的异议。商场营业人员表现出疲劳或对顾客不耐烦的情绪，甚至催促顾客成交，都会让顾客感到不舒服。

对于这种顾客异议，营业人员除了要向顾客解释和道歉外，还应立即调整工作状态，不能流露出紧张不安或不耐烦的神情，要牢记“顾客永远是上帝”这句话。同时，要把更多的时间留给顾客，不但应让顾客尽情挑选，而且还应不厌其烦地帮顾客挑选。这样，不仅不会增加顾客挑拣的次数，相反还加速了交易过程，最终让顾客从容作出购买决定。交接班时，商场营业人员应耐心地为正在接待的顾客做好售货工作，同时应有礼貌地请其余的顾客转到邻近柜台或接替自己工作的营业人员那里。在一天营业接近尾声时，如果顾客仍有购买要求，营业人员不应表现出不耐烦的情绪，过早地收场，而应始终如一地接待。

(三) 顾客对已购商品的异议

如果顾客对已经购买的商品产生异议时，商场营业人员应积极认真地解决，并做好善后工作。不能因为商品已经售出就推卸责任，这往往是最容易引发顾客异议的焦点问题。对于要求退换商品的顾客，应该一视同仁地接待。经检查认定商品确有问题，一定要询问顾客的处理意愿，是退货还是暂时留置等待厂家的维修或更换。必须填写顾客服务卡作为凭证，约定取货日期，并向顾客致歉。遇到不易鉴别或不能退还的商品，如果顾客要求代卖，商场营业人员可根据实际情况，经柜组和商场主管同意，采取相应的办法，妥善处理。

（四）顾客对营业人员收款找零差错的异议

这种异议往往发生在交易结束，甚至顾客离开柜台之后。原因有时是商场营业人员算错，有时是顾客记错和丢失。这时，商场营业人员和顾客往往都会着急，容易发生争吵。因此，当营业人员在遇到这种情况时，首先要安抚好顾客，然后沉着冷静地回忆交易过程，并查找有无造成钱、票发生差错的因素。如果确实是自己粗心大意算错了，应立即补回差款，主动向顾客表示歉意；如果是顾客记错价格或计算错误，应耐心帮助顾客重新算账，交代清楚；如果双方都没有计算错误，但顾客货款短缺了，营业人员应细致耐心地说明情况，帮助顾客回忆查找；如果顾客一时想不通，营业人员也不必勉强顾客，可以请领导一起来研究，妥善处理。

二、顾客异议的处理

（一）处理异议的流程

处理顾客异议的流程如图 10—1 所示。

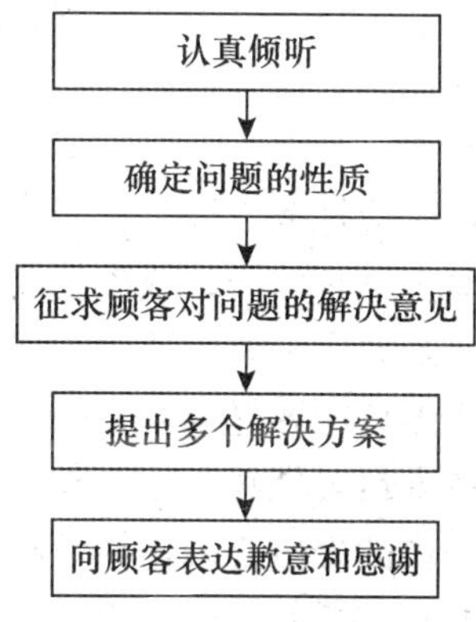

图 10—1　处理异议的流程

1．认真倾听

让顾客以自己的理解阐述所发生的问题。此时，营业人员要注意倾听顾客对问题的描述，了解顾客心目中对问题的看法，切记不能只凭自己的主观臆断理解顾客。

2．确定问题的性质

让顾客知道营业人员已对问题进行实质的关注。最好在听完顾客的意见后，把顾客提出的异议再简单重复一遍。一是让顾客知道他的意见已经完全被接受和了解；二是可以留一点时间思考应如何更好地解决问题；三是可以使顾客在冷静后清楚地了解是非之所在。但要注意的是，只需要重复重点的内容，以免让顾客感觉啰嗦。

3．征求顾客对问题的解决意见

如果认为顾客对问题的解决意见是合理的，并且在营业人员职权范围内可以办到的，就应尊重顾客的选择，按其要求的方式解决问题；如果认为顾客的意见是不可行的，则应与顾客进行协商，找到一个合适的解决方案。

4．提出多个解决方案

营业人员应多考虑几个解决问题的方案，并把选择权交给顾客，让顾客感受到自身的诚意，有助于问题的解决。这就要靠营业人员平时工作的积累和对突发事件快速反应的训练。

5. 向顾客表达歉意和感谢

在整个异议事件处理结束时，必须向顾客表达歉意，同时感谢顾客为商场提出了管理中值得关注的问题，感谢顾客在解决问题的过程中所表现的忍耐力，感谢顾客的再次光临。

（二）端正处理异议的态度

1. 正确对待顾客的异议

具体可以理解为以下几个方面：

（1）顾客永远是对的。营业人员必须要学会换位思考，去体谅顾客的不满与苦衷，了解他们期望满足的方面。

（2）顾客的不满意是商场服务工作中的一次挑战或一次机遇。当顾客对商场的服务产生异议时，如果能当面向商场诚恳地提出意见，而不是随意地向别人抱怨，这实际上就是给商场一次改正错误的机会。

（3）顾客的异议可能是对提高商场营业人员工作的建议。可以让营业人员了解自己工作中可能有哪些不足，从而改进和加强，提高服务水平。

2. 正确的处理态度

商场营业人员在处理顾客异议时应把握以下工作态度：

（1）积极的态度。营业人员对于顾客的异议或误解要做到不惧怕，具有主动面对问题的心态，时刻准备听取顾客的抱怨，并尽可能快速地为顾客解决问题。

（2）认真的态度。营业人员在处理顾客异议时，一定要表明认真的态度，以示对顾客的尊重和对问题的重视。商场营业人员要把每个顾客作为单独的个体来看，克服经常面对异议而可能导致的随意、大意、轻视的处事心态，给予顾客认真的关注。这样，顾客才会觉得安慰，改变原有的态度，从而有利于问题的解决。

（3）妥协的态度。妥协的态度并非是软弱的表现，其实质是一种自我利益的牺牲和退让。所以，这就要求妥协的一方（主要指营业人员）具有较高的道德修养和心理素质，要能够站在顾客的角度多考虑顾客的利益，适当地放弃个人的某些要求。由于单方面妥协可以较大程度地降低对方心理的挫折感，有利于紧张状态的缓和，不至于将异议激化为更大的矛盾，所以商场营业人员应学会运用妥协的艺术。

（4）体谅顾客误解的态度。在服务中，由于顾客处于心理优势的地位，很容易对营业人员产生误解，买卖双方误解的解除更需要解释、说明，甚至是辩解，但这往往会破坏服务的气氛。所以，在交易中营业人员如果能单方面的体谅顾客，认识到谁都有出错的可能，就可以使误解无从产生，化有为无。

（5）自我控制的态度。这是在异议升级为冲突时营业人员必须要采取的态度。当交往双方心理处于激烈的对立和互不相容的状态时，发泄各自内心的愤怒情绪是双方的共同目的，这会让对立双方变得不理智，甚至做出过激行为。在这种情况下，营业人员必须具有控制感情的本领，有较强的忍耐力。

（三）顾客异议的处理原则

营业员与顾客在交易过程中发生冲突，不管是哪一方有理，都是不愉快的事情，是对商场有害的事情。它不仅破坏了商品成交，破坏了商场气氛，还影响商业信誉和社会秩序。所以，作为商场营业人员，有必要认真研究冲突的防止与排除，揣摩冲突当事人的心理状态，寻找适当的预防措施与调解方法，努力避免冲突的发生和发展。做到从礼让中求得缓解，从让步中求得妥协。为此，在处理顾客异议时应遵循以下原则。

1. 倾听原则

耐心地、平静地、不打断顾客陈述地倾听顾客的不满和要求。

2. 满意原则

处理顾客投诉的最终目的不仅是解决问题或维护商场的利益，其结果还关系到顾客在经历这一问题的解决后是否愿意再度光临商场。因此，这一原则和概念应该贯穿整个顾客异议处理的全部过程。

3. 迅速原则

要迅速地解决问题。如果超出自己处理的范围，则需要请示上级主管，而且要迅速地将解决的方案通知顾客，不能让顾客等待的时间太久。

4. 公平原则

在处理棘手的顾客投诉时，应公平谨慎处理，有理有据说服顾客，并尽可能参照以往或同类商场处理此类问题的做法进行处理。

5. 感谢原则

在处理结束后，一定要当面或电话感谢顾客提出的问题和给予的谅解。

第三节　处理顾客投诉的技巧

防止排除冲突与处理顾客投诉的关键在于商场营业人员，因为商场营业人员是服务的主体，营业人员职业素质的高低直接影响着冲突的产生与解决。因此营业人员必须树立顾客至上的观念，以最高的服务热情和服务标准为顾客提供良好的服务。有了这种热情和思想就能避免冲突的发生，一旦冲突发生也能及时妥善予以解决。

一、商品投诉处理技巧

（一）商品质量问题

（1）如果顾客购买的商品发生质量问题，说明商场在质量管理上不过关，遇到这类情况，最基本的处理方法是诚恳地向顾客道歉，并更换质量完好的新商品。

（2）如果顾客因为该商品的质量问题而承受了额外的损失，商场要主动地承担起这方面的责任，并对顾客的损失包括精神损失都给予适当的赔偿与安慰。

（3）在处理结束后，就质量存在问题的商品如何流入顾客手中的原因向顾客讲明，并说明商场的相应对策，给顾客再次购买本商场商品以信心。

（4）能与顾客保持一定的联系，确保顾客对商场商品的满意度。并将商品的问题向供应商反映，要求其予解决或更换，以利于商场的发展。

（二）商品使用不当

如果是因顾客自己使用不当而出现的商品质量问题，营业人员要意识到，这不仅仅是顾客自身的问题，或许是由于营业员在销售商品时未向顾客交代清楚注意事项，或者营业员出售了不适合顾客的商品。属于这类事件的，商场也应该承担一定的责任。一定要向顾客真诚地道歉，并根据实际情况给予顾客适当的赔偿。

二、服务投诉处理技巧

顾客的抱怨有时候是因营业人员的服务而引起，服务是无形的，不能像商品那样事实明确、责任清晰，只能够依靠顾客与营业人员双方的叙述，因此，服务问题要明确责任是比较困难的。为此，商场营业人员应做到：

(1) 处理类似问题时，营业人员一定要明确"顾客就是上帝"这一宗旨。

(2) 首先听取顾客的不满，向顾客诚恳地道歉，向顾客承诺以后不会再发生类似的事件。

(3) 必要时管理人员与当事人（营业人员）一起向顾客表示歉意。

(4) 待事件处理完毕后，对这位顾客在精神上、物质上给予一定的补偿。这样做的出发点是让顾客发泄自己的不满，使顾客在精神上、物质上得到一定的满足，从而赢得顾客对商场的信赖。

(5) 事件处理完毕，商场管理人员要对营业人员在处理顾客关系技巧方面进行必要的培训，使营业人员能够在措辞和态度上应对得体，以减少类似投诉的发生。

三、索赔处理技巧

(1) 要迅速、正确地获得有关索赔的信息。

(2) 索赔问题发生时，要尽快确定对策。

(3) 营业部主管对于所有的资料均应过目，以防下属忽略了重要问题。

(4) 要询问经办人，或听其报告有关索赔的对策、处理经过、是否已经解决等。与制造商保持联系，召开协商会。

(5) 对每一种索赔问题，均应制定标准的处理方法（处理规定、手续、形式等）。

(6) 防止索赔问题的发生才是根本的解决问题之道，不可等索赔问题发生时才寻找对策。

四、特殊顾客投诉处理技巧

(一)"别有用心"的顾客

在现实生活中商场对这类顾客都感到棘手，因此，在处理投诉时要特别谨慎。这种类型的顾客喜欢抓住商场的弱点，提出难题，暗中索取金钱或贵重物品。如果满足此类顾客的无理要求，会令营业人员的士气大为降低；如果做出激烈的对抗，又会使事态恶化，极大地损害商场的形象。因此对待此类顾客，商场管理人员及营业人员首先一定要保持清醒的头脑和冷静的判断力，利用法律武器保护自己的正当权益。其次，商场方面也要加强自身管理工作，否则将会给这类顾客留下可乘之机。

(二) 挑剔的顾客

这类顾客在心目中已经有了一定的标准，能够看出商品及服务的不足，因此他们因挑剔而给出的建议，具有一定的代表性并很有价值，值得营业人员认真研究，从而改进商品和服务质量，做到精益求精。

1. 认真接待

在商业中有一句名言："一百减一等于零。"也就是说，商场即使能满足一百个人的需求，但是如果得罪了一名顾客，也会前功尽弃。顾客对商场的印象一旦形成，就会有先入为主的观念。如果第一印象差，即使商场的商品很好、整体服务很优秀，这一看法也难以转变。因此，商场的营业人员一定要重视这类顾客的接待，让其感到自己的建议会受到商场的重视。

2. 应对程序

首先要耐心地听取他们的意见，探知他们心目中的服务标准，表示他们的要求商场已给予相当的重视。其次向对方道歉，期望对方继续支持，并赠送小礼物以表示感谢，用营业人员的挚诚感动挑剔的顾客。最后对挑剔的顾客所提出的商场存在的问题妥善加以解决，以免顾客长期的抱怨和不满影响企业的形象和声誉。

技能训练

一、实训项目

1. 在教室模拟商场营业员对顾客商品投诉的处理。由一学生扮演顾客，另一学生扮演营业员，演练顾客对某商品质量问题提出投诉时营业员如何处理。

2. 在教室模拟商场主管对顾客服务投诉的处理。由一学生扮演顾客，另一学生扮演商场主管，演练顾客对营业员服务提出投诉时商场主管如何处理。

3. 在教室模拟商场主管对顾客索赔投诉的处理。由一学生扮演顾客，另一学生扮演商场主管，演练顾客对索赔问题提出投诉时商场主管如何处理。

4. 在教室模拟商场主管对特殊顾客投诉的处理。由一名学生扮演顾客，另一名学生扮演商场主管，演练在遇到特殊顾客投诉时商场主管如何处理。

二、达标考核

1. 规定各项目达标的时间。学生应在规定时间内完成项目内容，超时扣分。

2. 制定评分标准。优秀：熟练掌握各种娴熟的投诉处理技巧，妥善、快速解决矛盾；良好：能在规定时间内完成规定项目；及格：基本符合达标要求；不及格：未能按要求完成项目训练内容。

思考与练习

1. 顾客异议与冲突产生的原因有哪些？
2. 顾客异议有哪些类型？
3. 如何处理顾客异议？
4. 处理异议的流程是什么？

参考文献

1. 李志波，党养性. 连锁企业门店营运与管理. 北京：清华大学出版社，2010

2. 后东升，周伟. 零售店商品陈列技巧. 深圳：海天出版社，2007

3. 张艳玲. 商场销售实务. 北京：科学出版社，2010

4. 胡启亮，霍文智. 连锁企业门店营运管理. 北京：科学出版社，2008

5. 华蕊，李楠. 商场超市卖场服务与管理. 北京：化学工业出版社，2008

6. 南兆旭，滕宝红. 现代商场·超市·连锁店星级服务培训. 广州：广东经济出版社，2004

7. 奚华. 商场超市金牌营业员培训手册. 北京：中国商业出版社，2007

图书在版编目（CIP）数据

商场服务技术与销售艺术/杨海等编著．—北京：中国人民大学出版社，2011.8
21世纪高职高专规划教材．连锁经营管理系列
ISBN 978-7-300-14177-0

Ⅰ.①商… Ⅱ.①杨… Ⅲ.①商店-商业服务-高等职业教育-教材②商店-销售学-高等职业教育-教材
Ⅳ.①F71

中国版本图书馆CIP数据核字（2011）第161230号

21世纪高职高专规划教材·连锁经营管理系列
商场服务技术与销售艺术
杨海　霍文智　肖春悦　编著

出版发行	中国人民大学出版社		
社　　址	北京中关村大街31号	**邮政编码**	100080
电　　话	010－62511242（总编室）		010－62511398（质管部）
	010－82501766（邮购部）		010－62514148（门市部）
	010－62515195（发行公司）		010－62515275（盗版举报）
网　　址	http://www.crup.com.cn		
	http://www.ttrnet.com（人大教研网）		
经　　销	新华书店		
印　　刷	山东百润本色印刷有限公司		
规　　格	185mm×260mm　16开本	**版　　次**	2011年9月第1版
印　　张	12	**印　　次**	2017年7月第5次印刷
字　　数	286 000	**定　　价**	25.00元

教师信息反馈表

为了更好地为您服务，提高教学质量，中国人民大学出版社愿意为您提供全面的教学支持，期望与您建立更广泛的合作关系。请您填好下表后以电子邮件或信件的形式反馈给我们。

您使用过或正在使用的我社教材名称		版次	
您希望获得哪些相关教学资料			
您对本书的建议（可附页）			
您的姓名			
您所在的学校、院系			
您所讲授课程的名称			
学生人数			
您的联系地址			
邮政编码		联系电话	
电子邮件（必填）			
您是否为人大社教研网会员	□ 是，会员卡号：____________ □ 不是，现在申请		
您在相关专业是否有主编或参编教材意向	□ 是　　□ 否 □ 不一定		
您所希望参编或主编的教材的基本情况（包括内容、框架结构、特色等，可附页）			

我们的联系方式：北京市海淀区中关村大街 31 号
中国人民大学出版社教育分社
邮政编码：100872
电话：010-62515912
网址：http://www.crup.com.cn/jiaoyu/
E-mail：jyfs_2007@126.com